マーク・C・テイラー

神の後に I
〈現代〉の宗教的起源

須藤孝也 訳

MARK C. TAYLOR
After God

After God

ぷねうま舎

謝辞

かつて私は円というものを信じていたが、今はもう信じていない。時間と共に円は楕円となり、通例、省略記号となる。だから私はこの本で、最初に取り上げた宗教という主題へと回帰することで円を閉じた、と言うつもりはない。しばしば解説者や評論家のことを気にかけながら、私は常に、宗教の興味深いあり方について考え続けてきた。すなわち、宗教は思いもしなかったところに隠れていて、そこに姿を現すのである。長年にわたって、私は家族や友人や同僚の支えに対し何度も感謝の意を表してきたので、彼(女)らの名前については繰り返さない。彼(女)らは自分が何者であるかを理解しているし、私が今あるのは大いに彼(女)らのおかげであると私が思っていることについても理解している。だが、ウィリアムズ大学総長のモートン・O・シャピーロと学部長のウィリアム・G・ワーグナーには、私の仕事をこの上なく寛大に支援していただいたため、特別に謝辞を述べたい。それから、特に去年はそばにいてくれたジャック・マイルズとアラン・トーマスという二人の友人の名前も挙げておきたい。この本を書き上げることができるのだろうかと自信をなくした時に、彼らは完成まで見届けると約束してくれた。未完成の原稿を他人に手渡すことは、友人に子供を育ててくれるよう頼むようなものだ。それには完全なる信頼が必要であり、その信頼はゲームなどでは決してなかった。

この本の大部分は、私たちが現在の危機的な地点に到達するまでの、過去に関するものである。だが過去を振り返っているときも、私の目は現在と未来に向けられている。思うに、それらは私たちが思っているよりもはるかに危ういものである。もし私たちの子供たちや孫たちが未来に生きるのであれば、私たちが彼(女)らに残してしまう深刻な諸問題について率直に認め、責任をもって話しておかなければならない。残された時間は短い。事実、深夜〇時が迫っているのかもしれない。私は、この本を仕上げることができないのではないか、初孫娘のセルマ・リニー・テイラーの顔を見ることもできないのではないか、と思うこともあった。両親のアーロンとフリーダは、混沌へと突き進んでいるように見える世界に彼女を携えてゆこうとしていた。彼女に未来があるように、私はわずかでも自分にできることをする。これが私の責任である。彼女と彼女の世代がいつも希望と共にあるようにと願って、私はこの本をセルマに捧げる。

神の後に I

目次

Ⅱ　目　次

序文

宗教のことがわからなかったら、今日の世界を理解することはできない。宗教がこれほどまでに大きな勢力を得、危険であったことは、今だかつてなかった。宗教はもはや教会やシナゴーク、モスクの中にとどまらない。宗教は、今にも制御不能な猛威をふるいかねない破滅的な争いを引き起こすイメージやメッセージで電波やネットワークを満たすことで、街頭に出てくるようになった。私が一九六〇年代にこれらの問題について考え始めた時、こうした思いもしなかった事態の展開を予見することができたアナリストや評論家は、ほぼ皆無に等しかった。当時の支配的な知は、近代化と世俗化がともに手を取り合って進行するというものであった。つまり近代化する社会は、不可避的で逆戻りすることのないプロセスを経て世俗化するというわけである。こうした議論に、私は二つの理由から納得することができなかった。第一に、評論家たちはいつも、世俗性と西洋の宗教的で神学的な伝統との入り組んだ関係を正しく認識していなかった。後で見るように、宗教と世俗性は対立するものではない。反対に、西洋の世俗性は一つの、、、宗教的な現象なのである。これと密接に関連する第二の理由は、世俗化論を牽引した評論家たちが、いつも宗教についてごく単純にしか理解していなかったことである。すなわち、宗教の重要性を割り引いて、限られた範囲の内に宗教を押し込めていたのである。信仰者たちが世俗主義について誤解するのと同じように、世俗主義者たちは宗教について誤解している。宗教は、一つの独立した領域ではなく、文化全般に浸透し、社会のあらゆるところで大きな効果をもたらすのである。

宗教の永続する意義を正しく捉えるためには、目に見える現れだけでなく、哲学、文学、芸術、建築、政治、経済、さらには科学やテクノロジーに対しても宗教が潜勢的な影響を与えていることを考慮に入れる必要がある。きちんと学べば、宗教がしばしば最も見えにくいところで最も大きな影響を及ぼしていることがわかる。何年もの間、私は頭を悩ませてきたこの困難な問題の痕跡を辿り、宗教がよく隠れている場所に行き着いた。この行程が辿った驚くべき紆余曲折を、私は前もって予想することができなかった。多くの友人や評論家たちの目には、私がずっと以前に宗教研究をやめてしまったように見えたであろうが、そのようなことは全くなかった。私が宗教研究を放棄するようなことは決してなかったのであり、むしろ常に、その範囲と意義を拡大しようとしていたのである。以下では、どのようにして私たちが二一世紀の初めにこの想定外の局面に到達することになったのかを分析し、もし未来を恐ろしいものにしたくないのなら、引き受けざるをえない喫緊《きっきん》の挑戦に取りかかるのにより適したオルタナティブなビジョンについて詳しく述べるつもりである。

この研究を進めるなかで、私は一貫して、先行する一八世紀と一九世紀のヨーロッパの思想家及び著作家に案内を求めた。これを否定することが流行となっているが、私たちの世界は、事実、これらの独創性に富んだ人間たちによって決定的に形成されてきたのである。さらにこれらの人々――彼らは男性であった――はキリスト教徒であり、より具体的に言えばプロテスタント信者であった。近代性は、ポスト近代性と同様、プロテスタンティズムと分かちがたく結ばれている。言うまでもなく、他の社会や文化は異なる発展のプロセスを辿った。しかしグローバル化の興隆により、この西洋に発する動きとは無関係な社会や文化は存在しない、と言うことは何ら誇張ではなくなった。好むと好まざるとにかかわらず、もしプロテスタンティズムがなかったとしたら、私たちが現在知っているような形で世界が出来上がることはなかった、ということは否定しえないのである。マックス・ヴェーバーは、どこまで自身が正しいのかを知らなかった。もし彼が現代に書くとすれば、彼の著作のタイトルは、『プロテスタンティズムの倫理とグローバル化の精神』であったに違いない。

とはいえ、ヴェーバーの分析と本書で私が展開する議論との間には、一つの重要な違いがあることに注目して欲しい。ヴェーバーが分析の中心にカルヴァン主義を据えたのに対して、私は、ルター及び彼が始めた伝統の中でものを考えた人々が果たした貢献に、より一層注目している。もちろんこれは、ルター主義とカルヴァン主義との間に非常に密接な関係があることや、カルヴァン主義が近代的な制度や観念を形成するのに大きな役割を果たしたことを否定するものではない。今なお続くカルヴァン主義の影響は、とりわけアメリカにおいて顕著である。イングランド、スコットランド、あるいはオランダからこの国にやってきたプロテスタント信者たちの歴史はすでによく知られている通りである。だが、プロテスタンティズムのなお継続している影響についての語りは、このよく知られた物語よりも一層豊かである。ルター及び彼が始めた革命へと立ち戻ることによって、近代が、さらには私たちのポスト近代の状況が出現したことについて理解するのを困難にしている、もう一つの道筋を見出すことができるようになる。分析のこの補助線の上で、ドイツは転換点の役割を果たす。ロック、ヒューム、スミス、ダーウィンといった人物たちの貢献をいささかも少なく見積もらずに、なおカント、ヘーゲル、シュライアマハー、フリードリヒ・シュレーゲル、ヴィルヘルム・シュレーゲル、ニーチェの意義を認めることが重要である。彼らはみな、暗にあるいは明確に、ルター主義的であった。キルケゴールのようにルター主義的でありながらドイツ人ではなかった他の著作家や、マルクスのようにドイツ人でありながらルター主義的でなかった他の著作家も、彼らを取り囲んでいたドイツ・ルター主義によって決定的に影響を被っていた。彼らの目を通して過去の三世紀を読み直すことによって、私たちの時代を新しい仕方で見ることができるようになるのである。

以下で私が展開する議論が、ここ数十年で最も影響力のあった批評的見解の多くに抗うように見えるということはもちろん理解している。知的あるいは政治的な理由から、いわゆる大きな物語は過去のものとされ、グローバルなものよりもローカルなものに焦点を当てる小さな物語にとって代わられた。しかし前衛を自称する多くの評論家の解釈視座が、実際は、現代の研究大学の最も保守的な特徴を踏襲し補強するものであることはあまり知られていない。というのも研究大学は、高度に専門化することによって限定的な批評しかできない研究者を作る場となっているのである。ミクロな分析が小さな物語しか産み出さないのであれば、人は、自分が今どこにいるのかを知ることができない。なぜなら彼は、自分がどこから来たのかを知らないからである。西洋の宗教的伝統についての正しい認識を欠けば、ここ数十年で大きな影響力をもつようになった批評的見解というのが、いかに深くユダヤ＝キリスト教の伝統に内在するものであるか、ということを理解することも困難になる。評論家たちは時代とともに変わり、彼（女）らもまた、自分たちが攻撃した時代と同じように、「宗教に走る」ようになる。しかし困ったことに、書けば書くほど、彼(女)らは全く宗教を理解していないことが明らかになる。問題は、宗教を擁護する者も宗教を攻撃する者も、今日、宗教を十全には理解していないということなのである。

したがって、宗教が今日の社会や文化の中で果たしている役割についての考察は、上のような非常に批評的な理論家たちが数十年来禁じてきた問い、すなわち宗教とは何か？　という問いを立てることから始めなければならない。私の答えを明確に述べるために、私は、神学者、哲学者、文芸評論家だけでなく、社会科学者や自然科学者の洞察も参照する。宗教概念を拡張することによって、そうした研究において常に見過ごされてきた文化の諸側面を摘出することができるようになるのであり、これはまた必要なことでもある。第一章で展開する宗教の起源と機能の定義が、後述する分析の内容と構造に常に枠組みを与える。

　第二章と第三章では、ルターの主体《サブジェクト》への転回が、近代性とポスト近代性の出現において果たした役割について検討する。ルターは、信仰者と神の関係を私事化《プライバタイズ》し、脱規制化《デレギュレート》し、脱中心化《デセンター》することによって、革命を開始した。これは宗教の内部にとどまらず、政治や経済へと波及していった。この革命は情報とコミュニケーションの革命であり、これは実際、二〇世紀末の情報、コミュニケーション、メディアの革命に先鞭をつけるものであった。ルターの自己矛盾した主体が含意するところは、自律と表現《リプリゼンテーション》という面倒な概念において宗教と芸術と政治が交差する一九世紀の転回が終わってはじめて十分に解明される。近代の民主主義や市場からは切り離すことのできない自律的な主体の理解と、近代の芸術作品を定義する自己参照性という考えとが同時にそこに現れるが、これらはキリスト教の神理解に直接由来するものである。宗教、芸術、哲学における変化は、政治や経済やテクノロジーの進歩に影響を与える。そしてこれがまた文化が発展するための条件となる。このようにして自然、社会、文化、テクノロジーが、相互に条件づけ合い変身しながら共鳴し合う円環の中で結び合わされる。芸術が精神的格闘の焦点としての宗教にとって代わると、宗教的預言者は前衛芸術家となる。その使命は、世界を芸術作品へと作り替えることによって、神の国を地上に実現することである。

　すでに触れたように、世俗性というのは宗教的な現象である。私は第四章において、いかにして世俗性がユダヤ＝キリスト教の伝統の内に発生したのかを探る。西洋の歴史を通して、神は繰り返し姿を消した。神は無意味となるほどまでに超越的になったり、また聖なるもの《セイクリッド》と世俗的な《セキュラー》ものとの間に違いがなくなるほどまでに内在的になったりした。一九世紀の最初の数十年間に、観念論とロマン主義の内在が、有神論の超越にとって代わった。最も影響力をもった近代主義の祖たちに囲まれて、神学者、哲学者、芸術家たちは、自然と歴史を神が自己具現化したものとして理解した。彼（女）らの信念は、受肉や三位一体といった古典的なキリスト教の教義を創造的に再解釈することに発していた。この予想しえなかった転回が含意するところは、二〇世紀の神の死の神学の出現、及びそれがもたらし、間接的に促進した社会的、文化的な変化を待って初めて明らかになる。この洞察は、予想しえなかったが、それでもなお避けることのできない次のような結論へ帰結する。すなわち、現代の世俗性は、四―五世紀の主要な教会会議で定められた古典的なキリスト論に事実上含まれていたという結論である。

　第五章と第六章では、二〇世紀の後半と二一世紀の初めに生じた展開に焦点を当てる。一九世紀が構想したものを二〇世紀は実現した。超越が内在に道を譲り、世界を芸術作品にするという前衛主義者のアジェンダは、イメージと現実とを意図的に分ける境界線をより一層曖昧なものにする新しいテクノロジーによって実現されている。イメージが現実になり、現実が変貌するイメージに過ぎないということになると、ますます多くの人たちが、しばしば単なる混沌へと漂流していくように見える世界に、確実性《サートゥンティ》と揺るぎなさ《セキュリティ》を確保すると思われる確固たる基礎を見つけようと躍起になる。しかし自己確実性と揺るぎなさの追求は、すぐに破壊的なものへと転じてしまう。今日の世界を形づくる複雑なシステムとネットワークの中では、不確実性と不安定性《インスタビリティ》が創造的なものとなりうるのである。新しいものは、いつまでも産み出すことができる創造的な途絶という驚くべき瞬間に、均衡からはほど遠い混沌の縁《ふち》に立ち現れる。

　二一世紀の最初の一〇年に世界を引き裂く恐れのある宗教戦争は、直近では一九六〇年代に頂点に達した文化戦争にルーツをもっている。ここで再び、対立物は最初にそう見えるよりも多くを共有していることが明らかになる。ヒッピー、急進派、原理主義者、ペンテコステ派〔二〇世紀初頭にアメリカで始まったペンテコステ運動から生じたプロテスタントの一派。聖霊の働きを重視し、特に異言を伴う聖霊のバプテスマの体験を救いの証と見なす――訳者注〕はすべて、本来的な個人的経験を求め、この経験の名において中心化されたシステムやヒエラルキーの権力に抗しえたのである。二〇世紀末までに、これらの共有された価値観は、私事化、脱中心化、脱規制化といった原理に立脚した政治的、経済的なアジェンダに道を開いた。新しい宗教的右派の新基礎づけ主義《ネオファウンデーショナリズム》〔ポスト構造主義者やR・ローティらが基礎づけ主義の終焉を宣言した後に興った新しい基礎づけ主義。再度主体の信念に正当化の根拠を求め、相対主義を批判し、絶対主義化する傾向がある〕は、今日の支配的なイデオロギーとして君臨する新保守主義《ネオコンサーバティズム》とネオリベラリズムを承認する。こうした展開により、疑われることのない宗教性やモラル主義は、それらが対抗しようとしている諸信念や諸実践よりも、実際はより一層危険なものであることが明らかになる。思いもしない別の反転を通じて、見かけの対立のもとにある隠れた同一性が顕わになる。社会を相対主義やニヒリズムといった滑りやすい坂道に突き落とすものとして非難される当のカウンターカルチャーは、実は、精神的な、あるいは宗教的ですらある現象なのであり、絶対主義の名のもとに相対主義を攻撃するモラル熱狂者の方が、来たるべきと自らが信じる未来の王国のために現在の世界を拒否するニヒリストなのである。

　私たちが現在直面している最も差し迫った危険は、全く調停することができない対立へと世界を分断するような、競合する絶対主義同士の争いから発する。最後の二つの章で、異なる価値観を包含するオルタナティブな解釈枠組み（より正確に言えば図式）について論じようと思う。これは、現代の生活《ライフ》の複雑性により適応した政策や構想を促進するものである。存在することが接続《コネクト》することを意味するような世界においては、絶対主義は関係主義に道を譲らなければならない。関係主義の中では、すべてが互いに依存し合い共に進化する。神の後《アフターゴット》では、神的なものはどこか他の場所に存在するのではなく、それは発生的《エマージェント》な創造力なのであり、これが生命《ライフ》という無限の織物を形状化《フィギュア》し、反形状化《ディスフィギュア》し、再形状化《リフィギュア》するのである。神のない宗教は、地球上で生命が創造的に発生することを促進し支えるような、絶対性のない倫理のうちに発現する。

　私たちが直面する問題の全貌を理解しようとスタートを切れば、絶望せずにいることは難しい――障害は克服しえないものとして立ちはだかるように見える。様々なプロセスは巻き戻すことのできない動きにはめ込まれていて、徐々に姿を現す災いをたとえ避けるのではないとしても、これを遅らせるのに必要な変化を、人々は起こそうとしているのか、あるいは起こすことができるのかも茫漠としている。しかし私たちは、危機を認めることによって、これをどうすることもできない敗北として甘受するのではなく、闘いにコミットすることもできる。たとえ大義がなくとも、これを追求することは正当である。不可能であることを認めながらもなお可能性を主張するためには、創造的な発生の条件としての不確実性と危うさ《インセキュリティ》とを受け入れるような信仰を敢えて選びとることが要求される。この絶対的に逆説的な信仰が、ルターが始めた革命の帰結なのである。

第一章　宗教を理論化する

と突き進んでいます」。

多くの者にとって、そうした時代はすでに到来している。地球上の人間のほぼ二人に一人が、宗教を大衆のアヘンと断言する全体主義の剣に従属して生きている。こうした状況に感情をかき立てられて、信仰を英雄的に守り抜いた者もいた。しかし大多数の人間は、神が存在しない世界へと追いやられた。アフリカやアジアや南アメリカでは、さらに多くの人間が、唯一神の知識に触れる見込みもなく生まれついているようだ。[1]

見える宗教と見えない宗教

黒地に大きな赤い文字で「神は死んだ？」と書かれていた。この大いに論争を喚び起こした記事を書いた著者は哲学と神学の歴史にかなり詳しく、次のように説明している。

もちろんキリスト教徒の中には、ニーチェは単なる荒野でわめいている声ではない、とずっと思っていた者もいた。ニーチェ以前にも、セーレン・キルケゴールが「キリスト教とこの世界が仲良くなる日、それはキリスト教が廃棄される日だ」と警告していた。第二次世界大戦中には、反ナチのルター派の殉教者、ディートリヒ・ボンヘッファーが、ベルリンの独房から友人に予言するようにこう書き送った。「私たちは宗教が全くない時代へ

一〇年後、『ニューズウィーク』誌は、「七〇年代で最も重要な——だが見落とされている——宗教的な現象は、福音派のキリスト教が尊敬を集め、権力をもつ地位へと上昇したことだ」[2]と明言した。今日、この国では福音主義〔キリストが伝えた福音にのみ救済の根拠があるとする思想。自由主義神

学の対極に位置し、聖書に記録されている神の贖いの御業を史的出来事と受け止める点や、回心の体験を重視する点に特徴がある〕が優勢であり、アフリカ、アジア、南アメリカではペンテコステ派が、急速に勢力を拡大している。このような明らかに反対のことが、それほどの短期間のうちにどうして起こったのか？　多くの知識人たちが宗教と近代世界について誤って認識してしまうということがどうして起こりえたのか？

これらの面倒な問いに対する簡潔な答えは、影響力のあった評論家や批判家、理論家が単に近代化や世俗性に対する宗教の関係を理解し損ねたから、というものである。彼（女）らは、宗教と世俗性とは正反対のものであるから、一方が満ちると必然的に他方は欠けることになると考えた。社会が近代化すると、社会はさらに世俗的になると論じられた。このプロセスは不可避的で抵抗しえないものであると思われた。ある人々にしてみれば、世俗化は宗教の終焉を意味し、またある人々にしてみれば、世俗化は宗教の最も完全なる完成を意味した。宗教は将来的に、個人生活においても社会生活においても重要なものでなくなる、ということを疑う者はほとんどいなかったようである。

この時にほとんど気づかれなかったのは、一九六〇年代は神の死とカウンターカルチャーの誕生の時代であったばかりではなく、後に新しい宗教的右派となるものが現れ始めた時期でもあったということである。第六章で詳しく見るが、保守的なプロテスタント信者とカトリック信者とは、生じつつある社会的、文化的革命の有害な結果と見なすものと戦うために、教義上の差異は脇に置いておくことにした。二〇世紀の後半における新基礎づけ主義的宗教と呼ぶべきものの出現は、信仰と実践の前近代的な様式への回帰などでは全くなく、グローバル化のプロセスと密接に関連した、決定的にポスト近代的な現象として理解するのが最も正しい。何年もの間、新しい宗教的右派が共有していた目標は、六〇年代に始まった宗教、モラル、社会の堕落と彼（女）らが見なすものを、基本的《ベーシック》な価値や基礎的な信念へと回帰することによって、一掃することであった。世俗主義者を自称する、新しい宗教的右派の最近の評論家たちは、宗教の力が社会、政治、文化、経済においてますます強まることに驚きながら、新しい宗教的右派が促進する「ナイーブな」宗教的信仰と政治的アジェンダの執拗さが、国家や国際秩序に対してだけでなく、文明の未来に対しても脅威であると主張する。議論がさらに白熱すると、無理解はもっと深刻となる。宗教の最も目立った支持者と批判者のなかには、歴史を知らずにいい加減な批評をする者が少なからずいる。西洋において宗教と社会と文化が相互にかかわってきた歴史をよく知れば、信心深い人間と世俗主義者との間の争いが新しいものではなく、この国〔アメリカ〕

の建設にまで遡ることができることが明らかとなる。世俗性というのはプロテスタンティズムの中で展開してきたものであり、ユダヤ＝キリスト教の伝統から直接に伸びてきた宗教的な現象であるということをどちらの側も理解していないため、昨今の議論は当を得ていないのである。事実、近代世界だけでなくポスト近代世界もまた一六世紀のプロテスタント革命と共に始まったのである、と主張することは何ら誇張ではない。この確かに論争的な主張は、昨今の評論家たちが描く道筋に逆らうものである。しばしば見逃されているが、グローバル化には宗教的な次元があり、それは一般的な精神性を再現するものではなく、徹頭徹尾プロテスタント的なものなのだが、これについては後の章で論じる。

　宗教と世俗性との間にある複雑な相互関係について正しく認識するためには、まず宗教概念を拡張する必要がある。宗教を、教会やシナゴーク、モスク、寺院の中での出来事に限定することはできない。そうではなく、あらゆる文化に宗教的な次元があるのである。また、とかく宗教は、最も目につきにくいところで最も大きな力を働かせるものである。宗教の批判者だけでなく支持者もまた、その宗教理解が限定的であれば、宗教の広範な影響力を見落とすことになる。宗教の目に見える側面だけでなく目に見えない側面についても認識することができれば、世俗性と宗教の単純な対立といったものは崩壊し、分析の用語を有効なものへと設定し直すことができるようになる。

　私は次節で宗教の拡張した解釈を展開するが、それによって、ここ数十年のうちにどうしてあのような保守的な宗教が復活してきたのかを問えるようになる。世界規模で新基礎づけ主義が興隆しているが、これはグローバル化というプロセスの兆候であり、またこれに対する反応でもある。近代主義は産業化と重なるものであったが、ポスト近代主義は、ポスト産業的なネットワーク文化の発生から切り離すことができない[3]。情報、テレマティクス〔テレコミュニケーションとインフォマティクスから作られた造語で、移動体に携帯電話などの移動体通信システムを利用してサービスを提供することの総称〕、コミュニケーション・テクノロジーが発展し分散することによって、社会、経済、政治、心理といったプロセスの下部構造が劇的に変容した。宗教は再び隠れた影響力を行使する。活版印刷と宗教改革によってもたらされた一六世紀の情報コミュニケーション革命において始まったことが、二〇世紀後半と二一世紀初頭の情報ネットワーク革命において完成しつつある。脱規制化し、脱中心化し、分散するネットワークは効果的に距離というものを消失させ、時間を短縮し、存在することがすなわち接続することであるような世界を作り上げる。接続範囲が広まると複雑性が増し、相関的に不安定性と不確実性が増す。反対に、こうした展開によって、単純性、確実性、揺るぎなさが希求されることになる。新基礎づけ主義というのは、地球上の各地でどのような形をとろうとも、まさにこの欲望を満足させようとする努力のことなのである。現在、基礎づけ主義は驚くほど多様な形態をとり、キリスト教の福音派やイスラームの聖典直解主義〔比喩的な意味を求めず、伝えられたことが文字通りの意味で歴史的に正しいとする考え方〕から、今日の最も洗練された科学者の一部にあるゲノム〔全染色体を構成するＤＮＡの全塩基配列〕のロゴス中心主義や神経生理学の還元主義にまで及ぶ。このような別物に見える諸信念も、複雑性、危うさ、不確実性よりも単純性、確実性、揺るぎなさに特権を与える宗教性の代替バージョンなのである。こうした宗教性は、相対的な規範を絶対化することによって、また〔善／悪、聖なるもの／俗なるもの、宗教／世俗性、東側／西側、白人／黒人、キリスト教／イスラームといった〕相互排他的な対立へと世界を分割することによって、懐疑を一掃しようとする。現実は固体的である。あらゆるものは明瞭であり、きちんとしていて純粋であり、正確である。つまりいかなるものも微妙でも、曖昧でも、不確かでもない、という前提がそこにはある。

　だが、宗教性は宗教と同じものではない。その豊かな複雑性をすべて理解するならば、宗教は、単に揺るぎない《セキュア》基礎を提供するばかりではなく、〈あれかこれか〉といった対立論理を転覆させることによってあらゆる種類の宗教性を不安定にすることもあることがわかる。

　現実は一つの固体である、というのは前提ではない。
　それは地面を横切る影かもしれないし、
　影を横切る力かもしれない。(4)

捉えどころのない〈あれでもなくこれでもなく〉によってのみ、この〔差異の〕影について考えることができる。これによって複雑性や不確実性、危うさを包含する宗教を想像することができるようになるのであり、それが未来を開かれたままにし続ける世界を生きる生命の目印なのである。

理論に抗して

　宗教を批判的に勉強することが、今日ほど重要であったことはないが、今日ほど困難であったこともない。これまでの議論から、宗教の影響力は消え去るどころか、強くなり続けていることが明らかになっただろう。次に、宗教とは何なのか、それはどのように機能しているのか、をより正確に理解することが必要となる。だが、この重要な問題について責任をもって考察することを、不可能にするのではないとしても困難にする諸力が、大学の中にも外にも存在する。競合する宗教的信仰に献身する時、それに賭けるものが大きくなるにつれ、左派の政治的公正性が右派の宗教的公正性になる。対立する見解の間にある溝が深くなれば、いかなる形の批判であれますます抵抗を受けるようになり、建設的な対話が実際にできなくなってしまう。まさにこの抵抗が、新たな批判的分析が早急に必要であることを示すのである。

こうした状況において、「宗教とは何であるか？」という、何度も繰り返されてきたが、このところ蔑《ないがし》ろにされている問いへと、再び立ち戻る必要がある。過去数十年間、この問いは様々なところで、哲学的な理由だけではなく、政治的な理由によっても、誤った問いと見なされてきた。宗教の本質に関して批判的に考察することが敬遠されたために、解釈の余地が生まれた。この余地は、様々な還元論的な分析によって埋められ、宗教は、より基本的で根本的《ファンダメンタル》な諸プロセスの単なる二次的現象として理解される。アナリストの中には、宗教などといったものは存在しないとまで主張する者もいる。ジョナサン・Z・スミスは、「宗教」という概念の考古学ないし系譜学とでも呼びうるものによって、多くの学者たちに影響を与えた。彼は、「宗教というのは固有のカテゴリーではない」と論じる。確かに宗教という概念それ自体は、発生期のグローバル化の結果として出現するように思われる。一六世紀にいわゆる新世界を探検したヨーロッパ人は、驚くべき一連の奇妙な諸信念と諸実践に遭遇し、結局はそれらを宗教的と形容した。スミスは、宗教は「自己について言い表す一人称の名辞ではない。それは、固有の文化のある側面に対し、外から貼りつけられるカテゴリーである。名辞の内容についてもっぱら責任があるのは他者——この例においては植民地主義者であるが——である。（中略）こうした初期の形式化においてさえ、暗黙の普遍性が存在する。『宗教』はどこにでもある人間現象であると考えられる」と説明する。またスミスは、「いかなる特殊歴史的、文化的な現象も『宗教』という一般名辞には対応しない」[5]と主張する。

宗教の語源学は、困難を解明するのではなく、むしろ複雑にする。『オックスフォード英語辞典』によれば、宗教は、「語源学的に定かではない」。宗教は、少なくとも二つのラテン語に由来するようである。第一の広く認められているのは religare で、これは「結び直す」を意味する。leig は「絆 ligament」、「縛るもの ligature」、「義務 obligation」の語幹でもある。これに対し、キケロは、「宗教」は relegere（読み返す）に由来すると主張している。語幹の leg は、「再び考え抜く」を意味する。これらの代替的な語源は、西洋の伝統を通じて、宗教に関する対照的な解釈へと通じてきた。この分裂した起源から出てくる宗教の定義は、このカテゴリーは文化的に偏っている、というスミスの主張を補強するように見える。『オックスフォード英語辞典』に挙げられている最初の三つの定義は、驚くほど限定的である。

1　修道誓願と結びついた生活様式。特にローマ・カトリック教会におけるような、宗教的秩序のメンバーである人間の状態。
2　特定の修道会ないし宗教的な秩序、規則。
3　神の支配を信じていたり、崇拝していたり、これを喜ばそうとしてなされる行為、振舞い。これを含意する儀礼や儀式を実行、実践すること。

『アメリカ伝統事典』は、次のように宗教を定義することで混乱を深めるばかりである。

1　宇宙の創造者や統治者として認識される超人間的な力に対する人間の信仰と崇拝の表現。
2　これを表現する特定の組織化されたシステム。
3　超人間的な力の存在を認識する者の精神的ないし感情的な態度。

これらの定義は明らかに、仏教や汎神論に始まり、無数の新宗教や代替スピリテュアリティにまで及ぶ、多くの実践者やアナリストが宗教的と考える多くの信念や実践を排除している。

一九世紀を通じて増え続けた旅行とコミュニケーションは、学問の発展と結びつき、他の諸文化についての知識を劇的に増やした。無数の新しい信念や実践と遭遇することによって、これを分類することが急務となり、そのために宗教の容認されうる定義が必要となった。スミスは、初期のキリスト教護教家たちの時代から、「宗教を分類する最も一般的なやり方は（中略）二元論的なもので、どのような区分が採用されるにせよ、『彼（女）らの』と『私たちの』に還元しうるものである」と述べている。

四世紀までに、ローマ人のキリスト教護教家たちによって、「私たちの宗教」／「彼（女）らの宗教」のような、二元論的性格の強い語彙が多用されていたが、これは、それぞれの語がもつそれぞれの歴史を無視して、立場を超えて相互に用いられるものであった。後者はしばしば「邪教」、「異教」、「偶像崇拝」といった総称語で言い表された。「真の宗教」／「偽の宗教」、「精神的な（内的な）宗教」／「物質的な（外的な）宗教」、「一神教（この語自体は、比較的後にできたのだが）」／「多神教」、「宗教」／「迷信」、「宗教」／「呪術」[6]。

こうした規範的な区別が分類体系を形成し続ける。一九世紀を通じて、宗教の広く承認されたカテゴリーは四つしかなかった。すなわち、キリスト教、ユダヤ教、マホメット教（これらのうちのどれか一つが正しいだろうと考えられた）、その他である。その他というのはつまり、異教、邪教、偶像崇拝、そして多神教である（これらはすべて間違いであるとされた）。一九二〇年代までは、今日流通している世界宗教という考え方はなかった。それには一一の「生きた伝統」、すなわちユダヤ教、キリスト教、イスラーム、ゾロアスター教、ヒンズー教、ジャイナ教、シーク教、仏教、道教、儒教、神道、原始主義が含まれている。[7] 様々な伝統についての知識が豊かで深いものになると、違いを消し去ることなく類似性を識別するような定義を見出そうとする挑戦は、格段に困難になった。宗教を定義することを必要とした情報の増大自体が、それの定式化を一層困難にしたのである。

だが、諸伝統の内部においてだけでなく、それらを横断して使用することができる宗教の定義を展開しようという試みが抵抗に遭うのは、単に歴史的な差異や文化的な相対性を認識した結果であるのではない。そうした企てに関する深い哲学的留保も反映している。過去四〇年間、宗教研究は、人文学、古典学、社会科学の全体に行き渡った理論的な傾向に囚われてきた。私たちの主題に関して言えば、最も関連する二つの潮流は構造主義とポスト構造主義である。この文脈では、こうした解釈の選択肢を通常よりも広く解さなければならない。構造主義者が様々な心理的、社会的、文化的現象に共通の、あるいは普遍的な形式やパターンを特定することができると主張するのに対し、ポスト構造主義者は、おそらく普遍的な形式というのは、実際はある欲望を満たすための、特殊なイデオロギーを含んだアジェンダを進めるための、人工物にすぎないと言う。

拡張して理解するならば、構造主義は、宗教研究において最も大きな影響力をもっていた現象学の見方を含んでいる。宗教の定義に関する議論において、ミルチャ・エリアーデの『聖と俗』（一九五七年）より以上に重要な著作はない。エリアーデは、フッサールの現象学の考え方と宗教の歴史とを掛け合わせることによって、プラトン主義を方法論的観念論として有効に鋳直す解釈学的立場を展開した。すなわちエリアーデは、宗教の複数の現れの中から、宗教の本質的な形式ないし潜在する観念を探り当てる方法を導き出すのである。分析を開始する際、彼はこう説明する。「私たちの目標にとって重要なことは、宗教的経験一般（強調は引用者による）がもつ固有の特徴を明らかにすることであって、歴史のうちで生じるその無数の姿や差異を示すことではない」。[8] このはっきりした発言にあるいくつかの点は強調するに値する。第一に、フリードリヒ・シュライアマハーの『宗教論』（一七九九年）には近代神学の開始を印づける主観《サブジェクト》への転回が見られるが、これと一致してエリアーデは、その宗教論において思考や行為よりも経験に特権を与えている。第二に、エリアーデはシュライアマハーと同様に、経験が特殊宗教的でありうることを確信している。第三に、エリアーデは、無数の姿をとる諸宗教のうちに、宗教的経験一般を同定することができると考えている。言い換えれば、唯一の真の宗教的経験が存在するのであり、宗教的経験と称されるもののすべてはそれが変化したものだということである。最後に、この経験はそれ固有のものであり、したがってそれ以外の何かに還元することはできないということである。エリアーデは、ルドルフ・オットーの「神聖《ホーリー》なもの」のカテゴリーを経由して、エミール・デュルケームの聖と俗の区別を再解釈することによって、宗教の不変的特徴を定義する。エリアーデはこう説明する、「私たちの第一の関心は、宗教的経験に固有な諸次元を示すこと、宗教的経験と世界の俗的経験との違いを明らかにすることである」[9]。次の章で詳しく調べるところを先取りするならば、オットーの聖なるものの概念は、「神の怒りにおいて顕わとなる恐るべき力」についてのルターの説明に由来する、とエリアーデが指摘していることに注目しなければならない。

> オットーは、『聖なるもの』（これは英語では、『聖なるものの観念』という誤ったタイトルで出版された）において、この恐るべき非合理な経験の特徴を見出そうとしている。彼は聖なるもの、畏怖させる神秘 mysterium tremendum、圧倒するほど優越した力を発する権勢 majestas を前にした恐怖の感情を見出す。（中略）オットーは、こうしたすべての経験が神の力の一つの側面が示されたことによって生じるものであることを理由に、それをヌミノーゼ的（ラテン語の numen、すなわち神から）と特徴づけている。ヌミノーゼ的なものは、「完全に他なる ganz andere」何かとして、基本から全く異なっている何かとして自らを表す[10]。

エリアーデの分析のさらに細かい点は、ここでの私たちの関心をひかない。ここで重要なのは、宗教の本質を同定することができるということ、この「基本となる形式」は聖なるものと俗なるものという二項対立との関連で定義しうるという彼の主張である。

エリアーデがフッサールの現象学の上に自らの解釈学的な方法を打ち立てたのと同時期に、クロード・レヴィ＝ストロースは、彼自身の構造主義を展開するためにフェルディナン・ド・ソシュールの言語理論を活用した。フッサールが、あらゆる現象——文化的であれ、その他であれ——の中には本質が潜んでいると主張したのと同様に、ソシュールは、あらゆる言語実践（パロール、発話）は基礎となる原理、法則、あるいは構造（ラング、言語規則）を前提としていると論じた。レヴィ＝ストロースは、まずソシュールの発話についての考え方を敷衍し、これにあらゆる文化現象を包含させた。そして、発話が可能であるための超越的条件である構造は普遍的であると論じた。こうした基礎となる構造は、それ自体、二項対立のメタ構造を前提としている。構造主義的分析では、すべての文化現象は下部構造によって根拠《グラウンド》づけられており、これが文化現象の明確な意味を確定する。コードを知る者にとって、すべては解読されうるのである。

前世紀の中葉に現象学と構造主義が広まるにつれて、これらの解釈方法に対する哲学的、政治的な疑念が大きなものとなった。評論家によれば、現象学の「本質主義」――これは構造主義の「ロゴス中心主義」として記述されるようになる――は、ハイデガーが西洋の存在論の伝統として同定したもの、すなわち同一性の現前《プレゼンス》に特権を与え、他性や差異を排除する伝統を再び記すものである。本質主義とロゴス中心主義に対して、影響力のある批判が三つ現れた。宗教史、社会構築主義、脱構築である。もちろん、二〇世紀以前に宗教史の長い伝統があり、社会科学のさらなる洗練と、神学と宗教実践のさらなる分化とによって、解釈状況は変化した。さらに学問としての宗教研究が登場することによって、宗教史、宗教社会学、宗教人類学、宗教心理学といった下位分野が形成され、さらに問いを付け加える新しい研究方法が産み出された。社会科学の容赦ない眼差しは、自らの探求対象そのものを溶かしてしまうおそれがあった。独自の歴史的、文化的文脈を反映する様々な宗教が存在するだけなのだとすれば、宗教そのものというようなものは存在しないように思われる。こうした傾向の分析は方法論的唯名論を含意するのであり、宗教という語は、特殊な信念と実践のセットを意味しうるにすぎない。だが宗教という一般概念がなければ、定義の問題は解決しえず、比較分析できないことになる。知識は、必ずしも普遍性を要求しないが、ある一定の確かめうる一般性が、現実世界の諸現象によって構成されている諸パターンを特徴づけている、ということを前提とする。以下に論じるように、本質主義者でもロゴス中心主義者でもなくても、これらの形式的な諸パターンを理解することはできる。

これらの認識論的な問題に加え、ポール・リクールが「懐疑の解釈学」と呼ぶものによって、さらに解釈のジレンマが構成される。この見方からすれば、様々な宗教というのは、エリアーデが言うようなそれ固有のもの sui generis ではなく、実際は、おそらくより基本的な、社会的、経済的、政治的、心理的なプロセスの結果である。宗教的な信仰と実践は二次的現象であるから、それらは、それら以外の何かに還元されることによって理解されなければならない。このような方法論的アプローチは、専門的な宗教学者によってはなかなか承認されないものであるが、宗教そのものの研究に疑問を投げかけ、宗教研究という独立した学部や教育構想の存在意義を突き崩すものである。もし宗教というようなものが全く存在しないのであれば、どうして私たちはそれを研究する学部を必要とするのであろうか?

過去数十年間に社会構成主義が出現することによって、この論争は政治的な意味合いを帯びるようになった。蔦《つた》で覆われた壁の向こう側に関心を抱く多くの人々にとって、しばしばこうした激烈な論争は当惑させるものであっただけでなく、深く憂慮させるものでもあった。だが、もし忍耐強くこれに耳を傾けるならば、こうした論争が全く学問的ではなく、グローバル化によって生じた不確実性と不安定性に起因する切迫した争いを反映したものであることが次第に明らかになってくる。学生や学部のスタッフがより多様になるにつれて、長く受け入れられてきた伝統、分類、解釈のカテゴリーは徹底した批判にさらされるようになった。多くの人にしてみれば、現象を基礎づけるための本質や構造は、哲学的誤謬としての神学的遺物であるのみならず、政治的目的に役立つよう考案された社会的構成物でもある。文化的人工物は、支配的な権力構造を制約するための自然現象として書き直される、と評論家は論じる。こうした議論の流れが示すのは、近代性とその規則の核心にあった最も重要な観念が劇的に逆転されるという事態である。啓蒙期、人間本性と、これと関連する自然権の観念が、アメリカ革命とフランス革命の両方の基盤を形成した。二世紀後、人間本性は多くの者にとって、革命的な原理ではなく反動的な原理になった。そこではこう言われる。もし人間本性が現実であるなら、本性に適った規定が不可避となり、ラディカルな変化は起きえないことになる。社会構成主義者たちにしてみれば、本性的であると言われるものは実は文化的なものなのである。本性主義と本質主義とが形成する文化的ヘゲモニーは、権力をもつことをイデオロギッシュに正当化することによって政治的なヘゲモニーをさらに強固にする、と彼(女)らは論じる。ヘーゲルの『法哲学』に対するマルクスの応答はよく知られているが、その冒頭の言葉を言い換えるなら、社会構成主義者たちは、本性主義と本質主義の批判があらゆる批判の前提なのだと論じるのである。批判者たちは、イデオロギッシュな上部構造が二次的現象であることを暴くことによって、社会、政治、経済の変革を徹底的に行う道筋を明確にすべきだと主張する。

脱構築は、様々な解釈の戦術がもつ政治的な意味合いに敏感でありつつも、いかにして神学的、あるいは哲学的な前提が暗に西洋の文化的伝統を形づくってきたのか、ということに、より大きな関心を抱いている。以下に詳しく見るように、神々やそれの機能的等価物は単に消え去るというのではなく、地下に潜りこみ、そこで人間生活を支え続ける。宗教のドグマはこのように変容することによって認識されることのない神学的、哲学的前提と化し、これが自然科学と社会科学の最も洗練された理論家たちの多くに浸透しているのである。ポスト構造主義者にとって、近代が終わるところで批判が果たすべき役割は、（哲学が終わるところで考えること、についてのハイデガーの探求を言い換えるならば）あらゆる基礎構造が不安定であること、及び理解しうると称するあらゆるシステムが不完全であることを暴露することである。このようにして脱構築は、実際、揺るぎなさ、確実性、安定性を提供するために構築されたあらゆるシステムに疑問を呈する。[11] 宗教的、政治的な絶対主義が興隆している中、こうした批判の態度は、今日、かつてないほど重要になっている。しかし脱構築の批判だけでは十分ではない。創造的で文化的な所産、及び効果的で社会政治的な変容を形成することができるような、オルタナティブな構造を示すことも必要である。

「宗教とは何であるか」という問いに答えようとするいかなる理論にも抵抗することは、予期せぬ結果を招いてきた。評論家たちは、文化現象の起源、本質、機能について問うことはナンセンスであるばかりでなく、不可能でもあると主張し、さらに極端な還元論的分析を始める。近年の生物学や神経学における目覚ましい発展は、生物学主義の様々な形式と連動している。それによると心的、社会的、文化的なプロセスは、自然法則や遺伝子の決定因に還元することができる。生物学主義の三つの最も重要なバージョンは、社会生物学、遺伝子のロゴス中心主義、神経学的決定論である。これらの分析は、重要な点で異なってはいるが、すべてある種のコードを前提としている。そのコードが解読されると、探求対象である現象の十全な説明が得られることになるというのである。分子生物学者のディーン・ハマーは、論争を巻き起こした著作、『神の遺伝子――いかにして信仰は私たちの遺伝子に組み込まれているのか』において、論理的な（あるいは非論理的な）結論に至る推論を行っている。宗教に到達した遺伝子の変形が、生き残るチャンスを増やすという適応的優位性を個人と集団に与える、と想定されている。だが明らかにそうしたアプローチは一面的であり、また宗教の複数の次元と、物理的なシステムや生物的なシステムに対する宗教の複雑な関係とに対して公正ではありえない。生物学主義は、最先端の科学と鼻高々であるが、実際は今日の世界を脅かしている新基礎づけ主義と結びついている本質主義の別バージョンにすぎない。

以上の記述は、二〇世紀の後半において最も影響力をもった評論家たちとその追随者たちにとって、その時代の三つの最も大きな哲学的、政治的な誤りとは、全体化、ヘゲモニー、基礎づけ主義であるということを意味する。前世紀の半ば、社会文化の評論家たちは、左派（すなわち共産主義）と右派（すなわちファシズム）におけるテロリズムに直面し、潜在するアポリアを暴露するために、抑圧の構造の論理を抑圧の構造それ自身に向けることによってこれを転覆させることを自分たちの主要な課題とした。だが、彼（女）らの批判の成功は、政治的な失敗へと転じた。というのは抑圧された者たちは、新基礎づけ主義を推し進めることへと舞い戻ったのである。この基礎づけ主義は、より拡散しているがゆえにより危険なテロの温床なのである。

ネットワークを形づくる象徴

もし誤った正統主義を批判し、未来のためにオルタナティブなビジョンを展開する、そうしたことを果たすのに役立つ宗教の理論を展開しようというのであれば、直近の過去に影響力をもったこれらの理論から学び、またそれらを超えていく必要がある。構造主義とポスト構造主義は価値ある洞察を提示したが、それらは不完全にとどまっている。構造主義者たちは、生活に不可欠な秩序を構築するためには形式とパターンが必要であることを理解した。しかし彼（女）らは、こうした構造がどのようにして現れ、時間の中でどのように変わるのかを説明することができない。ポスト構造主義者たちは固定的な形式の致命的な帰結を認識し、静止した構造を繰り返し途絶させ攪乱《ディスロケート》することなくしては制度は成立しないと主張する。しかし彼（女）らは、システムと構造とを一枚岩のものと見ており、全体化しなくても、全体として機能する構造を認知することができない。したがって彼（女）らは、批判の契機を超えて創造性を促進するような新たな構造を作り上げることができない。こうした欠点を克服し、現代のネットワーク文化に適応した批判的な見方を発展させるために、私は、宗教の出現、発展、作用論理を解釈するのに複雑な適応システムの理論を用いて、構造主義とポスト構造主義とを掛け合わせようと思う。議論を縫い合わせる糸は、情報とネットワークの理論から引き出されることになるだろう。

宗教の満足できる理論はすべて、最低でも、

1　宗教の複雑な起源、作用論理、複数の機能を記述し、かつ／あるいは説明しなければならない。

2　様々な宗教ネットワークの出現、発展、変容のダイナミクスを明らかにしなければならない。

3　いかに諸宗教が生活の物理的、生物的、社会的、政治的、経済的側面だけでなく、互いの宗教にもかかわ

り、相互に影響を与え合ってきたのかを示さなければならない。

4　理論を終わりのない改訂へと開いたままにしておく「内的」批判の「原理」を含まなければならない。

次の定義は、こうした要求に応えるよう構想されている。

宗教とは、象徴、神話、儀礼の、発生的で、複雑で、適応性のあるネットワークのことである。これは一方では生《ライフ》に意味と目的を与えながら、感情、思考、行為の図式を形状化し、他方ではあらゆる安定化構造を混乱させ、攪乱し、反形状化する。

この宗教の定義が二つの互いに関係する契機と一致することを最初に強調しておきたい。つまり構造を与え安定させる契機と、脱構造化し不安定にする契機とである。これらの二つの契機は不可分であり、一種の準‐弁証法的なリズムで入れ替わる。途絶の恐れが高まると、信じ込む人たちは彼（女）らの信念と実践を絶対化し、具体化し、盲目的に崇拝する。こうなったとき、宗教は、古いものにしがみつくことによって新しいものに抵抗する宗教性へと堕している。だがそうした努力は必ず失敗する。両者の乖離が深くなればなるほど、そうした宗教性が避けようとする途絶そのものがますます現実性を帯びてくる。二つの契機のうちの一方を排除しながら他方に集中するどんな宗教の理論も、満足のいくものではないのである。

宗教のこうした定義づけのうちにある諸要素を解明するためには、まず、図式の意味と作用について検討する必要がある。私はこの考えを、ノーベル物理学賞受賞者のマレイ・ゲルマンから拝借した。彼は、「複雑で適応性のあるシステムにおいては、環境についての情報は、（中略）コンピュータ科学者が参照表（look-up table）と呼ぶものに列挙されるだけではない。そうではなく、経験の規則は、モデルや理論や図式といったかなり圧縮された形式につめこまれている。そうした図式はたいてい近似的で、時には間違いも犯すのだが、以前に遭遇したものとはずいぶん異なる状況の解釈や類推、時には一般化を含めて、もし役立つ予測ができるのであれば適応性があるかもしれない[12]」と論じている。複雑で適応性のあるシステムは、図式によって五つの批判的機能を果たすことができる。第一に、システムはその環境において規則を識別できなければならない。あらゆるシステムは、処理されなければならないデータの流れを供給する複数のネットワークの中にはめ込まれている。システムが有効に機能するためには、システムは周囲の流れの中に規則、パターン、重複を識別できなければならない。第二に、いったん規則が識別されたら、システムは再び生じるパターンを認識できるようにする図式を形成しなければならない。図式がきちんと機能するためには、図式はできるだけ多くのデータを集約する必要がある。第三に、複雑で適応性のあるシステムのうちにある図式は、変化する環境との関係において自らを修正することができなければならない。第四に、図式は単に反応するだけでなく、共鳴する行為を導くよう、周囲の活動を予想するために活用されうるものでなければならない。図式の効率性は、それが記述するものが正確であること、環境のうちで問題となる出来事についての予測が信頼できること、それが命じる行為が有効であることにかかっている。最後に、システムのうちにある別の図式と別のシステムにある図式は、他の図式と効率的に競合することができなければならない。環境に最も適応することが明らかになった図式は生き残り、そうでない図式はいつか消滅する。ゲルマンはこうしたポイントを簡潔にまとめている。

私たちは、複雑で適応性のあるシステムについて研究する際は、情報の動きに注目する。私たちは、情報がいかにしてデータの流れの形式においてシステムに達するのかを精査する。（中略）データの流れにある諸規則を偶然的ないし恣意的なものとして扱われるべき特徴から選り分け、それらを変化に従属する図式へとまとめあげながら、複雑で適応性のあるシステムはいかにして情報の流れにある諸規則を認知するのかに、私たちは注目する。（中略）帰結する図式の各々がその後いかにして付加される情報――これは、現実世界へ適用することで結果を産み出すために、データの流れから諸規則を引き出すときに脇に置かれた偶然的な情報と同じ種類のものである――と結合されるのか、私たちは観察する。つまり観察されたシステムの記述、出来事の予測、あるいは複雑で適応性のあるシステムそれ自体に対する行為の指示である。（中略）最後に、私たちは、いかにして記述、予測、ないし行為が現実世界において帰結するのかを見るのだが、その諸帰結はさらに様々な図式の競合に「選択の圧力」をかけるのである[13]。

図式の作用を明らかにするのに、異質に見える二つのアナロジーが助けとなる[14]。すなわち古代の宇宙創造の神話と、現代の情報理論である。多くの宗教的伝統にある創造の物語は、共通した起源の神話の諸バリエーションについて語るものである。コスモスは、秩序の原理と混沌の原理との相互作用から生じるものである。この争いは、善意の神性と悪意の神性と――それらの具体的な性格は伝統によって異なる――の戦いによって表される。西洋では、マルドゥクと海獣ティアマトの戦いについて語る古代バビロニアの叙事詩〔『エヌマ・エリシュ』〕が、『創世記』の冒頭に再び現れる。

初めに、神は天地を創造された。地は混沌であって、闇が深淵の面《おもて》にあり、神の霊が水の面を動いていた。神は言われた。「光あれ」。こうして、光があった。神は光を見て、良しとされた。神は光と闇を分けた……。[15]

（『創世記』一章1–4節）

水と言葉は、それぞれ混沌（形式の欠如）と秩序（形式）とに対応する。言葉によってもたらされた形式化によって混沌から秩序が生じる際に、コスモスが立ち現れる。プラトンは『国家』において、この物語の最も広まったバージョンの一つを提示している。起源に関する彼の神話によれば、デミウルゴス〔世界の創造者〕は、世界を私たちが知っているような形に創造するために、永遠の形式と、常に流れ去る形式のない物質とを結合した。したがって、世界とは、形式の中の物質、あるいは形づくられた物質のことである。この物語のバリエーションはすべて、何らかの仕方で媒介されるか切り抜けられるかしなければならない、対立のセットを何かしら前提としている。図式は形式に類似しており、データの流れは、大まかに言ってプラトンが物質と呼んだものに相当する。以下で私たちは、図式というものがプラトンの形相のように認識論にかかわるものであり、また存在論にかかわるものであることを見るだろう。だが、図式の構造と作用論理との間には四つの重要な違いがあり、一方には複雑で適応性のあるシステムにおけるデータの流れがあり、他方には存在論的な起源の神話における形式と物質がある。諸図式は互いに独立しているのではなく、相互に関連し、相互に構成的である。よって諸図式は形式のように永遠でも不変でもなく、時間の中で発生し発展するのである。さらに宇宙創造の神話にある混沌や物質とは異なり、データの流れは完全に未分化なのではなく、暗黙のうちに関係とパターンを含んでいる。言い換えれば、事物の秩序は外から押しつけられるものではなく、世界の流動の中から生じるものなのである。最後に、秩序と無秩序は、単に対立するものではなく、他方から切り離されれば一方も存在しえないような仕方で互いに依存し合っているのである。

宇宙創造の神話における秩序と混沌の関係は、情報理論における情報とノイズの相互作用に照らして理解することができる。クロード・シャノンとウォーレン・ヴィーヴァーは、『コミュニケーションの数学的理論』〔一九四九年〕という独創的な著作で情報概念を進展させ、この言葉に通常とは大きく異なる意味を与えた。ヴィーヴァーは次のように説明する、「この理論で言う情報という言葉は、その普通の使い方と混同されてはならない。特に、情報は意味と混同されてはならない[16]」。以下に見るように、意味は情報とは異なるレベルで発生する。シャノンとヴィーヴァーによれば、情報は、その言葉の厳格な意味において、蓋然性と反比例するものである。つまり、あるものの蓋然性が高まれば、それはその分少ない情報を運ぶ。またあるものの蓋然性が低くなれば、それはその分たくさんの情報を運ぶ。グレゴリー・ベイトソンは、情報概念を明らかにする時に、「情報は、差異をもたらす差異である[17]」と説明する。情報は、何か新しいものを運ぶのに十分なだけ異なっていなければならないが、それが完全に認識しえないほどに、あるいは発見しえないほどに異なるわけではない。つまり、情報の領域は、あまりに少ない差異とあまりに多い差異との間に存在する。一方で、情報は差異である。つまり、差異が存在しなければ情報も存在しない。他方、情報は差異をもたらす差異である。あらゆる差異が差異をもたらすのではない。もし差異が余分であれば、それらは重要なものではない。ノイズにおいてはあまりに少ない差異とあまりに多くの差異が発生するのであり、情報は常に混沌の両面の縁《ふち》で発生する。パターンは、差異の明確化によってノイズから発生する（図1）。情報とノイズは、単に対立するのではなく、共に発生し互いに依存し合い続ける。情報は整ったノイズである。逆に、ノイズは、情報を与えるパターンをかき乱すことによって妨げる。このように理解するならば、情報はノイズを安定化させ、ノイズは情報を不安定化させるのである。不安定化のプロセスが情報を与える新たなパターンの発生に機会を与えるのであるから、それは単に否定的なものではない。

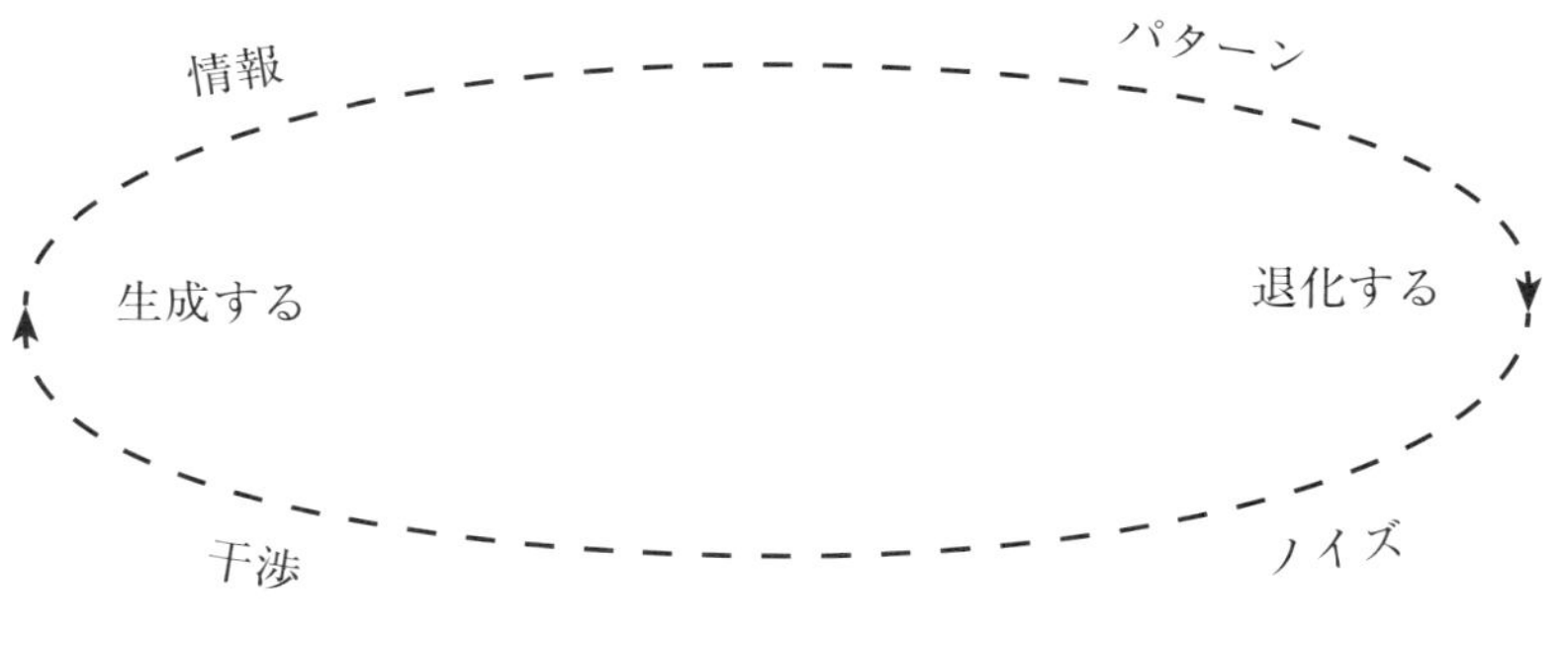

図1　情報とノイズ

情報とノイズをこのように理解すれば、複雑で適応性のあるシステムにおける図式の作用を図で示すことができるようになる（図2）。図式はまず、実体と出来事を同時に記述し、前もって形状化し、予測するパターンを見

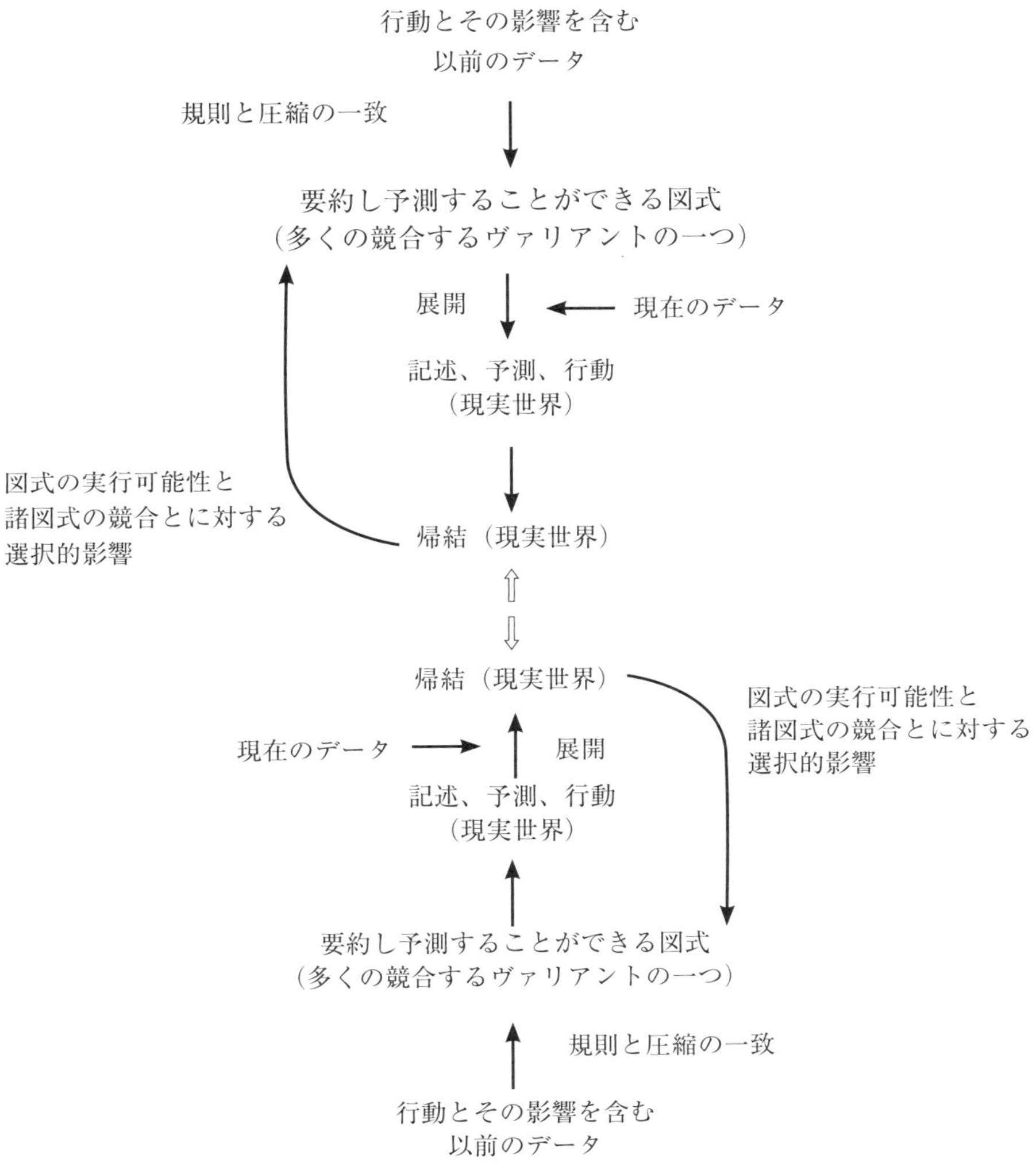

図２　共に適応する複雑なシステムの図式

(マレイ・ゲルマン『クォークとジャガー——たゆみなく進化する複雑系』
野本陽代訳, 草思社, 1997 年)

つけだし、形成し再形成するために、理論的かつ実践的にデータを選別するよう機能する。そして次に現実世界において適応性のある行為を形成すべく機能する。図式の成立は、理論の正確さと実践の効果とにかかっている。新しいデータは、図式の変更、あるいは破壊さえ引き起こしかねない。アプリオリでもアポステリオリでもなく、図式は具体的な文脈の内部で立ち上がる。そしてこの具体的な文脈が、新しい実体と出来事の条件である制約のパラメータとを作り出すのである。図式はいったん発生すれば、他の図式と競合しながら、共に発展するプロセスを通して発展し続ける。詳しくは以下で見るが、宗教的な神話と象徴は、複雑で適応性のあるシステムにおいて図式として機能する。だが、図式は必ずしも意識的ではないし意図的に構築されることもなく、したがって意識や自己意識のシステムに制限されないということを認識しておくことが肝要である。十分に展開すると、図式は、社会的、政治的、経済的システムにおけると同様に、物理的、化学的、生物的システムにおいても自己を組織し作用する。例えば、免疫システム、市場、発展のプロセスそれ自体も、情報を処理する図式がなければ、ありえないだろう。

宗教的な象徴や神話が、生に意味と目的を与える図式としていかに機能しているのかを理解するためには、認識活動においてそれらが果たす役割について考察することから始めるとよい。すでに述べたように、理論と実践は図式においては分離していない。記述する表現が世界のモデル

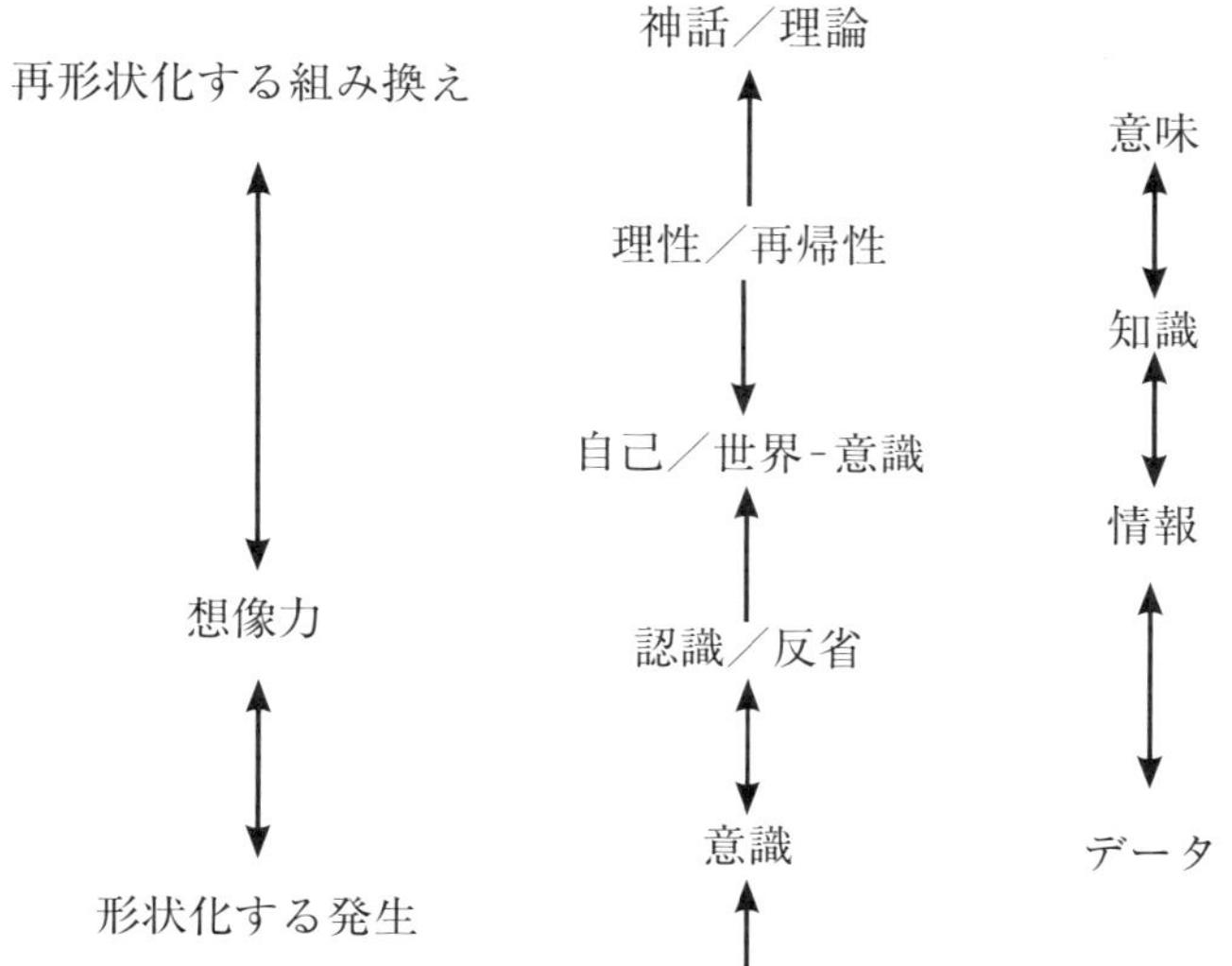

図３　図式化のプロセス

を与え、これが世界における活動のモデルとして役立つのである(18)。情報、知識、意味が互いに織り合わされて思考や行為のパターンが創造されることで、そして逆に、これらのパターンが図式に改訂や適応をもたらすことで、図式はデータを処理する。データがパターン化されることで情報が形成され、次いでその情報が意味をなしうる知識へと作り上げられる。この複雑なプロセスは、直観、知覚、意識、自己意識、理性といった様々な認識活動の協働を伴う。

　これらの活動の所産と同様、これらの活動の関係は階層的であるが一方向的ではない。高いレベルの各々は、低いレベルから生じると同時にそこへと働き返す（図3）。図式化のプロセスを通じて、主観と客観（そして自己と世界）は共に発生し、したがって互いに依存し合う。主観に対して客観に特権を与えるのも（経験論や実在論）、客観に対して主観に特権を与えるのも（観念論や社会構成主義）誤りである。データの流れの直観は、感覚知覚として直観され、次いで意識の客観へと作り上げられるのである。このようにして客観が一緒にされることで物理的世界を形成する。世界が発生することによって、主観がまず意識をもつことができるようになり、そうして自身へと向き直り、自己意識をもてるようになるのである（図4）。だが自己意識は、世界からの分化だけでなく、自己意識をもった他の行為主体《エージェント》への関係と同様に世界への関係を前提とする。言い換えるならば、主観性は必然的に相互主観的なのである。理性は、完全に閉じることのない不思議なループにおいて意識と自己意識とを結び合わせることによって、自己反省を二重化する。自己反省の構造にあるギャップが不確定性への開けを形成するのであり、もしこの不確定性がなければ創造性はありえず、未来は閉じられることになる。図式化の最高レベ

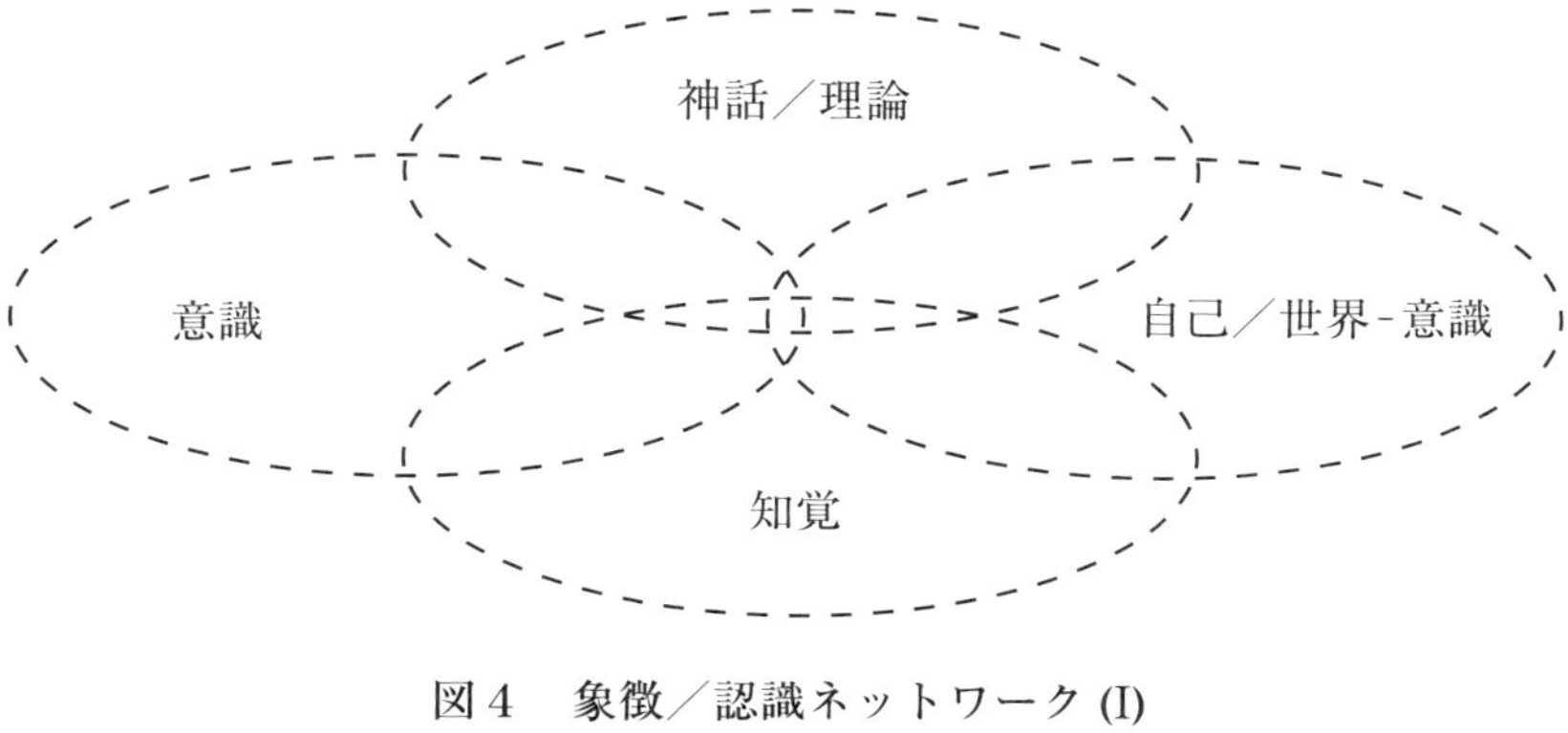

図４　象徴／認識ネットワーク (I)

ルにおいて、象徴と神話は感覚経験と情報と知識をパターンへと統合し、このパターンが意味と目的を与える。様々な認識作用は相互に条件づけ合っているのだが、それは、これらの様々なレベルや作用の関係が順次的なものではなく同時的なものであるためである。世界はイメージや概念、象徴を通して組織されるのだが、そうしたものは、それらが同時的に形成する経験のデータから発生し、またこれと共に変化する。こうした作用の双方向性が相互的な認識ネットワークを形成する[19]。認識ネットワークの構造と作用論理は、このミクロなレベルにおいてさえ、複雑で適応性のあるシステムに順応している。接続が普及すると適応が生じる、そしてこの適応から新しい接続が生じる、そしてこの接続からさらなる適応が生じる……。

様々な図式は、認識ネットワークのあらゆるレベルにおいて同じような仕方で機能する。想像力の機能の一つは、他の認識活動を調整することである。物理、化学、生物、社会、政治、経済といったシステムが情報プロセスとしていかに機能しているのかを理解するためには、より広い情報概念を手に入れることが必要であり、情報が認識ネットワークの至るところでいかに働いているのかを正しく捉えるためには、想像力についての理解を拡げる必要がある。想像力は、形状化の活動を通して認識の――これは必ずしも意識的なものではない――プロセスを形づくる。形状化は、以下の各章を通じて繰り返し用いることになる極めて重要な概念であるから、正確に理解しておかなければならない。名詞でもあり動詞でもある形状化は、とりわけ以下のことを意味することができる非常に豊かな語である。「形、姿／具体化した（人間の）形／目に見える形や姿としての人間／物質的なものや非物質的なもののイメージ、類似、ないし表現／装飾物を形成する線や模様のアレンジ／形づくること、具体化すること／線で辿ること、印をつけること／イメージや象徴や範型であること／形で飾ること印づけること／デザインやパターンで装飾すること／見積もること／考慮に入れること／解決すること、解読すること、理解すること」[20]。形状化の複数の意味とニュアンスをスケッチしてみると、想像力を形状化の活動――これを通して形状が発生してくる――として理解することができる。これらの形状は、経験のデータが形状化されるのを、つまり見積られ、形成されるのを可能にする図式である。図式と想像力は共に機能して、情報を処理する複雑なネットワークを作り出す。データが変容し、諸パターンが競合しながら相互に作用するのと同様に、図式は、自身を再形状化することによって繰り返し適応する。したがって想像力の活動は二つの面をもつ。発生的な（つまり生産的で創造的な）形状化と、組み替える（つまり再生産的で再創造的な）再形状化である。

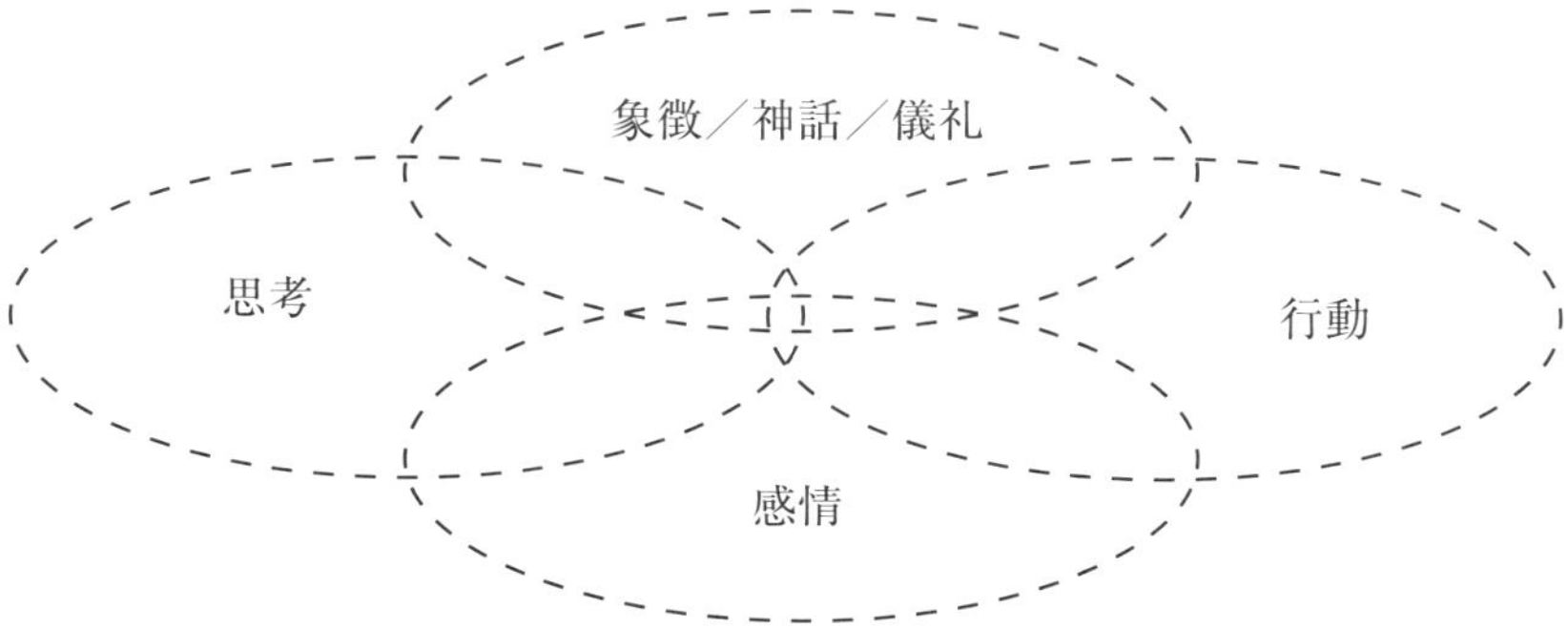

図５　象徴／認識ネットワーク (II)

　あらゆる形状が形状化のプロセスを前提とする以上、形状は、自身が可能であるための条件として、形状化されえないものを含んでいる。つまり形状は、表現されることも理解されることもないものを「含んで」いるのであって、それと一体なのではない。したがって形状は常に、あたかも内部から反形状化されているのである。この反形状化は欠陥では全くない。それは形状を開いたままにしておき、それ自体が発生的な創造力の必要条件である。想像力のこれら二つの側面が、宗教の二つの契機に対応している。形状が構造化し安定化させるのに対し、形状化は、新しい図式化を導入する際も、見た目には安定しているあらゆる図式を途絶させ、攪乱させ、不安定にする。

　象徴ネットワークのより詳細な考察へと進む前に、認識ネットワークの複雑な双方向性が、宗教をもっぱら思考（知）、行為（意）、感情（情）と関連づけるあらゆる理論に疑問符を付すということに注意しなければならない（図５）。一八世紀から現代に至るまで、宗教の最も影響力をもった解釈者の多くは、これらの能力のうちの二つを犠牲にして一つに集中する傾向があった[21]。だが私が述べたように、もし認識ネットワークが絡まり合っているのだとすれば、様々な能力は相互作用するのだから分離しえないことになる。感情、思考、行為は相互に影響を及ぼすのである。一つが変化すれば、他のものも不可避的に形を変える。象徴、神話、儀礼は、条件づけるものでありながら、またこれらの相互作用によって条件づけられてもいるのである。

　象徴、神話、儀礼は形成し、またネットワークによって形成されもする。さらにネットワークは形成し、またより広範なウェブ（網）によって形成されもする。様々な図式が競合する相互作用から立ち上がってくるように、象徴ネットワークは、複雑で適応性のあるシステムの原理に従って機能する関係的なウェブの中で共に発生し、共に発展する。文脈にかかわらず、複雑で適応性のあるシステムはすべて次のような性格をもつ。

1　複雑で適応性のあるシステムは、複数の変化する仕方をもって互いに依存し合う、多くの諸部分で構成されている。

2　複雑で適応性のあるシステムは、自然発生的な自己組織化を示す。それは、偶然性に余地を残す制約のパラメータの内部で生じる。

3　自然発生的な自己組織化から結果する諸構造は、システムの構成要素から発生するのだが、必ずしもこれに還元しうるものではない。

4　自己組織化する構造は開かれている。したがって他の諸構造に適応し、それらと共に発展することができる。

5　接続が増すにつれて、ネットワークはより複雑になって不均衡へ向かって漂い、やがて転換点に達すると非連続的な局面のシフトが突発的に起きる。

複雑で適応性のあるシステムの構造と機能論理は、いわゆる物質的なものから非物質的なものにまで及ぶメディアのあらゆるところにおいて同形的である。したがってネットワークはいつも、他のネットワークのネットワークである。別の言い方をすれば、複雑で適応性のあるネットワークはフラクタル――あらゆる組織レベルにおいて、またあらゆる作用局面において、同じ構造を示す――なのである。

宗教的に機能するためには、象徴ネットワークは、神学

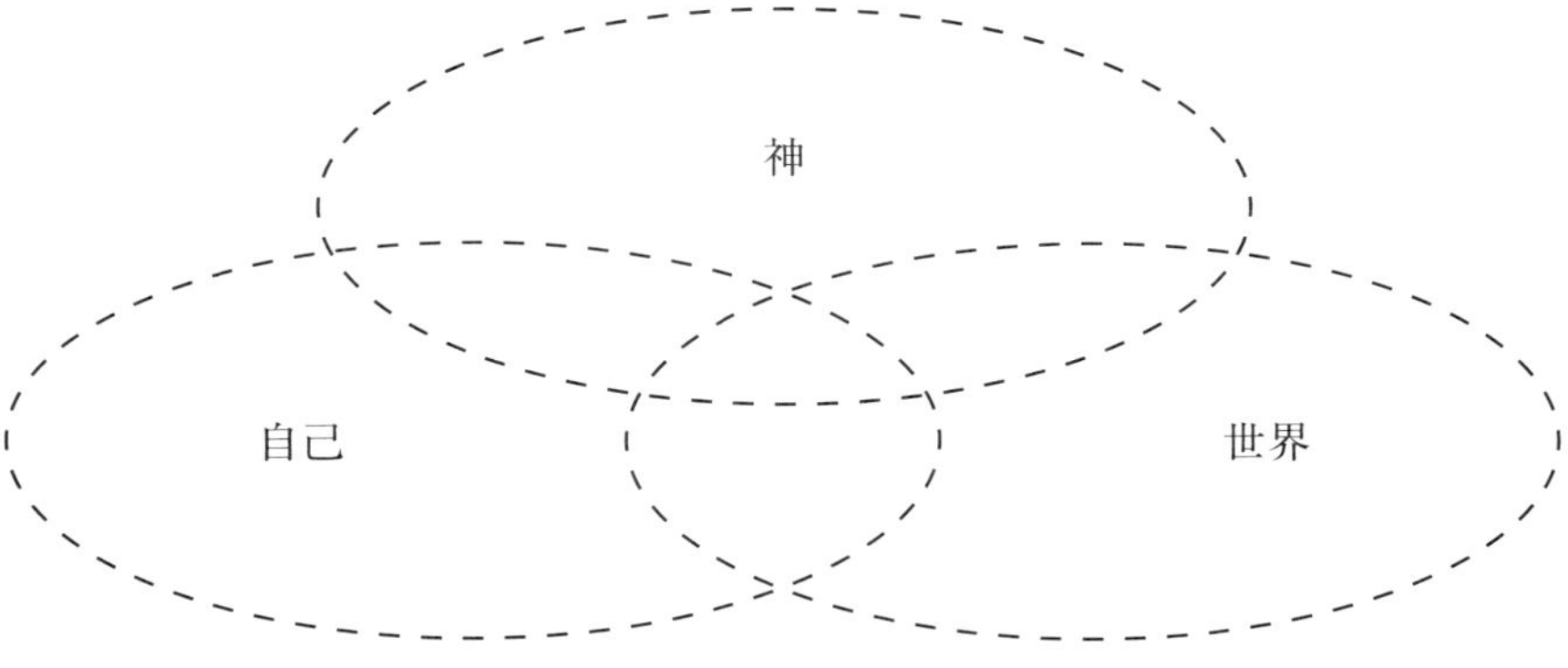

図6　宗教ネットワーク

的、人間学的、宇宙論的な事柄に取り組まなければならない。これらの三つの経験の次元は、神、自己、世界という相互に連関した形状において、あるいはそれらの機能的等価物において言い表される（図6）。神学、人間学、宇宙論は、密接に相互に条件づけ合っている。神が想像される仕方は、自己と世界が認識される仕方を決定し、またその逆も言える。例えば有神論の諸伝統において、神は世界を創造し統御する準・人格的な存在であると信じられている。以下に詳しく見るように、伝統的にこのバージョンのパラメータには二つの選択肢があった。すなわち、神の意志が神の理性に従う場合で、世界は究極的に理解しうるというもの。もう一つは、神の意志が理性に先行する場合で、世界は全く偶然的であり一貫して神秘的であるというもの。これに応じて、人間は本質的に理性的であると理解されるか、あるいは非合理な、より正確には超合理的な意志、衝動、欲望によって統御されていると理解される。特定の象徴ネットワークに特徴的な他の観念や教義——善と悪、時間と空間、歴史と本性、堕罪と贖罪、等の考え——は、これらの三つの主要概念からの影響を被る。宗教を複雑で適応性のあるシステムとして理解すると、これらの対照的な神学の選択肢はどちらも他方から切り離しえず、各々は他方においてまた他方を通してそれ自体である、というようにして絡み合っていることが明らかになる。

象徴ネットワークは、他のあらゆるものと同様、孤立して形成されることは決してなく、諸伝統のうちにあり、かつ諸伝統の間にある複雑に関係するウェブ（網）のうちに発生する。こうしたウェブは、特定の象徴ネットワークの相互依存と相互発展のうちで生じる、共時的な軸と通時的な軸をもっている（図7）。ある伝統のうちにあるいかなる象徴ネットワークの特殊性も、時間内の所定の瞬間に利用できる他の宗教的な選択肢との類似性と差異性の機能である（共時性の軸）。例えば福音派のプロテスタント信者たちは、いわゆる世俗的なヒューマニストとの対立だけでなく、他のキリスト教のセクトやデノミネーション（特定の支配的な宗教組織が存在しない政教分離の社会体制下において、伝統、民族、国家などの外的圧力とは関係のない自発的な意志によって選択した入信者が組織する集団）との関係によっても、自身を定義づける。さらに、あらゆる宗教的な立場もまた、時間的、歴史的に位置づけられる——それは、それを形成する過去から育ち、それを変形しうる未来を先取りする（通時性の軸）[22]。「同一の」伝統のうちで競合する諸バージョン同士の終わることのない相互作用は、不断の改訂と繰り返される変更に帰結する。このように理解するならば、歴史は直線的でも円環的でもないと言える。

特定の伝統のいかなるバージョンもその伝統の他のバージョンから切り離されて発生しうるものではないように、

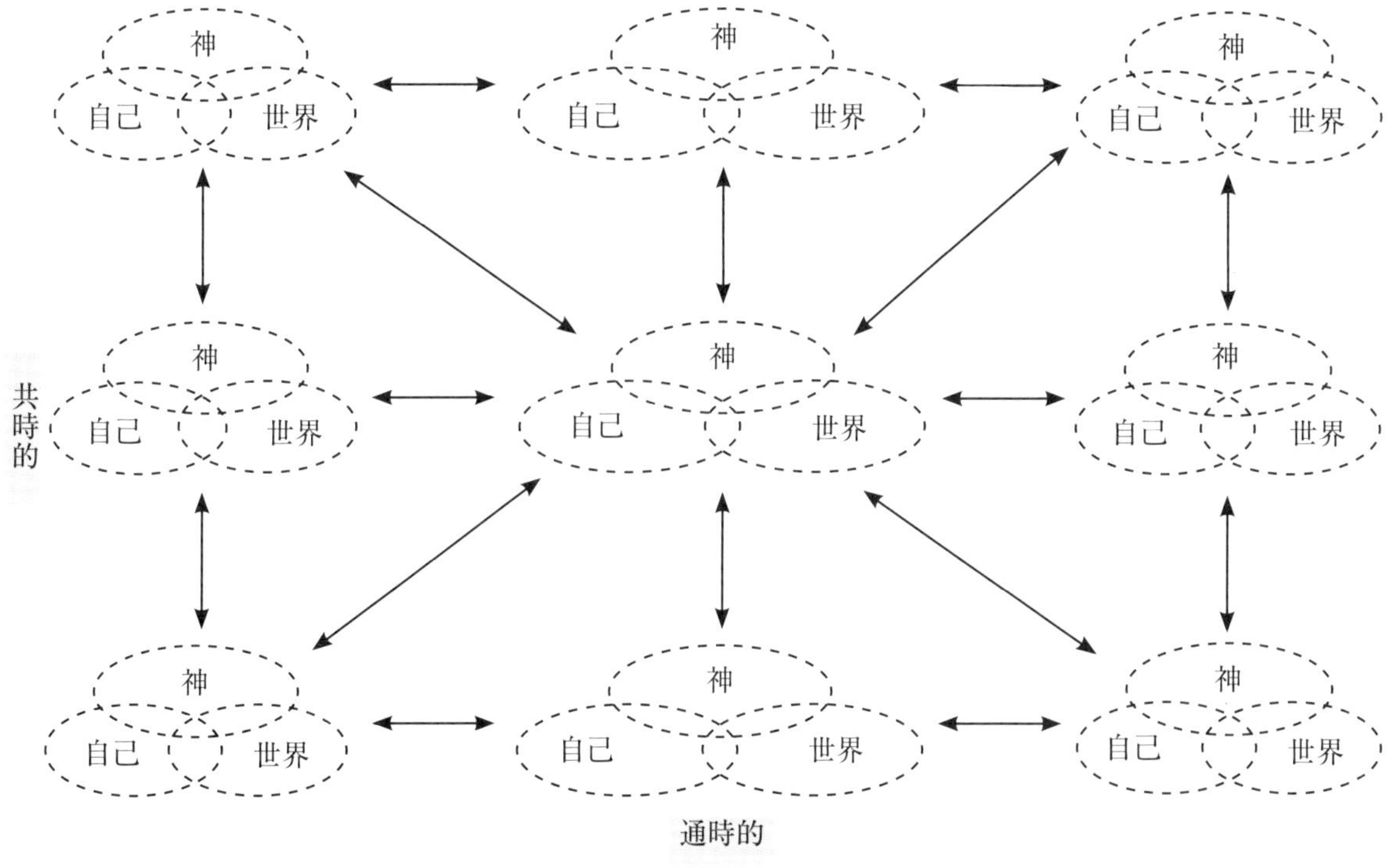

図7　一つの宗教的伝統における象徴ネットワークのウェブ

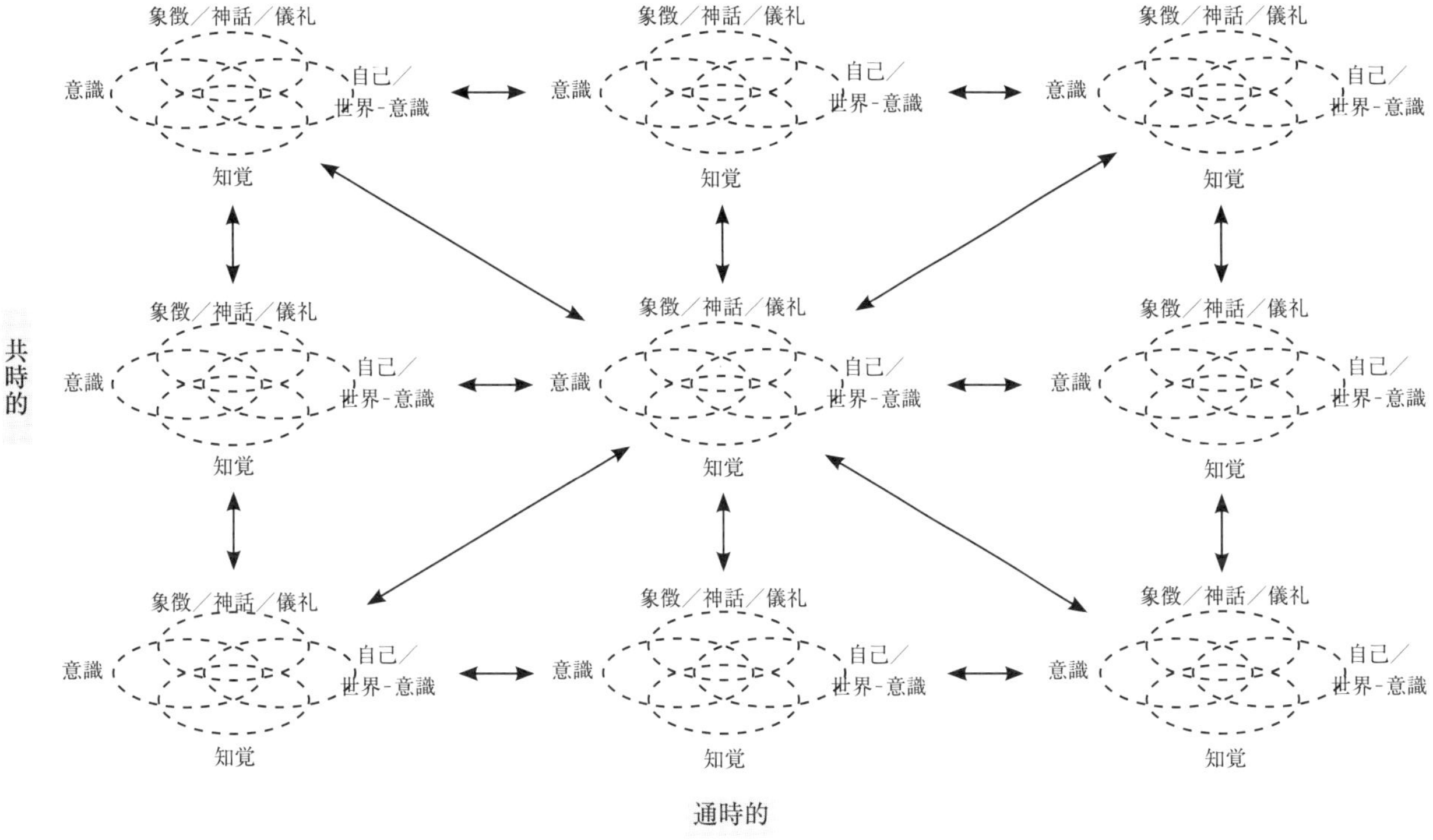

図８　複数の宗教的伝統における象徴ネットワークのウェブ

あらゆる宗教的伝統は、他の宗教的伝統との相互作用によって構成されている。様々な伝統は対照的な象徴ネットワークを提示し、これは意味と目的を形状化するための代替図式を与える。これらの図にある複数のベクトルはウェブを表しており、そのウェブの中では競合する象徴ネットワークが関係し合っている（図8）。諸伝統の間にあるダイナミクスは、一つの伝統の中にあるダイナミクスと同じものである。競合する図式の相互関係が密になれば、特定の諸伝統と、それらを連結するウェブの安定性は低下する。そのような展開がなされると変動性と危うさが大きくなるが、そうした状態に対して、三つの特徴的な反応がある。すなわち、保守、進歩、変革である。

　宗教的伝統と文化の慣習は、変化に激しく抵抗する傾向がある。保守主義者は古いものにしがみつき、新しいものに抵抗する。もちろん、伝統主義者から反動主義者まで、様々な度合いの抵抗がある。社会が変化するとき、多くの者は、伝統的な信念と実践によって揺るぎなさと安定を求める。変化の度合いが増せば、よりラディカルな反応が起きる可能性が増す。狂信者たちは、現在では崩れてしまったと思う理想的な過去を作り上げることによって、異端者たちと自分たちとを分断する。非信仰者を改宗させるか抹殺することによって現在を浄化し、過去を「回復《リカバー》する」ことが目標となる。この反動的なアジェンダに傾倒すると、疑問符を付されることのない基礎的な諸原理に対する信仰を絶対化するようになる。そしてこれは多くの場合、権威をもった人物への全面的な服従を伴う。例えば、反動主義者は今日、三つの聖典宗教のすべてにおいて見られる。国粋的で超正統主義的なユダヤ教徒。軍国主義的で国際的に報復主義的なムスリム。モラルに関して絶対主義的で、国際的に拡張主義的で、しばしば千年王国説を信じるキリスト教徒。多くの点で明らかに異なるが、これらの信仰が互いに共有するものは、それらがそれぞれの伝統のうちにある多数の潮流と共有するものよりも多い。宗教的反動主義者は、発生的で複雑な象徴ネットワークの一つの特定のバージョンを具体化し、あるいは物神化することによって、相対的なものを絶対化する宗教性の最も明白な実例なのである。

　だが、反動主義的な反応は非生産的であるだけでなく、実際に危険なものでもある、と多くの信仰者たちは見ている。複雑で変化する世界の中で、単純で頑固な信仰は暴力と破壊の脅威を秘めている。反動的な基礎づけ主義を批判する進歩的な者たちは、惨劇を回避するため、変化する環境に部分的に信仰と実践を適応させるよう忠告している。別のグループによって促された変化の性質と範囲と度合いは、信仰者たちに特殊なアイデンティティを与える。こうした信仰者たちは、時期や文脈に関係なく、宗教の伝統やシステムが生き残るためには変化しなければならないということを理解している、リベラリストや近代主義者である。だが近年、競合する様々な宗教的正統主義の声が最高潮に達すると、諸伝統において宗教的リベラリストたちは沈黙した。実際、今日の世界において新基礎づけ主義が優勢な状況は、宗教的リベラリストという考え方をほとんど形容矛盾にしてしまう。保守主義者、伝統主義者、反動主義者にしてみれば、信仰者を自称する者たちが、信仰をその時の環境に合わせて変化させようとすることは、モラルの堕落の一層の証拠となるのであり、これが怒りを燃え上がらせる。

　現代のような非常に不安定な時代では、大きな変化というのは永遠に続くものではありえない。世界全体でウェブが拡張するにつれて、競合するビジョンがぶつかり合い、ノイズを産み出す。そのノイズは、ネットワーク――この中で図式が形成される――が一般に転換点と言われるところに達するまで増幅する。この転換点は、複雑性の理論家たちによって「自己組織化される臨界」の条件として記述される。物理学者のパー・バクはそうした現象を詳細に分析し、理論的な説明を展開した。彼は、新しい「自己組織化される臨界の科学」を提示するに至った。この科学は、複雑なシステムの双方向的なダイナミクスを照らし出す諸法則――これは以前は気づかれることがなかった――を解明する。バクは、次のように論じる。「自然における複雑な動きは、実際、たくさんの構成要素から成る大きなシステムがどちらに転ぶかわからない『臨界』状態へと至る傾向を反映している。さらに進むと均衡が崩れ、小さな諸変動があらゆる大きさのいわゆる雪崩現象へと転じる。変化の多くは、平坦に続く道を進むことによってではなく、むしろ破局的な出来事を通して起こる。この非常にデリケートな状態の展開は、外部にいる行為主体《エージェント》によるデザインなしに生じる。この状態は、ひとえに、システムの個々の要素が動的に相互作用することによってもたらされる。つまり臨界状態は自己組織化されるのである」[23]。自己組織化される臨界は双方向的なダイナミクスによって統御される複雑なシステムの中で生じる。この双方向性のために、出来事は正の帰還ループによって増幅され、その原因には不釣り合いな結果に至りうる。システムにおける個々の要素の動的な相互作用は、グローバルな出来事を生じさせ、これは個々の要素の説明には還元できない全体的な記述を要求する。システムが転換点に達すると、個々の出来事の帰結は予測できなくなる。ある時点で重大な変化や雪崩現象が起きるだろうということはわかるが、どの出来事がバランスをひっくり返して均衡を崩すのか、前もって言うことは決してできない。

　自然のシステムについてのバクの分析は、象徴ネットワークにも拡張することができる。世界の諸条件が、それらを形状化する図式よりも早く変化するのだから、地図はもはや土地には合致せず、進むべき道を決定することはますます困難になる。慣れ親しんだ道標や信頼できる導きが存在しないとき、意味や目的は曖昧になる。変化量が増大すると、ついにシステムが形を変えるに至り、古い形状と形式の競合や相互作用から新しい図式が発生してくる。形状化の活動は、変化する環境にうまく適応しない組織化構造を揺るがすことによって、発展のための、あるいはもっと正確に言えば、より効果的な図式や象徴ネットワークが共に発展するための諸条件を形成する。急速に変化する環境における図式やネットワークの発展的成功は、以下の能力を前提としている。

1 強まる相互関係を、したがって増大する複雑性を調整できること。
2 大きくなる変動性と不安定性を効果的に処理できること。
3 常に開かれていること、適応的であること。
4 速やかに効率的に変化できること。

進化——生物的な意味であれ、宗教的な意味であれ——は、絶え間のないプロセスではなく、生物学者が「中断された均衡」と呼ぶものによって特徴づけられる。相対的な安定と漸次的な変化の期間は、構造と形態の変容へと帰結する局面のシフトによって打ち切られる。発展は絶え間ないものというよりもむしろ中断されるものであるから、変化は起こるときに起こるのであり、前もって言うことはできない。接続したネットワークが共に進化する枠組みの中では、途絶は破壊的でありかつ創造的である。いかなる媒体で進化が起きる場合も、構築なくしていかなる脱構築もありえないように、脱構築なくしていかなる構築も

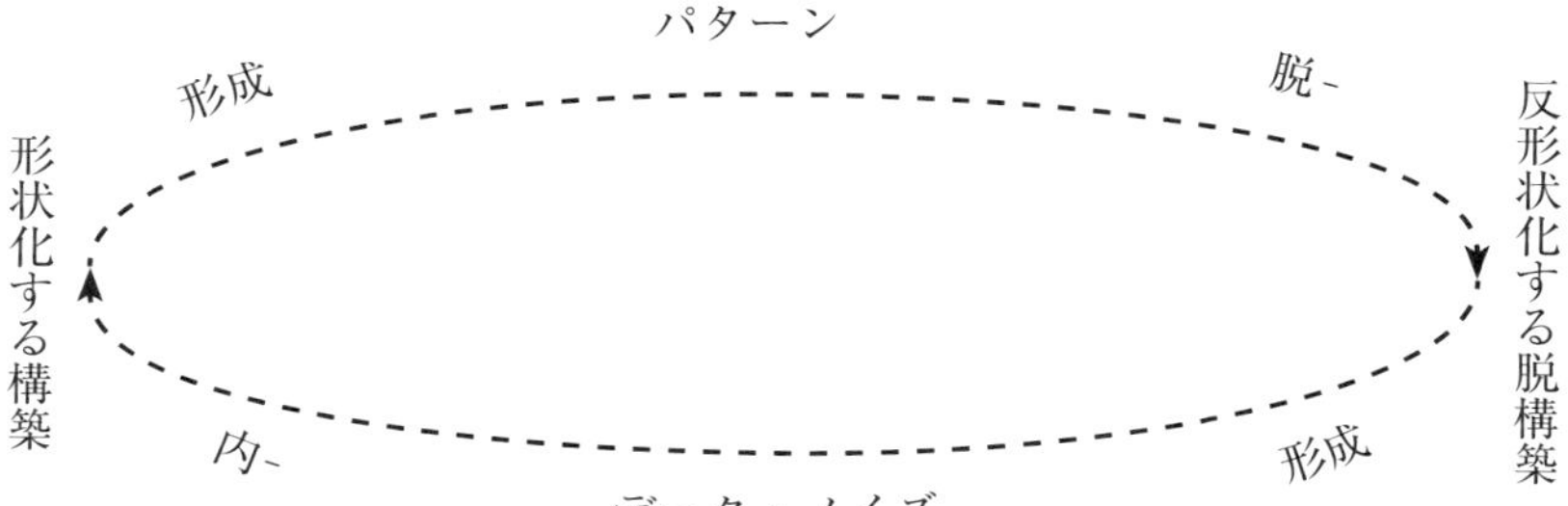

図9　想像力

ありえない。いったん明確にされると、新たな再形状化は必然的に混沌の縁《ふち》へと移ってゆき、そこでプロセスは自ら反復する。このように理解するならば、象徴、神話、儀礼の発生的で、複雑で、適応性のあるネットワークの作用は、変化する組織パターンを形状化する情報プロセスを含むことになる。そうした形状化は、想像活動を、人間の心の限界を越えて自然と歴史に具体化したプロセスにまで拡張する[24]（図9）。情報が整ったノイズから発生するように、形状化と反形状化は、形状とパターン——これらが、揺るぎない基礎を欠くところで、生に不断に変化する意味と目的を与える——の中で生じ、これらを絶え間なく変形させる。この洞察の深い意味を正しく理解するためには、その中で宗教的な象徴、神話、儀礼が具体化される関係的なウェブをさらに拡張することが必要となる。一つの宗教的伝統のうちにある、あるいは複数の宗教的伝統の間にある図式と象徴ネットワークの発生を跡づけてきたが、次により広い自然、社会、文化のパターンに対するそれらのネットワークの関係を考察することが必要となる。

　すでに指摘したように、発生的で、複雑で、適応性のあるネットワークは、文化に限定されるものではなく、日常生活を構成する自然や社会といったシステムのそこここにも見出すことができる。言い換えれば、それらのネットワークは、単に主観的、認識論的であるのみならず、客観的、存在論的でもあるのである。最後の二つの章で、私は、生命それ自体がいかにして発生的で、複雑で、適応性のあるネットワークであり、これが重要な宗教的次元、倫理的な規範、政治的な命令の住処であることを示すつもりである。目下の文脈では、ネットワークとウェブが、自然、社会、文化のシステムにおいて、同様の構造と作用論理を有していることを強調しておきたい。さらに自然、社会、文化の相互関係と相互展開もまた、発生的で、複雑で、適応性のあるネットワークによって統御されている（図10）。全体と部分は同形的なのである——繰り返しになるが、相互に関係する諸ネットワークは、フラクタルな構図を示す。ネットワークというのは、反復と相互関係を通じて発生するネットワークのネットワークなのである。自然、社会、文化は、ネットワークの双方向的なダイナミクスの結果として相互に密接に条件づけ、規定し合っている。例えば、自然が文化を条件づけるのと同程度に、文化は自然を条件づけるのである。

　このすでに複雑な絵を完成させるには、最終ファクター、つまりテクノロジーが加えられなければならない。テクノロジーの発展は、自然、社会、文化のシステムから生じ、同時にそれへと作用し返す。もちろん、テクノロジーは人間世界に限定されるものではなく、動物の領域へと拡がり、より単純な、いわゆるより下等な生物にも及ぶ。人間の領

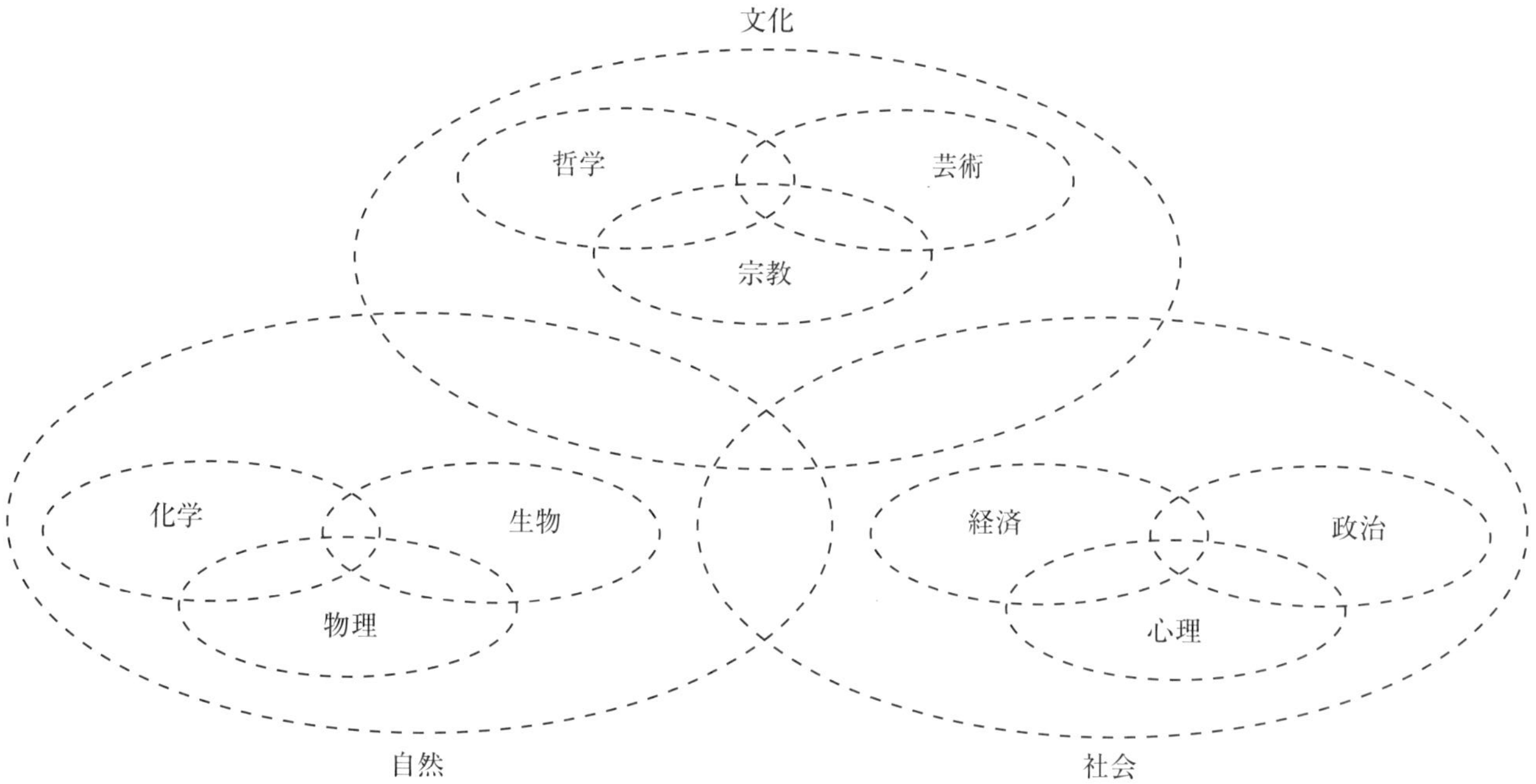

図10　自然、社会、文化の相互依存

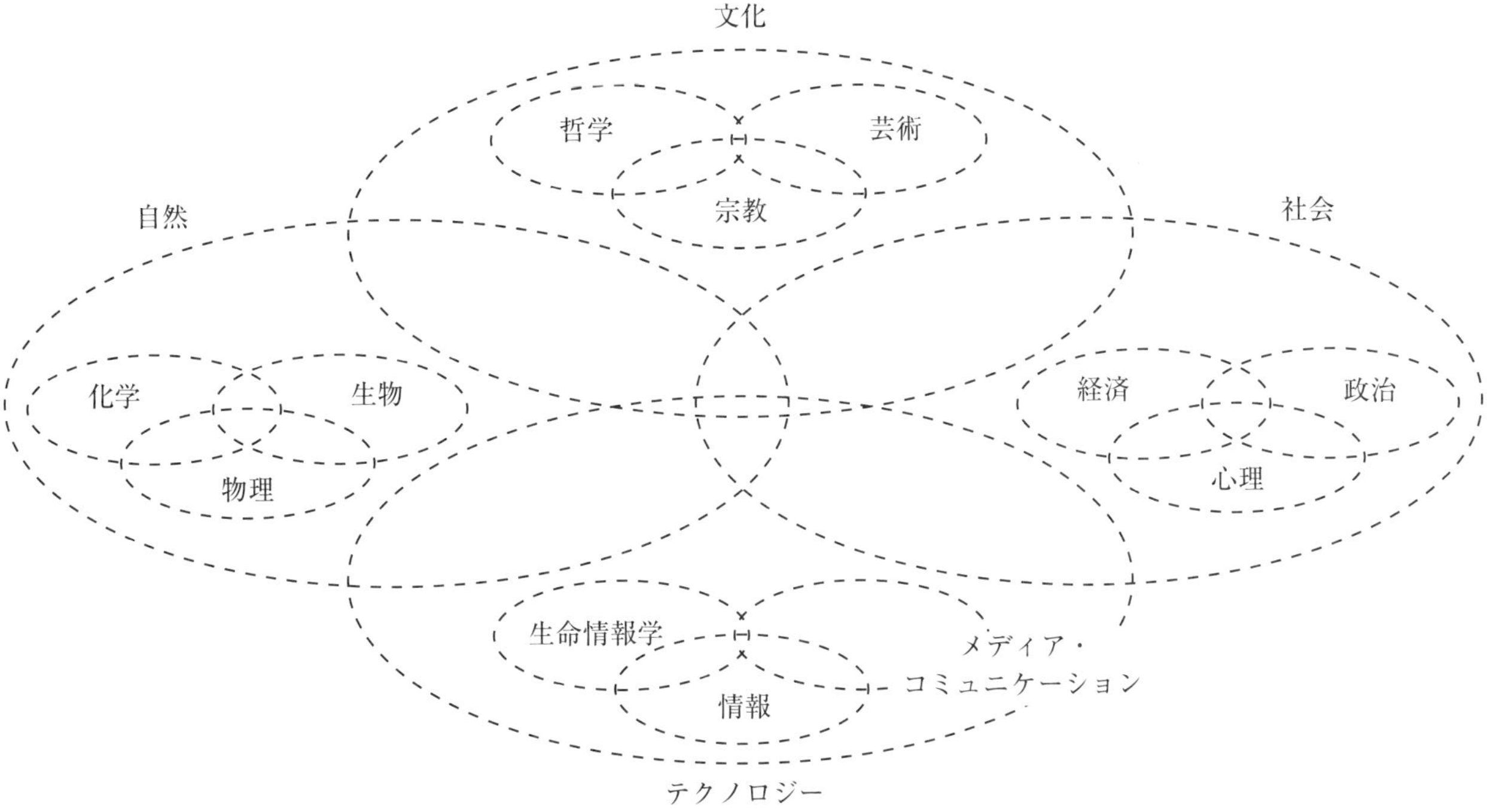

図 11　自然，社会，文化，テクノロジーの相互依存

域では、生産と再生産の機械的な形態から電子的な形態へのシフトが、テクノロジーの自然、社会、文化への関係を根本から変容させる転換点の印となる（図11）。もし自然、社会、文化のプロセスが、事実、情報が分散するプロセスなのだとすれば、デジタル革命は、その構造と機能が世界ですでに起きていることを反映するだけでなく、より重要なことには、これを増幅し変容させるようなテクノロジーを形成しているのである。情報機器が、自然、社会、文化のシステムと同じ構造をもつウェブに接続されれば、たとえ展開の方向を予見することはできないとしても、同時展開は不可避となる。この発展は、自然システムと文化システムとの間の、あるいは自然システムと人工システムとの間の境界線をさらに曖昧なものにすることになる。ゲノムの理解が深まり、デジタル・テクノロジーとナノ・テクノロジーがさらに洗練されれば、コンピュータがここしばらくの間に占めていた位置は、近い将来、生物情報科学が占めることになるだろう。情報と生物プロセスがさらに結びつけば、生命それ自体が変化し、自然、社会、文化の相互関係は抜本的に再編成されるだろう。

こうした洞察と発展がすべての他の文化現象と同様、宗教の研究に対して含意するところは、明らかに重要である。もし現実世界が関係のネットワークであるとすれば、それは、リンクや接続ではなく、分割や対立を形成する概念の格子によっては捉えることができない。知が可能であるためには、認識の構造と発展は、探求される現象の構造と発展に一致していなければならない。もし心がある方向に配線されていて、世界が別の方向に配線されているならば、世界それ自体は知られないままに留まる。だが、私たちが見てきたように、主観／客観、自己／世界、心／現象は、対立しているのではなく、共有されたネットワークとウェブにおいて共に発生し、共に展開するのである。したがって認識プロセスは、対象や出来事をそのつど再編成する再帰的な帰還ループを通して、対象や出来事に含み込まれているのである。そのつど変化する相互関係はより大きな複雑性を形成し、これはまた私たちのあらゆる知に対して信頼性の条件を構成する。

知が発展するのに合わせて、カリキュラム、大学、学問のプロたちの組織も変化せざるをえなくなる。集中化と専門化は必要だが、それだけでは現代世界の複雑性を理解することはできない。創造的な洞察が周縁で――すでに確立された諸学科の間にある溝で――発生する。学問のディシプリン（原理）は、宗教システムと同様、可能な限り変化に抵抗する。領域とは別に地図が漂うにつれて、ディシプリンはついに転換点に達し、探求の境界線は書き換えられざるをえなくなる。過度の専門化が限界に達していることが否定できなくなると、探求の「縁のぎりぎり」に沿って局面のシフトが起こる。この現れつつある軌道を辿るためには、複数の見地から宗教にアプローチし、様々な宗教的伝統だけでなく、他の社会システム（経済、政治、心理、等）[25]や自然システム（すなわち物理、化学、生物）と同様、他の文化システム（すなわち哲学、芸術、音楽、演劇、ダンス、等）の文脈に宗教を置いてみることが必要となる。これらのシステムは相互依存的であるため、あるものを他のものへ還元することはできず、したがってどんな種類の還元論的基礎づけ主義も誤りなのである。

　この分析の最初で、私は次のように主張した。宗教の満足できる理論はすべて、最低でも、

1　宗教の複雑な起源、作用論理、複数の機能を記述し、かつ／あるいは説明しなければならない。

2　様々な宗教ネットワークの出現、発展、変容のダイナミクスを明らかにしなければならない。

3　いかに諸宗教が生活の物理的、生物的、社会的、政治的、経済的側面とだけでなく、互いの宗教に関わり相互に影響を与え合ってきたのかを示さなければならない。

4　理論を終わりのない改訂へと開いたままにしておく「内的」批判の「原理」を含まなければならない。

こうして宗教を象徴、神話、儀礼の、発生的で、複雑で、適応性のあるネットワークと定義することになった。それら象徴、神話、儀礼は、一方では、生に意味と目的を与えながら感情、思考、行為の図式に形を与え、他方では、あらゆる安定した構造を途絶させ、攪乱し、反形状化する。この定義について説明し詳論したのは、既成の基準を満たすためであった。以下の各章では、西洋の哲学と神学の伝統から出てきたこの理論が、私たちが現代社会における宗教の役割を理解し批判するのをいかに助けることができるのか、また、生のグローバルな倫理を促進するオルタナティブな宗教観を作り上げるために、いかにこの見方を洗練させることができるのか、ということを示そうと思う。この確かに大胆な構想へと進む前に、宗教的であることのオルタナティブな方法について、その一般的な特徴を吟味しておかなければならない。それは歴史を通して見られ、現代の宗教闘争の両極を依然として特徴づけている。

宗教的である三つの仕方

　ジェイムズはその古典的な研究、『宗教的経験の諸相――人間本性の研究』において、宗教を、「自身が神的と見なすものへと関係していると理解する限りでの、孤独な諸個人の感情、行為、経験」[26]と定義している。ジェイムズは、宗

教は必ずしも神の存在を信じることを前提としないと主張することによって、宗教の定義をできる限り包括的に設定したのだが、彼の見方は、少なくとも二つの重要な点で限界をもつものに留まっている。第一に、最も明らかなことだが、ジェイムズは、孤独な個人に注目することによって、自己であることや宗教の諸側面の社会的諸次元を二次的なポジションへと降格させている。社会的なものを犠牲にして個人的なものに特権を与えるような、あるいはこれを逆にした宗教研究へのアプローチは、どんなものであれ不十分である。第二に、ジェイムズは、宗教が思考と行為の様々な方法を含むことを認めながらも、主として情動的であると自身が考える経験に関心を集中させている。このことはさらに彼の分析を限界づけ、認識、意志、情動の相互作用を曖昧にしてしまう傾向がある。ジェイムズの方法は経験的であり、大部分記述することに限定されたものであるが、そのアプローチは、後にエリアーデが発展させた現象学的な分析に驚くほど似通っている。エリアーデと同様、ジェイムズは、人間本性のようなものが存在すること、そして宗教ないしこれの機能的等価物が人間本性のようなものから切り離しえないということを当然のこととして仮定している。だが、ジェイムズはエリアーデとは異なり、ただ一つの型の宗教的経験だけが存在するとは考えていない。ジェイムズは、二つの種類の基本となる宗教的経験——健やかな心と病める魂——を同定し、これを豊富な資料に基づいた比較によって分析する。ジェイムズは指摘する。

多くの者たちにあっては、幸福は生得のものであり、自ら切り拓きうるものではない。彼（女）らにあっては、「宇宙的感動」は必然的に熱狂と自由という形をとる。私は肉体的に幸福な人々のことだけを言っているのではない。不幸に襲われるか、不幸を突きつけられるかすると、それがまるで何か卑しく邪《よこ》しまなものであるかのように、不幸を感じることを断固として拒むような人々のことを、私は念頭においている。そういう者たちはいつの時代にも見出されるのであって、彼（女）ら自身の境遇が苦難に満ちていようとも、また、彼（女）らが生まれ落ちたのが人生の不幸を説く神学であっても、人生は善であるという感覚に、彼（女）らは熱情的に身を託しきっている。初めから、彼（女）らの宗教は神的なものと合一した宗教なのである。

健やかな心の者は「宗教的な喜び」の感覚を享受しているため、「先行する重荷からの解放」が不必要であるように見える。この種の宗教の最も重要な点は、自己と神は元から合一ないし同一のものであったという確信である。これが生涯持続し、あらゆる悪と堕落を随伴現象にしてしまう。ジェイムズは、当時ニューイングランドで影響力のあった二つの運動――ユニテリアン主義〔キリスト教で伝統的に用いられてきた三位一体の教理を否定し、神の唯一性を強調する主義〕とプロテスタント・リベラリズム――をこのカテゴリーに含めるが、最も明快な例はロマン派の詩人と、ウォルト・ホイットマンやラルフ・ワルド・エマーソンといった哲学的観念論者であると主張する。[27]

　病める魂は健やかな心の対極である。ジェイムズは次のように説明する、「そうした健やかな心の見方――もし私たちがそれを悪を意識的に最小にする方法とするのならば――とは対照的なところに、悪を最大にする方法とでも呼ぶことのできる、真っ向からこれと対立する見方がある。この見方は、私たちの生の悪の側面がまさに本質であり、世界の意味は、私たちがそれを最も心にとめるときに、最も私たちに迫ってくるのだという確信に基づいている」。だが、病める魂にとっては、生がもつ意味は非常に限定的なものである。なぜなら、「他の諸要素と関連した合理的な全体を作ることができないような宇宙」には、不可避の諸要素が存在するからである。「そして、この諸要素は、そうした他の諸要素が作り上げている体系の観点から見ると、はなはだどうでもよい偶然的なもの――いわば『夾雑《きょうざつ》物《ぶつ》』も同然であり、場違いなものであるとしか考えられないのである」。悪の滲透と意味の欠如から、メランコリーの感覚が帰結する。メランコリーはしばしば、「自己不信、自己絶望、つまり猜疑、不安、戦慄、恐怖」へと落ちこむ。絶望が圧倒するようになると、これを克服するには三つの方法しか存在しない。すなわち、死ないし自殺か、堕落した世界からの逃避か、抜本的な自己変革かである。健やかな心をもった諸個人は一度生まれであり、病める魂は二度生まれである――彼（女）らは救済を見出すために、魂の暗い夜を通り過ぎなければならない。病める魂の最も顕著な例の一つが、奇妙なことにジェイムズが『諸相』では一度も言及しない者、セーレン・キルケゴールである。キルケゴールの最もよく知られた著作のタイトルは、彼の魂の気質を表している、『畏《おそ》れとおののき』、『不安の概念』、『死に至る病』。ジェイムズは、人間の経験は、明るさと暗さと同様に、善と悪とを不可避的に含むと確信していたため、「病的な心の経験の方がより広範に及ぶ」と論じる。自己というものは常に分裂しており、したがって人はみな二重人間 Homo Duplex なのだ、とジェイムズは論じる。宗教の治癒効果は、分裂した主体を一つにする点にある。ジェイムズは決して認めないけれど、彼の類型論は、原初の単一性（健やかな心）から分裂と対立（病める魂）を経て統一性と和解（二度生まれ）へと至る運動を辿る、おなじみの宗教物語を繰り返すものである。

　すでに示したように、ジェイムズは経験に集中し、これを記述することに没頭したのだが、彼はこのために、自身が見出した宗教的経験の諸相のより広い射程をもつ含意を解明することができなかった。ほぼ半世紀後、パウル・ティリッヒが「宗教哲学の二つの道」というタイトルの刺激的な小論を発表した。彼はこの中で、ジェイムズの分析の哲学的な前提と神学的な含意を説明することによって、これをうまく敷衍した。ティリッヒは、全く別の関心をもって完全に異なる知的伝統の中で仕事をしていたのだが、彼が定義する二種類の宗教哲学は、ジェイムズの二つの宗教的経験にぴったり対応する。ティリッヒは、神の存在を肯定する伝統的な議論――すなわち、存在論の議論と宇宙論の議論であり、これらは神学の議論を含んでいると彼は主張する――に基づいて分析を組み立てる。存在論の議論が思考から神の存在へと進むのに対し、宇宙論のアプローチは結果（世界の存在ないしデザイン）から必然的で十分な原因としての神へと論証を進める。ティリッヒは前者をアウグスティヌス主義と、後者をトマス主義と結びつける。「人間が神に到達できる二つの道がある。疎外を克服する道と、見知らぬ者との出会いによる道とである。第一の道では、人間は、神を発見するときに自分自身を発見する。そのものから人間は疎外されてはいるが、しかし人間はいまだかつてそれから引き離されたことはなかったし、また、決して引き離されることができないような何かを発見するのである。第二の道では、人間は、神と出会うときに見知らぬ者と出会う。その出会いは偶然である。神と人間とは本質的に互いに属し合うことはない[28]」。ジェイムズが経験に注目するのに対し、ティリッヒは知に没頭する。ティリッヒによれば、存在論的タイプの宗教哲学は、以下の主張を含んでいる。

1　神の知は真理の知である。
2　神（すなわち真理）の問いは、神（すなわち真理）についての暗黙の知を前提とする。
3　神は存在ないし存在の力である。
4　認識論と存在論とは分離することができない。
5　自己と神は完全に同一のものである。

ティリッヒは、「もし神秘主義を、存在それ自体との関係において主観と客観が同一であることを体験することとして定義するならば、人はアウグスティヌス的伝統を、当然、神秘主義的ということができる」と結論づける。もし神が存在、あるいはティリッヒの用語で言う「存在の力《ビーイング》」であるならば、実在するすべてのものは、何らかの仕方で神的なものと結びついていて、悪は究極的には現実化しないことになる。言い換えると、神は自己と世界に内在しているのである。

対照的に宇宙論的タイプでは、神は存在それ自体ではなく、世界に内在しない超越的な存在である。したがって人間的なものと神的なものとの関係は、媒介されたものであるか間接的なものである。「トマスにとっては、このことすべてはその感覚主義的認識論の帰結である。『人間の知性は、自然の道によっては神的実体に到達することができない。なぜなら現世の生においては、私たちの知性がなす認識は感覚経験をもって始まるからである』。したがって私たちは、因果律の助けによって神へと到達しなければならない」とティリッヒは論じる。宇宙論的なタイプでは、神についての知は、存在論的なタイプにおけるようにアプリオリではなく、アポステリオリである。したがって、神ないし真理は結論であって論証の前提ではない。神は超越的であり、人間の理性だけでは神的なものという最終的な真理には到達できないからである。人間の理解力が限界にあたるところで、信仰が理性を補わなければならない。

ジェイムズが健やかな心よりも病める魂を優越させるのに対し、ティリッヒは、宇宙論的タイプよりも存在論的タイプに特権を与える。ティリッヒは実際、宇宙論的タイプは不可避的に人間の疎外へと至る対立を作り上げる「破壊的な分裂」を表すとまで主張する。そうした不和ないし疎外は、あらゆる種類の分離のもと、あるいは背後に常に現前している、より根源的な一体性を認識することによってのみ克服することができる。この重要な点を要約して、ティリッヒは次のように書いている。「宗教哲学における存在論的原理を、次のように表現することができる。人間は、理論においても実践においても、主観と客観の分離と相互作用に先行する無制約的なものを直接的に知っている」。有限なものと無限なものとの間にある分裂を克服するためには、実際は決して不在ではない神的なものとの一体性に立ち戻る必要がある。ティリッヒは、ジェイムズと同様に、創造者と被造物との根源的な区別を消去し、単一性から対立を経て再結合へと至る運動として創造、堕罪、贖《あがな》いを書き直すことによって、聖書の物語を改訂するのである。

二つを突き合わせてみると、ジェイムズの宗教的経験の二つの種類とティリッヒの宗教哲学の二つのタイプは、様々な宗教的伝統のうちにある、またそれらの間にある、個別の象徴ネットワークを分析し組織するのに助けになる洞察を提供してくれる。しかしそうした二つの要素から成るタイプ論は、歴史学の目的に対しては有用なのだが、今日の文化多元《プルーラリスティック》的な世界にある自然、社会、文化の相互関係を理解するためには結局は不十分である。したがってジェイムズとティリッヒの分析は、二つの方法で洗練され拡張されなければならない。まず第一に、第三の選択肢——これは最近になって明瞭に立ち現れてきたものだが、他の二つの宗教的な枠組みはこれを実際に前提としている——を確認し探求する必要がある。そして第二に、象徴ネットワークに関して考察する中で述べたように、タイプ論的分析は、図式の見地から練り直されなければならない。ジェイムズの種類とティリッヒのタイプは静的な傾向があり、これでは、いかに宗教ネットワークが適応し展開するのかということを理解することができないのである。さらに、彼らの権威ある説明は、特定の象徴ネットワークや様々な伝統の諸関係のうちで諸要素が相互に関係する様子を言い表すことができない。すでに見たように、図式は経験の流れにあるパターンから発生してこれに適応し、他の図式と共に展開するものである。一元論的なタイプがジェイムズの心の健やかさとティリッヒの存在論的タイプに大まかに対応するのに対し、二元論的なタイプは、病める魂と宇宙論的タイプにおおよそ相当する。だが一元論的図式も二元論的図式も、現代において現れつつあるネットワーク文化の中で働く宗教の論理を照らし出すことができない。これら三つの図式の各々の輪郭を明らかにするために、様々な象徴ネットワークにおいて神、自己、世界の相互作用から生じる六つの重要な点——真実の位置、同一性と差異性の関係、秩序の源、時間と歴史の地位、自己の世界に対する関係、贖いの期待（表1）——に関して、それぞれの選択肢を吟味してみよう。

　あらゆる宗教的図式は、真実を形状化する方法を提供しなければならない。したがって、真実はいかにして知覚され、それはどこに位置するのか、と問うことから始める必要がある。真実はここにあるのか？　あるいはどこか他のところにあるのか？　上に？　あるいは下に？　内部に？　あるいは外部に？　過去に？　あるいは現在に？　あるいは未来に？　第一の宗教的図式においては、真実は常にある仕方で今ここに現前している。どこか他のところにあるのではないのだから、真実への関係は直接的で、言うまでもなく、直《ちか》なのであり、したがっていかなる仲介も媒介も必要ない。いつも明白だというのではないが、真実は自然と歴史の諸プロセスに内在しており、それらの発生源として、一つにする原理として機能している。見かけに反し、差異性、多様性《ダイバーシティ》、複数性《マルチプリシティ》は非真実である。根源的な単一性が、常にすべての分離と分断に先行しており、それらが可能であるための条件なのである。差異はいったん言葉で言い表されると対立となりうるが、差異の根拠である単一性は決して失われない。この図式の多くのバリエーションにおいて、最初は潜在的な根源の単一性が徐々に展開してくる。おなじみの比喩を使えば、オークの木はどんぐりの中にあるのだ。あるいはもっと現代風の言い回しで言うなら、時間の進み行きは、それが始まる前に構想されたのである。そのようにして歴史というのは、始まりが最後に完全に実現するに至る原始目的論のプロセスである。この循環

表1　宗教的図式

	一元論的 （あれもこれも）	二元論的 （あれかこれか）	複雑な （あれでもなくこれでもなく）
真実のありか	現前している 内在	不在である 超越	不在でも現前しているのでもない 超越でも内在でもない
同一性と差異性の関係	差異性のない同一性 二次的現象の否定	差異性に対立した同一性 否定による肯定	差異性のうちの同一性／同一性のうちの差異性 肯定と否定の肯定
秩序の源	必然的に含まれている 次第に展開する	外部的 外から課されている	発生的 自然発生的な自己組織化
時間と歴史の地位	原始目的論的プロセス	閉じたシステムの闘争	開かれたシステムの相互作用
自己の世界に対する関係	原初から一つである 宇宙のうちに安らいでいる	原初から分裂している 今ある世界から疎外されている	結節点 無限の休みなさ
贖いの可能性	実現された終末論 常にすでに贖われている（実際的）	黙示録的終末論 贖いは未来において確実である（可能的）	発生的な創造力（仮想的）

は、単一性が失われ、回復する交互のリズムの中で捉えられる。未来はしばしば不確実に見えるけれど、回顧するときに、物事は他のようではありえなかったことが明らかになる。真実は自然と歴史に内在しているのであるから、自己は宇宙のうちでくつろいでいる。課題に挑戦する個人主体は、自分自身や世界を変えようとするのではなく、あるものをあるべきものとして受け入れることを学ぶべきである。この枠組みは、抵抗ではなく従順の倫理をうちに含んでいる。永遠に真実と一体であることで、自己は常にすでに救われている。これが実現された終末論であり、その中において救済は今ここで手の届くところにあるのだ。

第二の図式は、二元論的である。真実は今ここにはない、それは不在であり、より正確に言えば、どこか他のところにある。神学的に言えば、真実は超越的である。そうした超越は、空間的にあるいは時間的に表現することができる。つまり真実は、一方では上や下にあるものとして思い描かれ、他方では過去や未来にあるものとして思い描かれる。そうした超越は、真実と非真実との間に基礎的な対立を打ち立てる。これはさらに、秩序を与えると同時に混沌の恐怖をもたらす、一連の関連した構造的諸対立の根拠となる。最も根本的なレベルでは、真実と非真実との関係――あるいは無関係――は〈あれかこれか〉の排他的な論理を強いるのであり、そこでは同一性は差異性に対立するものとして打ち立てられる。一元論の図式とは対照的に、ここでは差異は最終的には同一のものではなく、対立的に構成されるのであり、このために還元しえないものである。〈あれかこれか〉の論理はいつも正確に見えるので、正確に、明晰に、確実に理論的、実践的な区別をすることができるように思われる。

真実との直接的、本質的、あるいは暗黙の繋がりは存在しないので、それへの関係とそれの意識は、直接的なものではなく媒介されたものとなる。宗教的な想像力が神に基づいて真実を認識する場合は、それの意識とそれへの関係は、預言者や聖者、メシアのような仲介者を介するか、あるいは儀礼及び口承の書かれた聖なるテクストにおいて与えられ、啓示されるのでなければならない。この図式の中では、諸宗教の歴史は、大部分、様々な仲介者についての競合する伝承の物語である。それらは、真実と非真実との関係を作り上げ維持する。細部は確かに様々であるが、すべてのそうした図式の二項構造は同じままであり続ける。真実は内在的ではなく超越的であるために、それへの関係は必然的ではなく偶然的になる。真実とそれ以外のすべてのものの差異は、しばしば選ばれている者とそうでない者との対照へと転じる。言い換えるなら、超越的なものと内在的なものとの対立は、善と悪、信仰者と非信仰者、救われている者と有罪の者、等のこの世のうちでの対立と重なることになる。[29] もし意味と秩序が自らに備わったものではなく、付帯的なものだということになれば、事物や出来事の意義や目的は、それらの彼方を指さすことによってのみ打ち立てられうる。見る目をもつ者にとって、すべては、知の基礎と行為の根拠を揺るぎないものにする超越的な参照物を指示するサインとなる。別の言い回しを用いれば、神が定めた算出方法を知れば、個人と宇宙の両方の歴史の構想を解読することができるようになるのである。

〈あれかこれか〉の論理は閉じたシステムへと通じており、うまく処理することを困難にし、歩み寄ることをしばしば不可能にする。同じように自己確信的で妥協しない閉じたシステム同士がぶつかり合うと、状況は危ういものになりうる。だが、全く異なるものに見えようとも、これらの極ないし二項の対立は、実際は鏡に映る互いの像である。立ち現れるものは逆だが、両方のシステムの構造は同一である。一方において肯定的なものは他方において否定的であり、逆もまたしかりである。両サイドがある歴史観に同意しており、それは悪の他者との闘いの物語である。悪の勢力――これがどんなふうに認識されようとも――が消え去らない限り、状況はあるべき姿ではない。もし真実が今ここに十全に現前していないのであれば、真実は、今あるものを否定することによって確かなものにされなければならない。個人や共同体は、新しい世界の光が現れ始めるようにと、現代の暗さを破壊する闘争に加わることによって、意味と目的とを見出す。終末は遅れるかもしれないが、真に信じる者にとって、それが来たることにはいささかの疑いもない。

複雑なタイプが第三の宗教的図式である。一元論や二元論のタイプとは対照的に、この場合における真実は、現前しているのでも不在なのでもない。そうではなく、それはどこまでいっても介在的ないし中間的なのであり、そのようにして仮想的なのである。この文脈においては、仮想的《バーチャル》ということの正確な意味を理解することが重要である。仮想的なものは、単に可能なものではなく、可能性と実在性とを発生させる母体である。一元論の論理が〈あれもこれも〉であり、二元論の論理が〈あれかこれか〉であったのに対し、複雑性の論理は、〈あれでもなくこれでもなく〉である。第三の図式は、第一のものと第二のものの統一でも合一でもない。これは、第一のものと第二のものが前提としながら含めることも理解することもできない、それらの可能性の条件である。このようにして複雑な図式は、一元論と二元論のあらゆるバージョンに欠けているものを顕わにする。いかなるものも単純ではないし自己同一的でもない、なぜならすべては互いに依存し合っており、同時に展開するからである。例えば、同一性と差異性は対立しているのではなく、徹頭徹尾関係的なのである。それぞれのものは他のものに関係している。そのように各々は住まい、かつ他のものによって住まわれている。同一性を孤立的な鎧の中に包みこむのではなく、そのような関係性、あるいはより正確には関係主義は、同一性をそれ自身から差異性の創造的な働きへと引き出すのである。[30] この図式においては、存在することは関係していることである。あるいは最近の言い方をすれば、存在することは接続していることである。自己同一的な主体性も対立的な主体性も結節点ではない。[31] 結節点をなす主体性は、複数のインターフェイスが切り替わるサイトのように、自身が浸っている情報の海を映し出すばかりではなく、それ自身が、存在するものと存在しないものを映し出すスクリーンでもあるのである。

　仮想的なものは、単に可能的、想像的、非現実的であるのでは全くなく、摑みどころのない現実なのである。そこにおいてそれを通して、現実に実在するすべてのものが存在へとやって来て、そして過ぎ去って行く。それは常に間にあり、内在的なのでも超越的なのでもない——今ここにあるのでも、どこか他のはるか彼方にあるのでもない。反対に、仮想的なものは内在的超越のようなものであり、内包されえない外部として内側にある。この内的外部性あるいは外的内部性が終わることのない途絶の源なのだが、これが複雑な諸システムを開いたままにしておき、それらを持続的変容に従属させ、しかし崩壊や単なる消滅からそれらを守りもする。安定しているもの、揺るぎないもの、確実なものは何もない。不安定性、危うさ、不確実性は、抑え込むべき力ではなく、創造力の条件である。混沌は秩序に対立するのではない。混沌は、システムを崩壊に至らせない限りで、秩序に新しい形をもたらすことができる。したがってそのような秩序は、（一元論におけるように）自らに備わったものではなく、また（二元論におけるように）外部から押しつけられたものでもない。秩序は、相互に影響を与え合う諸要素と諸行動主体の絶え間ない相互作用とから発生するのである。発生的な創造力のうちで、いわば無限の休みなさが立ち上がる。この図式の中では、ゴールは、あるものをあるべきものとして受け入れることでも、あるべきものを確かなものにするためにあるものを否定することでもない。そうではなく、生が狙いとするのは、それ自体以外の何ものをも目的とすることのない無限に創造的なプロセスを喜んで受け入れることである。終わりは、今でも後ででもなく、永久に後退しながら常に出現しているのである。

　これら三つの図式は、時間に対して入り組んだ関係にある。一元論、二元論、複雑性は首尾よく展開するが、それらの関係は厳密に一方向的なのではない。前の図式は、後の図式が発生した後でも、明らかに残存しうる。やはり複雑性の時代にも、一元論や二元論を信奉することは可能である。つまり、諸図式は重なり合うことができるのである。より重要なのは、第三の図式は、他の二つの図式の完結的な統一ではないということである。複雑な図式は、非統一的な第三のものであり、一元論と二元論との間にある差異の縁を刻み込むために、折り返す——正確に自身の上へ折り返すのではない。そのようにして複雑性は、一元論と二元論を形状《フィギュア》化する母体である。言い換えるならば、第三の図式において表現される仮想的な現実性は、共に進化するプロセスにおける第一段階と第二段階の結果であり、かつ前提——基礎《ファウンデーション》だと言うのではない——なのである。

この複雑な構造が双方向的であることの結果として、最初の二つの図式は、それが明瞭に発生する以前に、第三の図式を通してすでに刻み込まれている。第三の図式は、一方向的な時間の枠組みの中では確かにありえないものなのだが、それにもかかわらず、後《アフター》である。そしてそれは第一と第二のタイプの前にある。神の後《アフター・ゴッド》に考えることは、後《アフター》を考えることであり、それは永久に私たちの前にある。

これらの図式は、共時的な分析と通時的な分析の両方に使うことができる。共時的には、それらの図式は分類の構造を提供することができ、これによって様々な宗教的伝統の内部と間とで様々な象徴ネットワークを比較対照することができるようになる。バリエーションは複数あるが、パターンは類似している。多くの場合において、別の伝統にある信仰と実践は、各々の伝統の対照的なバージョンよりも互いにずっと類似していることが明らかになる。すでに示唆したように、原理主義的プロテスタンティズムと急進的なイスラーム主義は、キリスト教やイスラームのリベラリズム的形態に対してよりも、互いに近い。この図式を通時的に活用すれば、様々な伝統の歴史的発展を解釈することができる。競合する諸図式がどのように機能するのかを理解することによって、文化の進歩や社会政治的な変化の一因となる最も重要なファクターを見極めることができるようになる。

この章で展開した宗教の定義と図式の説明は、以下で展開する議論に解釈枠組みを提供する。私の狙いは、分析的なものであり、かつまた構築的なものである。第一に、宗教が近代世界とポスト近代世界においてあれほどの重要な役割を果たし続けるのはどのようにしてなのか、またなぜなのか、ということを説明してみたい。そして第二に、二一世紀の始まりに際し、生の複雑性と矛盾を解消するためのより十全な宗教的ビジョンと倫理的枠組みとを提示しようと思う

第二章　プロテスタント革命

分裂した主体

近代は、神学的な発明品である。パトリック・コリンソンは、宗教改革に関する最近の著作で、トーマス・カーライルが次のように述べたことに言及している。「もしルターが、神聖ローマ皇帝の前に立って主張を撤回することを拒んだヴォルムス帝国議会で（「我、ここに立つ」）、自分の信仰を守り抜かなかったとしたら、フランス革命もアメリカも存在しなかったであろう。そうした激変の出来事に生気を与えた原理は子宮の中で殺されてしまっただろう」[1]。カーライルの指摘が示すような歴史理解は、最近は疑わしいものとされるようになったが、西洋に立ち現れ、世界中に広まった近代性は、宗教改革なしには、今あるようなものにはならなかったであろうということは疑いえない。ルター及びルターの仕事を突き動かした神学者たちや哲学者たち（すなわちライン地方の神秘主義者と中世の唯名論者）は、実に最初の近代人であったと主張しても、全く何ら誇張ではない。神学の革命として始まったものは、今日の世界をも変容させ続ける社会、政治、経済の革命となった。近代世界に特有の社会制度——民主主義、国民国家、自由市場——は、プロテスタンティズムとその歴史から切り離すことができない。もちろん、それ以外の社会文化的な諸伝統は決して近代化しえないということではない。だが、宗教改革がもたらした変化がなかったとしたら、近代性と西洋化との今も継続中の相互作用はありえなかったであろうと主張することができる。今日の世界をかき乱し続ける宗教的、政治的な争いは、近代性の神学的系譜から切り離しては、理解することができない。したがって、「プロテスタンティズムの倫理と資本主義の精神」というマックス・ヴェーバーの有名な分析を、プロテスタンティズムとグローバル化の精神の考察へと敷衍する必要がある。

ルターが解き放った宗教改革の核心には、自己と人間の主体性に関する彼のラディカルな認識がある。ルターのビジョンは、聖パウロの手紙と聖アウグスティヌスの神学との再解釈に由来している。すでに見たように、どんな象徴ネットワークにおいても、神、自己、世界の観念は互いに依存し合っている。この章では、ルターが形を与え直した神学、人間学、宇宙論が、いかに後の近代世界に道を開くものであったのかということについて考察したい。次の章では、一八世紀後半と一九世紀の神学者、哲学者、詩人、芸術家が、宗教改革が主体性に関して与えた説明をいかにして直接的、間接的に洗練し敷衍したのか――これによって二〇世紀の終わりにポスト近代主義が出現するための諸条件が整えられた――、ということについて分析する。この分析を進めていくうち、宗教改革というのは、実は情報とコミュニケーションの革命であったということが明らかになるだろう。これは、単に運動の展開を予感させたのではなく、実際にそれを開始させたのであり、この運動の展開がなければ、今日地球を席捲している情報とコミュニケーションの革命もありえなかったであろう。

開始点というものは決して厳密なものではなく、枠づけられる解釈図式によってどうしてもずれてしまう。近代性は、科学革命に始まったのだろうか？　コペルニクスの地動説（一五四三年）、ガリレオによる太陽黒点の発見（一六一二年）、ニュートンの万有引力の法則（一六八七年）、ルネサンスの人文主義（一四〇〇―一六五〇年）。あるいは政治革命に始まったのだろうか？　アメリカ革命（一七七六年）、フランス革命（一七八九年）、ロシア革命（一九一七年）。あるいはひょっとして芸術革命に？　マネの『オランピア』（一八六三年）、グロピウスのバウハウス[2]（一九一九年）。ここ数十年、多岐にわたる様々なディシプリンで語る文化評論家たちは、近代性の出現に関するハイデガーの哲学的な説明に繰り返し道標を求めてきた。ハイデガーは、多くの他の者たちと同様に、近代性の到来を、近代科学の出現及びその新しいテクノロジーへの適応と結びつける。彼の分析を際立たせるのは、科学とテクノロジーが、「西洋の存在論の伝統」と彼が表現するものの頂点を印づける、という主張である。西洋史の流れの中で、創造的で破壊的な力の源としての神に人間がとって代わる、とハイデガーは論じる。この人間発展の物語において、デカルトの仕事が決定的なターニング・ポイントを印づける。実際、デカルト哲学は、コペルニクス的転回を逆転させるのである。コペルニクスは、地球が太陽の周りを回ることを発見することによって、宇宙の中心から人間を追い出したのだが、デカルトは、あらゆるものが人間の周りで展開していると主張した。ハイデガーはこうした視点に立って、「客観的なものは主観性の内在性のうちに呑み込まれる」[3]と説明する。デカルトは、真理を思う我 ego cogito の自己確実性へと閉じ込めることによって、近代世界が到来する際に生じた懐疑を克服した。こうして意識が内面へと転回することで、客観性は主観性によって構成され、主観性にとって存在しているように思われる。さらに理性は科学において計算的に、テクノロジーにおいて道具的になる。ハイデガーは、この道程の目的をニーチェの比喩的な神の死の宣言に重ねる。人間は、もはや他者によって規定されず、自己規定するようになる。

決定的なのは、それは自身によって定められたものであると、また人類が果たしうる発展のための確かな足場としてこれを揺るぎないものとすると意図して主張する時に、人間が自分自身で構成したこの立場を、自分ではっきりと取ることである。今や初めて、人間の「立場」といったものが存在する。客観的なものすべてに対する関係の中で立たなければならない道の上に、人間は自ら立たなければならない。そこに人間の道が始まる。これは、全体としてあるものに対して勝利することを目的とする、計測と執行に委ねられた範囲としての人間能力の領域を意味する。

この勝利しようとする意志は、ニーチェの力への意志において最も強力に表現されている。つまり、「意志はそれ自身を意志する」[4]のである。この絶対的な主意主義においては、神的な創造力は人間の破壊性となるのであり、ハイデガーによると、これは究極的には核のホロコーストを予兆するものである。逆説的な反転によって主体へと方向転換を始めた揺るぎなさの追求は、ヘーゲルが「破壊の熱狂」[5]と表現するものによって産み出されるラディカルな危うさへと結果する。ハイデガーの分析は助けにはなるが不十分である。彼は、自身で見取り図を描いた発展の神学的賭金を正当に評価するのだが、神の死を最初に宣言したのはニーチェではなく、ルター――その賛美歌の一つで――であったことを看過した。ニーチェの力への意志は、中世の唯名論者のウィリアム・オッカムと、エアフルト大学にいたオッカムの信奉者たちからルターが拝借した神学的な主意主義に発するものなのである。したがって、哲学と近代世界の開始との関係についてのハイデガーの分析を、その神学的ルーツを後期中世と宗教改革にまで辿って、延長する必要がある。

哲学的、神学的、あるいは歴史的な考察のいずれによるとしても、近代性は自己再帰性を前提とする――近代的であるためには、自己を、先行者たちとは異なるものと見なす必要がある。近代の modern という言葉は、「ちょうど今」を意味するラテン語の modo に由来する。近代性の観念は西洋で発展したのだが、それは、単に近代的なもの（現在）と非近代的なもの（過去）との二項対立によってではなく、より入り組んだ、あるいはより正確に言えば、三項から成る構造（古代、中世、近代）によって構成されてきたのであった。もちろん、中世は、中世を生きた人々にとっては中間項ではなかった。むしろ彼（女）らは、自分たちを近代的だと見なす人々によって中間項と定義されるようになったのである。中世史家フランシス・オークリーは次のように述べる。「古典古代の世界と近代世界の夜明けとの間に挟まれた中世の観念それ自体は、究極的には人文主義のものであった。単純さの中で失われるものは、宗教改革期にしっかりと獲得され、マルティン・ルターが現れる前の一〇〇〇年を、モラルの低下、宗教的迷信、際限のない信じやすさの時代とするプロテスタント的な記述からさらなる強度を得た。改革者たちは、人文主義の先達たちよりももっと明確に、自分たちの時代を再生及び復興の時代と見なした。とはいえ、この時代の復興は、単に学芸や『よい文学』の復興ではなく、原初の純粋性へのキリスト教信仰の復興であった」[6]。だが近代性の神学的なルーツは、オークリーが認識したよりももっとずっと深い。パウル・ティリッヒは『キリスト教思想の歴史』において、一二世紀イタリアの神秘主義者フィオーレのヨアキムが展開した歴史解釈が、近代と中世を通じて最も革命的であった運動の背景をなすものであった、と論じている。ヨアキムは、全体としての歴史論を構成する三位一体の「経済的」教説として知られるようになったものについて詳論することによって、三つの重なり合う時代ないし制度を確定した。すなわち、アダムから洗礼のヨハネとキリストの生誕に至るまでの、父の時代。ウジヤ王（『イザヤ書』六章）から西暦一二六〇年までの、子の時代。それからベネディクトと六世紀における修道院制度の設立から同じく西暦一二六〇年までの、聖霊《スピリット》の時代である[7]。今では日付は恣意的であるように思え、時代の重なりも混乱しているが、後の発展に対し決定的となったのは、ヨアキムの図式にあった三項からなる構造と総合的な歴程である。この物語の中では、歴史の長い進行は、世界中への自由の伝播として特徴づけられる。父の時代が律法によって統治されていたのに対し、子の時代においては「秘蹟の現実が律法を必要のないものにする」。だが聖職者の永続する権威は、他のすべての人間の自由を制限する。第三の時代——聖霊の時代——は、この発展プロセスの頂点をなす。自由はもはや少数の者に限定されず、今や万人によって享受される。ティリッヒは、「この時期の内面的側面は自由つまり自律であって、人々は国家や教会の権威に従属しない。（中略）ヨアキムによれば、聖霊の真理という、教会の真理よりも高い真理が存在する。

ここから結論されることは、教会は単に相対的妥当性をもつにすぎず、それはinter utrumpe、つまり父の時期と聖霊の時期との間にあるということである。教会が不十分であるのは、教会の歪みによるだけでなく、教会の相対的妥当性にもよるのである。この図式の中で教会は相対化される。第三の段階のみが絶対的である。この段階はもはや権威的なものではなく、自律的なものである。つまりあらゆる個人が神的聖霊を自身のうちにもつのである[8]」と説明する。もしヨアキムが主張するように、「あらゆる個人がそのうちに神的聖霊をもっている」のだとすれば、教会の権威及び権力は根底から突き崩される。ヨアキムが理論化したものを、ルターが現実化したのである。

ウィリアム・ジェイムズは、『宗教的経験の諸相』において、ルターとプロテスタンティズム――彼はそこから病める魂といったパラダイムの着想を得た――を引用している。「メランコリーの極致において意識的である自己は、絶対的に何もすることができない。それは完全に破綻し、問題解決能力を欠いていて、それがなすいかなる仕事も役に立たない。そうした主観的な状態からの贖《あがな》いは、無償の贈り物か無でなくてはならない。そしてキリストによって成就された犠牲を通じて与えられる恩寵は、そうした贈り物である」。

> 神は、卑しい者の、みすぼらしい者の、抑圧された者の、絶望している者の、無にまで落ちこんでしまった者の神であるとルターは言う。神の本性は、盲者に視力を与えること、心が壊れてしまった者を宥《なだ》めること、罪を犯した者を正当化すること、本当に絶望し呪われた者を救うことである。（中略）しかしここには困難がある。ある者が怯え、うなだれている時、彼が再び顔を上げ、「さて、私はもう十分痛めつけられ、苦しめられた。今こそ恩寵の時である。今こそキリストに耳を澄ます時だ」と言うなどということはまずないのである。

ジェイムズは「カトリック神学の中では、ルターの個人的な体験から発せられるこうしたメッセージのようにまっすぐ病める魂に語りかけるものはこれまでなかった[9]」と結論づける。こうした記述が示唆するように、ルターの神学は徹底して実存的である――それは、彼のひどく苦しんだ個人的体験から生じたものである。ルターは、初めからカトリック教会との絶縁を目指していたのではなかった。反対に、ルターは一人の敬虔な修道士で、教会を強化するために変革が必要だと考える、信仰心の篤い聖アウグスティヌス修道会の一メンバーであった。だがルターは、父親との非常に複雑な関係から生じた深い罪の意識によってもたらされた心的葛藤に苦しめられた[10]。ルターの内面的混乱が苦しいものになればなるほど、彼の宗教的探求はますます切迫したものとなった。そしてさらに宗教的義務を果たそうとすればするほど、ますます彼はそれをなすことができなかった。個人的な堕落と無能の意識は、彼が転換点と表現するところに至るまで、その強度を増し続けた。ルターは、ダマスカスに向かうパウロや庭にいるアウグスティヌスのように、塔の中ですべてが一変する体験をした。ルターは、三〇代の前半に生が劇的に変化するのを経験した時、ウィッテンベルグ大学で『詩編』について講じていた。実生活におけるのと同様講義においても、ルターは義と義認との相互関係の問題に没頭し、『詩編』七一編の冒頭の節に取り組んでいた。

> 主よ、御《み》もとに身を寄せます。
> とこしえに恥に落とすことなく
> 恵みの御業《みわざ》によって助け、逃れさせてください。
> あなたの耳をわたしに傾け、お救いください。
> 常に身を避けるための住まい、岩となり
> わたしを救おうと定めてください。

ルターが直面した困難は、罪の意識があまりに深いものであったために、律法を果たすために自分にできることは何もなく、したがって救済は不可能であるように感じたことであった。ルターの生が転換点に達したのは、パウロの『ローマの信徒への手紙』にある重要な一節を新たに理解し直した時であった。

> わたしは福音を恥としない。福音は、ユダヤ人をはじめ、ギリシャ人にも、信じる者すべてに救いをもたらす神の力だからです。福音には、神の義が啓示されていますが、それは、初めから終わりまで信仰を通して実現されるのです。「正しい者は信仰によって生きる」と書いてあるとおりです。　（一章16—17節）

この節に関するルターの再解釈が改革神学の礎《いしずえ》となる。彼は、義認は信仰によってのみ来たるのであり、カトリック神学が考えたように、功徳を積んだり善き業をすることによって来たるのではない、と結論する。換言するならば、贖いは無償の贈り物であり、したがって決して獲得するものではない。義認の行為主体《エージェント》は神であり人間ではない。つまり人間の義は、能動的ではなく受動的なのである。ルターの洞察の革命的な含意を正当に評価するには、その洞察がなされた社会的、政治的、文化的文脈を理解する必要がある。

　個人の変容と社会の変容のダイナミクスは、同じパターンに従う。すでに見たように、意味と目的を提供するシス

テムとネットワークは、環境が変化すると不均衡へと向かうことになる。組織構造のゆるやかな変容では効果的に適応することができなくなると、局面のシフトが起こり、新しく組織化する図式が発生する。発生的なシステムが複雑で双方向的になると、ネットワークが自己組織化の臨界点に達する時に、一つの出来事が表面的な原因には適応しない結果をもたらすようになる。見かけには小さな出来事が、ある個人の生に対して大きな帰結をもちうるように、一人の個人の経験は、正の帰還ループを通してグローバルな変容に至るまで増幅されうる。当時ルターのアイデアが反響を得たのは、彼の経験がその時代の不確実性や不安を具体化したためであった。ティリッヒは次のように考察する、「中世の末期には罪責と断罪の不安が決定的なものとなる。もしある時代が『不安の時代』と呼ばれるにふさわしいとすれば、まさに宗教改革前夜と宗教改革の時代こそそれである。『神の怒り』として象徴された断罪の不安、また地獄や煉獄のイメージによって強められた不安。中世末期の人々は、彼（女）らの不安を鎮めるための様々な方法を求めた。（中略）つまり彼（女）らはやむことなくこう問うていたのである。どうしたら私は神の怒りを和らげることができるのか。どうしたら私は神の慈悲を、罪の赦しを得ることができるのか」[11]。この不安は、中世盛期に発展した社会構造、教会の秩序、神学的統一の解体から帰結した危うさと不確実性から発出したのである。四一〇年のローマの陥落、及び四七六年のオドアケルと彼が率いる蛮人の連合軍の手による帝国の終焉によって、ヨーロッパは数世紀の間、混乱の時代に突入することになった。政治的な失敗によってできた空白は、教会がその権力を伸ばし強固にする好機を作り出すことになった。

> 結果として、九世紀初頭のシャルルマーニュ皇帝の時代までに、西洋に現れたのはただ一つの公的社会であった――教会、帝国、キリスト教共同体、どう呼んでもよい――、任意でも私的でもない普遍的な共同体である。その共同体にはすべてのヨーロッパ人が、カロリング帝国の崩壊以後も、帰属していると感じていたのである。キリスト教世界と完全に重なり合う普遍的なキリスト教共同体の観念は、理論においては古代ローマの記憶によって支えられ、実践においては教会構造それ自体の普遍的で国際的な性格によって保証されながら、国家君主の登場以後もずっと、プロテスタント革命の到来によって教会構造の一体性それ自体がついに崩壊するまで残存した[12]。

一一世紀、教会権力の高みにあった教皇は、自身が世俗の権威に依存しない権力をもった真の皇帝であると宣言した。ローマ司教は、最高神祇官 pontifex maximus の称号を主張することで、カエサル・アウグストゥスにまで遡ることができる皇帝のマントを借取した。宗教改革に先立つ数世紀、「歴代の教皇が、普遍的な帝国――これを作り上げたのはローマの栄光である――を自身の薄めた宗教政治的なバージョンにおいて再構成し引き延ばした、と主張するのには信憑性があった」(13)。

教会の圏域が拡大するのに合わせて、ヨーロッパの様相は変化した。農業テクノロジーの進歩によって中世の農地の生産力が大幅に向上すると、地主たちは必要最低限の規模で運営することを止め、市場で売ることができる余剰を生産するようシフトすることができた。より質のよい、よりたくさんの食物が作られ、人口が増え始めた。一〇〇〇年から一二五〇年までの間に、ヨーロッパの人口は二倍になった。都市の人口が増え、産業と商業が活性化した。貿易ルートが再び確保されると、田舎の生活と小教区制度に都市生活とコスモポリタニズムがとって代わった。こうした発展が一〇〇〇年頃に始まった目覚ましい知的復興の引き金を引いた。学びの場は、地域の教会と結びついていた学校から主要都市の中心に新たに建てられた大学へと移行した。環境が変化することによって、機会と共に新しい挑戦がもたらされた。これは神学において最も明白であった。

言うまでもなく、こうした出来事は真空の中で起こったのではない。教会と神学の発展はヨーロッパの同一性と密接に関係していたのであり、さらにこれはイスラームとの遭遇と結びついていた。イスラームは、八世紀初頭にジブラルタルに到達した後、イベリア半島の全土を北へ向かって進み、トレドを越えていった。同時にムハンマドの部族は、東の帝国であった地域に対して統制を強めていった。中世の初期を通じて西欧のキリスト教徒たちは、聖墳墓に祈りを捧げるために定期的に聖なる土地に巡礼した。一〇〇九年、エジプトのファーティマ朝のカリフであったハーキムは、警告もせずにエルサレムにあった聖墳墓とすべてのキリスト教の建造物を破壊した。この宗教的な争いと社会的な動揺は、八世紀以来ムスリムの支配下にあったエルサレムを訪れたいという西側のキリスト教徒たちの欲望を増幅させるばかりであった。司教、王、騎士階級、及び低い社会階層出身の何千という人々が、聖なる土地への困難な旅を企てた。一〇七〇年にセルジューク朝トルコがエルサレムを接収した時、東ローマ帝国の全体がムスリムの支配下に置かれる可能性があることが明らかになった。東と西のキリスト教会の間に緊張と断続的な争いがあったために、この拡張を阻止する努力は遅れ、西側は教皇からの援助を求める東の皇帝にやっと応じた。レコンキスタ〔国土回復運動、再征服運動〕はイベリアでは一〇八五年のトレド奪還のずっと以前から始まっていたのだが、これは一四九二年にグラナダがキリスト教の支配に戻るまで続いた。トレドにおける最初の成功によって、東側にある主要なキリスト教の中核地を奪還しようという気運が高まった。第一回十字軍は聖墳墓を再度支配することを狙いとして一〇九五年に試みられ、最後の第八回十字軍は聖ルイの指揮のもと一二七〇年に開始されたことはよく知られているが、十字軍は実際には一七世紀の終わりまで続いた。十字軍を動機づけていたのは宗教的な理由だけではなかったが、こうした争いがヨーロッパのキリスト教徒としての自己意識を形成するのに主要な役割を果たしたことには疑いがない。これらの展開の影響は、今日でもなお感じられる。

キリスト教とイスラームとの出会いは、西洋哲学とキリスト教神学に大きなインパクトを与えた。ムスリムたちがスペインに移住した時、彼（女）らは、哲学、神学、文学の書物という富を持ち込んだ。これらのテクストの多くは、ギリシャ哲学と初期キリスト教の著作のアラビア語訳であり、それらにはしばしば、アラビア語の詳細な注解がついていた。これらの著作はラテン語に訳されて西側の全体へと広められた。この時期に再発見された最も重要な著作家はアリストテレスであった。初期キリスト教神学は、アウグスティヌスの非常に大きな影響によって、その哲学的インスピレーションをもっぱらプラトンと新プラトン主義から得ていた。対照的に東側では、アラブの哲学者たちはアリストテレスを導きの書としていた。アリストテレスの再生は、ヨーロッパの知的世界の全体にショックを与えた。アリストテレスの著作は、伝統的なキリスト教の知恵となっていたものとは全く異なる神、自己、世界の、洗練された高度に首尾一貫した見方を提示した。多くの者はアリストテレスを斥け、キリスト教プラトン主義の別のバージョンに再び強力な保証を与えたが、アリストテレスの用語を用いてキリスト教の教義に形を与え直す者もいた。トマス・アクィナスは、アリストテレスの著作と関連させて伝統的な神学を再考するという挑戦を引き受けた最も重要な人物であった。

キリスト教の教義とアリストテレスの哲学を突き合わせることによって、アクィナスは、しばしばゴシック大聖堂に神学的に対応すると言われる知的統一を作り上げた。理性が導くのであり、アリストテレスの論理学がその方法であった。トマスの神学体系は、自然的なものと超自然的なものとの根本的な区別に立脚する。彼はこれを、自然／恩寵、理性／信仰、哲学／神学、自然的な徳／神学的な徳、国家／教会という一連の相補的な二項によって念入りに作り上げた。トマスによれば、こうした区別は決して対立とはならない。すべての場合において、後者は前者を破壊することなく完全にし、充足させる。だがトマスの統一は、二つの相反する方向を向いている。すなわち一方では、自然的な領域は超自然的なものから区別され、これに従属するものとして理解され、他方では、自然的な領域は、あらゆる顕現において超自然的なものから最終的には独立するに至る自律によって特徴づけられるのである。このように中世の統一は、すでに解体の始まりを示しており、これがさらに近代性、ひいてはポスト近代性に道を開くのである。

　私は、宗教ネットワークを分析する中で、神、自己、世界のイメージは互いに依存し合っていると論じた。また、二つの根源的な有神論モデルがあると述べた。すなわち、神の理性が神の意志を統治するというものと、神の意志は神の理性に先行し、これに優越するというものとである。アクィナスは、西洋神学史において前者の最も明確な例を示している。彼の神は常に理性的であり、気まぐれになることは決してない。実にアクィナスにしてみれば、神が非理性的な仕方で振る舞うことは考えられないのである。彼は、『神学大全』においてこの最重要な点を簡潔に主張している。「神に意志があるのは、神に知性があるのと全く同様である。なぜなら意志は知性に続くものだからである」。神の意志がその理性（知性）によって知られるがゆえに、世界は常に理性的なのである。アクィナスは次のように説明する、「神はその知性によって万物の原因である。したがって必然的に、以前に起きたことから明らかなように、あらゆる結果のひな形が彼のうちに前もって存在する。よって、終わりへと向かって秩序づけられている物事の秩序のひな形が神意の現れなのだ、と適切に言うことができる」。要するに、アクィナスは、「神意は神の理性それ自体である。これが最高統治者のうちに据えられてあって万物を処理するのである」[14]と結論するのである。

　理性によって創造され統治されている世界は階層的に組織されている。人間は、天使のような聖霊の存在と、動物、植物、無機物を含む自然的な領域との間に据え置かれている。人間は、肉体（物）と魂（精神《スピリット》）でできているが、本質的には神のように理性的である。「人間を構成する差異は理性的であり、その理性的、知性的原理のために人間と言われる。したがって知性的原理が人間の形式である」[15]。神の似姿として作られている人間は、その意志の役割を決して看過することなく、常に理性が意志を統治するようにすべきである。人間は本質的に理性的であるのだから、その人生にふさわしい目的は神を知ることである。人間理性の自由な行使は救済に必要なものではあるが、しかし十分ではない。アクィナスは教会権力の高みから、自然に得られる神についての知を補う啓示された知は、カトリックの儀礼に参加することによってのみ得られると論じる。再生が完全なものとなるためには恩寵が自然に付加されなければならない以上、救済は真のキリスト教共同体のメンバーであるか否かにかかっている。より明確に言うならば、恩寵は、教会の公式の代表者たちによって管理された秘蹟を通して諸個人に伝えられる。秘蹟の効果は個人よりも儀礼に依存する、すなわちそれは客観的なのであり、主観的ではないのである。救済に必要な秘蹟は原罪を洗い流す洗礼である。この洗浄の儀式によって信仰者が聖体を受け入れる準備が整えられる。実体変化の教義によれば、こうすることでキリストがなした贖《あがな》いの犠牲の儀礼的反復に与ることができる。この図式の中では、個人の神に対する関係は直接的ではなく、常に教会のヒエラルキーによって媒介されている。以下に詳しく見るように、ルターは教会権力を基礎づけるこの原理を疑問視したのであった。

アクィナスの理性的で体系的な神学は、秩序ある世界と完全に一致している。そのようにして彼の神学的ビジョンは、中世の最盛期の多くの人々に対し、生の意味と目的とを与える図式を示したのである。だが一四世紀には、自然、社会、宗教の諸ファクターが交差して中世の均衡を揺るがし、全ヨーロッパを混沌の縁《ふち》へと押しやった。一四世紀の半ばには、横痃《おうげん》や黒死病がヨーロッパ全土で大流行し、少なくとも二五〇〇万人が死亡した。中世における疫病の歴史は、グローバル化した時代における気候変動の衝撃について警鐘を鳴らす物語を提供している。黒死病は中央アジアのステップで発生し、予想もつかない速さでヨーロッパに広まったようである。最終章で考察する論点を先取りするならば、現在、歴史家や科学者たちは、約摂氏一度の気温上昇が、「嵐、洪水、地震といった一連の環境の大変動をもたらし、こうした擾乱《じょうらん》によって齧歯類《げっしるい》は穴から這い出し、人間に接触するようになったのかもしれない」[16]と考えていることを記しておくことは重要である。疫病は、陸上では交易路を通り、海上では地中海沿岸の港に伝わった。尋常ならざる荒廃をもたらしながら、一三四八年までにイングランドに達し、一三四九年までにスカンジナビアにまで広まった。新興都市は突然息の根を止められ、社会組織は崩壊し始めた。農業、工業、商業は途絶え、大学は閉鎖された。労働者が減少すると、労働の価値が上昇した。換言すれば、疫病は労働力の不足をもたらし、封建制の崩壊を促したのである。領主が農奴をめぐって争うようになると、労働者は最も高い値をつける領主に労働力を売ることができた。諸個人はもはや揺るぎない階層構造のメンバーではなく、自身の力量へと投げ返された。大きな自由と向上した可動性は、さらなる不確実性と危うさとをもたらした。一四世紀の半ばになると、世界はもはやアクィナスが考えていたように理性的に秩序立っているようには見えず、生を理解する新たな方法が模索されるようになっていた。

教会が最も必要とされたまさにその時に、教会は内部抗争で混乱していて、このために教会の権威は弱まることになった。教会大分裂（一三七八—一四一七年）の間に、二人の——一時は三人の——人間が教皇を自称した。教皇庁がローマからアヴィニョンへと移されたために教皇の独立性が疑われるようになり、問題となった。しばしば見逃されるが、こうした展開が国民国家の成立を後押ししたのである。多くの場合、教会から支配権を取り上げようとする世俗の支配者たちは、それに対して彼がいかなる権力ももつことができないいわゆる普遍的な教会よりも、国家教会を望んだ。ローマは、明らかにフランスによる教会の支配を意味するアヴィニョンよりももっと容易に、普遍的な支配権を主張することができた。しかし教会がアヴィニョンにあったという事実は、教皇がローマに戻った後も教会の普遍的な権威の魔法を解いてしまった。こうした政治的な困難に加えて、とりわけ教会の「バビロン捕囚」の浪費のために財政が大きく圧迫され、増税と、歳入を増やすよう構想された大きな負担となる施策とを強いることとなった。悪弊が過剰になると、まず修道院から改革を求める声が上がった。貧しさに身を捧げていたフランシスコ会士と、自分たちの列にルターを加える聖アウグスティヌス修道会士が、教会に施政を正すよう求めた[17]。イングランドのジョン・ウィクリフとボヘミアのヤン・フスは、あからさまに教皇に集中した権威とローマの煩わしい権力に抵抗した。変革を求める声は、大陸のあちこちで生まれつつあったナショナリズムを促進し、またこれを燃料にして燃え上がった。

ルターが一五一七年の一〇月三一日にウィッテンベルグ城の教会の扉に、「贖宥状《しょくゆうじょう》の意義と効果に関する見解」と題した九五箇条のテーゼを貼りつけた時には、すでに早急な改革の必要性が広く認識されていた[18]。ルターのテーゼは必ずしも革命的なものではなく、教会との断絶を推し進めようという意図もなかった。しかし予測しえなかった展開――その遠大な意義は回顧することによってのみ明らかになる――によって、ローカルな論争はグローバルな出来事になった。ラテン語とドイツ語の九五箇条のテーゼのコピーは、あっという間にドイツ中に広まり、ドミニコ派とアウグスティヌス派の神学者との間のパンフレット合戦に火をつけた。レオ教皇は、初めはこの論争をローカルなものと見なし、当事者たちに対し、一五一八年のハイデルベルクでの会議で問題を解決するよう命じた。しかし解決を探る試みは失敗し、争いは深まるばかりであった。ルターが恩寵の問題に集中していたのに対し、ルターの敵手は議論を教皇の権威の問題にずらした。これが、ルターのローマとの争いをほとんど不可避的なものにする運命的な展開となった。ルターが当時、中央ヨーロッパで最も大きな影響力をもつ神学者であったヨハン・エックと議論を戦わせた一五一九年、ますます激しくなる一連の論争はライプツィヒ大学において頂点に達した。エックは、フスが信じていたことの多くは「完全に福音書の教えに合致したキリスト教的なものである」[19]ことをルターに認めさせることで、相手に先んじることができた。コンスタンツ公会議で異端と宣告されたフスは、一四一五年に火刑に処されたのだった。エックとの討論の後一年経って、ルターもまた教皇の大勅書によって異端と宣告された。挑戦的にも、ルターはこれをウィッテンベルグの門の前で焼き捨てた。教皇と教会の権力に関する論争が長引けば長引くほど、ルターの立場は堅固になり、ついには教皇と公会議のどちらも誤る可能性があると宣言するに至った。一五二一年にヴォルムスの帝国議会でルターが考えを撤回することを拒んだ時、ローマとの決裂は決定的となった。

もし改革がヨーロッパ中に充満していたのだとすれば、どうしてルターの先行者のうちの誰かではなく、ルターその人が革命的な人物となったのであろうか？　ルターが影響力をもったのは、批判すべき論点は単に教会に関するものや政治的なものなのではなく、より重要な論点は教義的、神学的なものである、という彼の認識のためであった。ルターにとって神学的な教義は、単にスコラ的抽象であるのではなく、深く実存的なものであった。ルターの神学はその個人的な危機から生じてくるのだが、これは当時の社会的な危機をダイレクトに反映したものであった。ルターが語る時、人々は自分の不安が言い表されるのを聞いた。ルターの魂の暗い夜は、物事がばらばらに崩落し、『黙示録』にある変化が今にも起ころうとしているという、社会に蔓延していた感覚を明確にしたものであった。ルターは、パウロやアウグスティヌスを鋳直しながら自身の経験を解明しようと努めることによって、混沌へと滑り落ちていくように見えた世界を人々が理解し、それと対話できるようにする新しい図式を作り上げた。このプロセスの中でルターは近代的主体を発見した、あるいはより正確に言うならば、発明したのである。

ルターは、新しい神学的人間学を定式化する際、中世神学にあった明らかに矛盾する二つの系譜――神秘主義と唯名論――を一つに結合した。両方の伝統はともに神と自己との直接的（つまり媒介のない）関係を主張するのだが、宗教的経験における意志の役割に関して両者は異なる。ルターの関心をひいた神秘主義者は、人間的なものと神的なものの一元論的同一化へと向かう完全な受動性を主張し、他方、唯名論者は、神と自己／世界の二元論へと至る完全な主意主義を論じた。これらの二つの道筋が交差し、後に近代的主体性になるものの特徴をなす矛盾と逆説を形成する。

トマス的な理性主義の影響力は広範なものであったが、中世におけるキリスト教神秘主義の重要性を見逃してはいけない。情動、認識、意志という各々の能力と結びついた三つの神秘主義の系譜を認めることができる。クレルヴォーのベルナルドゥスやアッシジのフランチェスコのような神秘主義者にとって、神への関係は、主として感情や心情の問題であった。敬虔な感情は献身的な行為や実践的な活動の中から生まれるのである。対照的にサン・ヴィクトルのフーゴーとリチャードは思弁的な神学を展開し、そこでは神のもとへの上昇は三つの段階を経るとされる――浄罪、啓発、合一。思弁神秘主義の古典的著作は、聖ボナヴェントゥラの『魂の神への行路』である。この中で信仰者は外的世界にある神の直接的な意識から始め、まず真、美、善の、生まれもった知へと進む。次いで真そのもの、美そのもの、善そのものである神による知性の照明へと進む。ボナヴェントゥラの感性は、アクィナスのそれとは明らかに全く異なるのだが、ボナヴェントゥラのビジョンは、その最終分析においてトマスの理性主義と調和するものになっている。両者にとって、人生の目的は神の知である。これは、一四世紀に出現した、主意主義的神秘主義には当てはまらない。オランダのデーフェンターの裕福な商人の子であったヘーラルト・ホロートは、一三七四年に回心の体験をし、低地帯諸国をまわる説教を始めた。彼の活動は、後に新しい敬虔 Devotio Moderna として知られる運動になり、これはルターによる教会批判の多くを先取りするものであった。より重要なのは、ホロートが聖書の一部をその地方の言葉に翻訳し、平信徒でも読めるようにしたことである。彼はまた、キリストに倣うことによって神とのより人格的な関係を深めるよう人々を啓発した。ホロートに従う者たちは共同生活兄弟会を立ち上げ、彼のメッセージをドイツ全土のみならずポーランドにまで伝えた。彼（女）らは他者たちに対する卑賤の奉仕という実践的な活動を通して、神との人格的な合一を目指した。ルターは兄弟会の活動について知っていたし、この運動が産み出した最も重要な著作『キリストに倣いて』――伝統的にはトマス・ア・ケンピスの作とされるが、一四一八年の初版は匿名で出版された――に含まれるアイデアのいくつかから影響も受けた。

同じ頃ドイツのライン地方では、別の種類の神秘主義が成功し始めた。これらの神秘主義者たちのうち最も影響力をもったのはマイスター・エックハルト、ヤン・ヴァン・ロイスブルーク、ヨハネス・タウラー（ルターは彼に最も惹かれた）であった。ライン地方の神秘主義者たちは、多くの点で異なるが、人間はその意志を放棄することによってのみ、神に直接的にかかわることができるという信念を共有していた。これは特異な主意主義であり、意志は完全な受動性――そこで神と人間とが最終的に一つになる――の意図的な深化を通して、意志を超克するために使われる。エックハルトとタウラーは、神との（再）統一に必要な意志を自由にすることを表すために、後にハイデガーも真似た放下 Gelassenheit という語を用いた[20]。人間がなす奮闘の目的は、知ではなく神成 theosis、すなわち主体が神的存在の底なしの深淵に吸収されることである。意志を超克するための意志の使用は、否定の、すなわちこの場合は自己否定のプロセスを通して神が肯定される否定神学の実存主義的規定のようなものである。ルターは、常にあらゆる種類の一元論を拒否する完全な二元論者であり続けながら、神がすべてであり人間は無である、というタウラーの主張を受け入れたのであった。ルターの神学においては、そこからすべてが生じ、またそこへとすべてが帰る深淵 Abgrund は、神の全能の意志として二元論的に鋳直される。ルターは、ガブリエル・ビール――エアフルト大学におけるルターの師は、ビールの弟子であった――が精緻化したウィリアム・オッカムの神学的主意主義を下敷きとして自身の議論を発展させた。

　神の意志が常に神の理性によって導かれるアクィナスとは対照的に、オッカムは、神の意志は神の理性に先行し、これを規定する力をもつと論じる。オッカムは、この一見するところ単純な逆転によって、中世的な統一の解体について反省しながら同時にこれを促進する神学的な革命をもたらし、これによって近代性とポスト近代性の両方に道を開いた。このしばしば看過される定式の深い含意を理解するためには、唯名論的な哲学と神学における神、自己、世界の概念の相互作用について考慮する必要がある。

　オッカムによれば、神はとりわけ全能の意志である。神は絶対的に自由であるがゆえに、何ものにも、神の理性によってさえも縛られない。換言すれば、神は時には恣意的であり、しばしば理解不能な仕方で自由に行為することができる。この神学的図式の中では、宇宙の根拠は神の産出する意志であり、実在するものは神の計りがたい贈り物である。神の意志は、明らかに非理性的というのではなく、理性と非理性とが可能であるための条件であるが、最終的にそれ自体は知りえないものである。このため結局は知りえないものである。したがって信仰は知の問題ではありえない。明言するならば、人は、理性ゆえにではなく、理性にもかかわらず信じなければならないのである。もし宇宙（あるいは世界）が神の創造的な意志によって産み出されたものであり、神のロゴスによって導かれないのであれば、物事の秩序は偶然的であり、あるいはもしかしたら恣意的でさえある。神の意志は絶えず働いているため、宇宙の秩序の持続性と安定性に関してはいかなる確実性もありえない。神はいつでも自分がしたことを元に戻すことができる。したがって世界にはいかなる最終的な確実性も揺るぎなさもありえない。オッカムは、その完全な主意主義を手放すことなくこの恐ろしい展望を避けるために、神の絶対的な力 potentia absoluta と秩序の中の力 potentia ordinata とを区別する。神は、自己矛盾しないことは何でもすることができる絶対的な力をもつ一方で、世界に対し特殊な秩序を運命づけることによって自己を制限することを自由に選択する。別の言葉を使うなら、神の意志は世界に秩序を与えるコードを措定し、世界が機能するのに必要なルールを作った。だがこうしたコードやルールは、それ自体いかなるコードにもルールにも決定されない。したがって世界のあらゆる構造は、それが含むことも排除することもできない何かを前提とするのである。この主意主義的な存在論が経験論的認識論へと続くことに注意しなければならない。存在するものはすべて神の意志に依拠するのだから、知はアプリオリで演繹的なものではなく、アポステリオリで帰納的なものでなければならない。世界について何かを知る唯一の方法は感覚経験から始めることである。だがそうした知は、究極的には神の自由の深淵に「根拠づけられて」いるのだから、常に不完全にとどまる。

オッカムの人間学は、その神学が鏡に映った像である。したがってそこには二つの根本的な信条が含まれている。一つ目は社会的な集団に対する単独者の先行性と優越性であり、二つ目はあらゆる個人主体の自由と責任である。これらの争点に関する彼の見方は、中世の神学と教会論に対する最も痛烈な批判に帰結した。オッカムが先学たちと分かれるのは、普遍的な用語の見解に関する一見したところささいな問題点である。スコラ神学によれば、普遍的なイデアないし本質は存在論的には個物よりも現実的であり、認識論的には個別の経験的な経験よりも正しい。実在論として知られるこの教義によれば、例えば人類が本質的であり、個人としての人間は先行する普遍に「与る」ことによってのみ存在する。世に名高い剃刀を使ってオッカムは実在論を斥け、普遍的な用語は名前にすぎないと主張する。名前は、世界を秩序づけたり経験を組織するのに役立つ発見的なフィクションにすぎず、いかなる存在論的な意味においても実在するものではない。この立場は後に唯名論（ラテン語の noumen、つまり「名前」に由来する）として知られるようになった。唯名論者によれば、諸個体だけが実在する。人間の場合には、諸個人は普遍的なイデアや無時間的な本質によって構成されるのではなく、自らの自由な決定によって歴史的に自身を形成するのである。人間の自己性を定義する特徴は、個人性、自由、責任である。唯名論によれば、全体は——人類以前と人類を含め——、それを構成するすべての諸個体の合計以上のものではない。

最後に、オッカムの唯名論は、言語についての、最も重要なことには、語と事物との関係についての、新しい理解を含んでいる。言語が普遍的ではないとしても一般的であり、主観が客観と同様に個別的である以上、実在する物そのものは、そのようなものとしては言語によっては表されえない。出口のない言語の迷宮に私たちを残して、語と事物とは別々のものになる。記号論的に言えば、独立して存在するシニフィエ〔意味されるもの〕を指し示すように見えるシニフィアン〔意味するもの〕は、実際には、他のシニフィアンを指示しているのである。私たちは、言語を使う存在として、事物を指示するのではなく、実際は他の記号の記号である記号を交換しているのである。言語は、世界を表すように見えるが、知りうる指示物によって固定されることのない記号の作用なのである。だがこのウェブ（網）には継ぎ目がないわけではない。というのもウェブは、それが可能であるための条件として、表しえないもの（すなわち神の原初の意志）を前提とするからである。オッカム神学を最も哲学的に鋭敏に解釈したのは、ジャック・デリダの息子によってピエール・アルフェリという仮名で出版された『ギョーム・ドッカム――特異なもの』と題された著作である。彼は、オッカムの言語分析は形而上学の「現実」が幻であることを暴露する、と論じる。この議論は、オッカムを解釈するためだけでなく、ポスト近代主義を理解するためにも重要であるので、長く引用する。

> では、形而上学の一貫性とは何なのか？　オッカムのものであり、当初は別々に公表されたと思われる論文が、とりわけ注目に値する。まず最初に、テクストに現れるものを考慮するならば、オッカムの著作においては、形而上学は幽霊か幻 un fantôme のようなものであることに注目しなければならない。（中略）実際、存在については何が言えるのか？　存在の超越論的拡張は「であるis」の使用と一体である。もし諸使用にある違いを無視するならば、存在は一義的になるが不明なままである。もし私たちがこれを考慮すれば、存在は明確になるが多義的になる。無数の差異のうち最も際立っているのは、記号としての記号の属性が問題となる「であるis」の使用法と、事物としての事物の属性が問題となる「であるis」の使用法との差異である。「薔薇は赤い Roses are red.」と「『薔薇』という語は普遍的である The word ‘rose’ is universal.」において、「であるto be」という動詞は同じことを意味しているのではない。前者の場合、人は通常の言語で話していて、人が言うことは経験的な知から発している。他方、後者においては、人はメタ言語で話していて（「薔薇」を括る引用符によって示されている）、述べられることは論理的ないし記号論的な知から発生している。しかし形而上学的言説はこの対立を無視し続け、これを越えていこうとする。したがって、次のようないくつかの文は形而上学の言説に典型的である。例えば、「白は偶有性である White is an accident.」、「動物は類型／ジェンダーである The animal is a genre/gender.」、「理性的であること

は人間の特徴であるBeing rational is man's difference.」、あるいはヘーゲルを引用するならば、「動物の死は類型／ジェンダーへの変転であるThe animal's death is the passage to genre/gender.」。これらの命題においては、中立的に言って、存在物は抽象語と結びづけられて明示されている。しかしより正確に言えば、「偶有性」、「類型／ジェンダー」、「種」、あるいは「差異」といった抽象語は概念の属性、つまり記号としての記号を指示するものである。それらはメタ言語において「白」、「動物」、「人間」、ないし「理性的」という記号の指示作用を定義することを可能にする。これは、とりわけ記号論の論理の働きである。この意味で、形而上学は、厳密にかつ一方的に、論理に従属している。そうした言明における「であるis」の使用法について話すことは、論理のメタ言語において、記号と規則の指示作用について話すことと同義である(21)。

この注目に値する分析が示唆するように、オッカムによる形而上学の脱構築は、記号の基礎づけられない作用としての言語理解へと通じている。語は決して表しえないものの痕跡なのであり、このため常にすでにすり抜けてしまっているが、しかし正確には不在ではない現実物の幽霊ないし幻であり続けるのである(22)。

オッカムの仕事の重要性が認知されることは稀であるが、彼が明らかにした主題の多くは、西洋の伝統のいたるところに途方もなく大きな影響力を及ぼしてきた。その仕事の永続的意義を考慮すると、彼の図式にある肝要なポイントを要約しておくことは有用である。

1　諸個体だけが実在する。したがって、世界にあるすべての存在物と同様、神と自己は個体でなければならない。

2　諸集団と諸社会は、個々の諸個体が互いに作用し合うことで生じる。

3　理性と信仰は補完し合うのではなく対立する。神は、十分には推し量ることが決してできない隠れたる神deus absconditusである。神に関するいかなる知も存在しえない以上、信仰と不確かさは切り離しえない。

4　知は経験的でアポステリオリであり、したがって理性は帰納的である。

5　思考と同様、世界の秩序は必然的ではなく偶然的である。自然法則と思考の原理は、十分には把握することができない現実によって仮定されている。

6　神の意志はすべての存在物の根拠なき根拠である。この深淵は、単に内在的なのでも超越的なのでもなく、またこのために正確に言って、現前しているのでも不在なのでもない。

7　存在は、計測することのできない永続的な距離をもった他者からの理解しえない贈り物である。

以下の章で議論が進むうち、これらの洞察の深い含意が次第に明らかになるだろう。神の全能の意志と個人の自由と責任の相互関係に関するオッカムの説明がなければ、ルターが始めカルヴァンが進めた改革はなされえなかったであろう。オッカムの経験論が近代科学に道を開いたことは明らかではないが、しかし重要な点である。オッカムの主意主義は、ニーチェの力への意志、フロイトやラカンの無意識と同様、一九世紀のロマン主義の方へ向かっている。そしてオッカムの言語理論は、イギリスの分析哲学と近年の大陸系の記号論とポスト構造主義との両方を先取りしている。

後に続いた者たちによって展開されたオッカムの哲学は安心させるものではなかったが、ルターは、それが中世後期における逃れられない生の不確かさと不安とをよく表現していることを捉えた。ルターは、外的世界の不安定さと崩壊に直面して、確実性と揺るぎなさを求めて内面へと転回した。しかしその内面世界は外的世界と同様に混乱していることが判明するばかりであった。すでに見たように、ルターは懐疑に苦しみ、深い罪の意識に悩んだ。彼が教えられた中世の図式に従えば、理性と自由意志は、救済に必要ではあるが、十分なものではなかった。理性と自由意志は、人を遠くまで連れていくことはできたが、それらは教会が教導する聖書の教えを通して、教会が媒介する啓示と信仰によって補われなければならなかった。だがルターの経験するところでは、律法を果たそうという努力は、罪人がそれをなすことができないことを露呈するばかりであった。堕落した人間は、健康に実った果実をつけることができない病気にかかった木のように、善い行いを成し遂げることができない。ルターの個人的な経験は、彼に律法の市民的な使用法と神学的な使用法とを区別させた。すべての者が罪人なのだから、社会秩序を維持するためには普遍的な拘束力をもつ市民法が必要であった。これと対照的に、律法の神学的な使用は、この世界における生活の管理ではなく、個人の救済にかかわる。救済は神の自由な贈り物であり、このため人間の努力によっては獲得されえないものであるが、意志は救済の過程において果たすべき何らかの役割を確かにもってもいるのである。律法の神学的な使用は人間存在の核心にある矛盾を暴くものであり、それによって贖いのために神の恩寵が必要であることが明らかとなる。律法を果たそうとする努力がそうすることができないことを明らかにするがゆえに、律法は、私がそうあるべきようにはないことと、私がそうあるべきではないようにあることとを開示する。この経験は単に否定的なのではない、なぜならそれは福音の準備 praeparatio Evangelica であり、それなくしては恩寵は不可能になるからである。私は自分では何もすることができないということを認識する時にのみ、私は恩寵の可能性に開かれた存在となる。この経験において、肯定的なものは単に否定的なものにとって代わるのではない。肯定的なものは、主体が自身を内的に分裂しているものとして捉える自己否定のプロセスにおいて、またこのプロセスを通して発生するのである。(23)

すでに述べたように、改革神学の鍵は、『ローマの信徒への手紙』一章17節に示されているパウロの義認概念をルターが再解釈したことにある。後年ルターは、自身の洞察が意味するところについて次のようにコメントしている。「昼も夜も考えていたら、神はついに慈悲深くなって、私はかの言葉（『ローマ書』一章17節）の文脈に気をとめた。すなわち、『福音には、神の義が啓示されていますが、それは、初めから終わりまで信仰を通して実現されるのです』とある。そのときそこで私は神の義を、それによって義《ただ》しい人が神の贈り物によって生きるところのもの、すなわち信仰として理解するようになった。『義しい人は信仰によって生きる』と書かれている通り、『神の義は福音において啓示されている』というこの文は受動的な義に対してのものであり、これによって慈悲深い神は信仰によって生きる私たちを義認するのである」(24)。ルターの救済理解は、能動的な義と受動的なそれとの区別に立脚している。能動的な義が律法の完成を要求するのに対し、受動的な義は神からの自由な贈り物である。信仰のみによる義認の再解釈は、ライン地方の神秘主義者たちの自由意志の受動性と、唯名論神学の神学的主意主義とを一つにする。私たちが行うことはすべて、自ら陥る罪に束縛されているため義認には役立たない。もし贖いがなされるとすれば、それは神の恩寵、すなわち神の自由な能動性の結果である。

しかしこの最も秀でた義――私は信仰（神はこれを、業《わざ》ではなくキリストを通して私たちに負わせられた）のことを言っているのだが――は、政治的なことでも儀式的なことでもない、また神の律法の義でもないし、私たちの業のうちにあるものでもない。全く逆である。つまり、上に挙げた義が能動的であるのに対して、受動的であるだけの義である。というのは、ここでは私たちは何もすることができず、神に対して何も果たすことができない。私たちはただ、私たちのうちで働く他のもの、すなわち神を受容し、されるに任せるより他にない。したがって私には、信仰のこの義、キリスト教徒の義を、受動的な義と呼ぶのがふさわしいように思われる。(25)

人間はそうした義を受け入れることができる。なぜなら罪の赦しは、キリストの受難によって決定的にきっぱりと成し遂げられてしまっているのだから。神はキリストを通じて諸個人各々と人格的な関係を打ち立てられたのであり、そこでは罪人に対してキリストの義を負わせることによって罪は赦される。負わせられた義という考えがルター神学の核心にある。人間は決して自分で義しくなるのではなく、ただ赦された罪人となることを望みうるばかりである。ルターは次のように結論する。「こうしてキリスト教徒は、義しくかつ罪人であり、神聖でありかつ野卑であり、神の敵でありながらしかし神の子である[26]」。言い換えると、キリスト教徒は、義とされると同時に罪人なのであるsimul iustus et peccator。そのように理解するならば、義とされた罪人は、ジェイムズが言うところの二重人間homo duplexである。ルターの図式では、この信仰は完全に逆説的であり、そのため理性的な推論によって打ち立てられるものではなく、理性の抵抗を押し切って把持されなければならない。

　こうした分裂した主体という考えをもって、ルターは後に近代的自己となるものを見出す。ルターの神学をあのように革新的にするものを理解するためには、彼の主体性理解が深いところで含意するものを精査する必要がある。何よりもまず、信仰は個体的な自己と個体的な神ens singularissimumとの人格的な関係である。したがって神への関係は、教皇、司教、あるいは司祭といった教会ヒエラルキーによって媒介される必要はなく、直接的に果たしうる。ビジネス・マネジメントに関する理論から借りた現代的な言い方をするならば、ルターの救済論は、ブローカーを一掃して教会を中抜きすることによって、その権力を根底から突き崩す。救済は教会の支配や規制に従属せず、それ自体以外の何物にも根拠を求めない神の絶対的意志の働きである[27]。神は教会の権威や儀式に頼らずに、その言葉を通して働く。神の言葉は聖書や説教に現前しているが、これに限定されるものではない。聖書直解主義に同意する傾向がある後期プロテスタントの新スコラ学者や今日の原理主義者《ファンダメンタリスト》たちとは対照的に、ルターは、神の活動を聖書の字義通りの言葉とされるものに限定することによって神の自由を制限するようなことは決してなかった。神はいつでもどこでもどのようにでも、自分が意志するように行動する――聖霊が活動するところに御言葉は現前している。神は教会にも聖書にも拘束されることなく、あらゆる人やあらゆるものを通じて働く。司祭職は、神の自由の結果として、教会ヒエラルキーに限定されず万人に拡張されうることになる。この信仰がプロテスタントの「万人祭司説」の教義の根拠である。

　神への関係は個人的であるばかりではなく、私的ないし主体的なものでもある。ルター思想の際立った特徴の一つは、その徹底した二元論である。超越と内在の神学的な対立は、内面性と外面性という人間学的な対立に反映されている。自己がその内面の深みを深く見つめれば見つめるほど、ますます逆説的な主体性が生成する。エゴの透明性と自己意識の明晰さに由来するデカルトの主体への転回とは対照的に、ルターの内面への転回は、どうしようもなく不明瞭で矛盾を抱えた主体へと通じている。信仰を懐疑する余地などなく、この不明瞭さは信仰を不可避のものとする。キルケゴールほどルターの神学的人間学のこの側面をよく理解した者はいなかった。信仰の逆説的な主体は、その客体である絶対的な逆説を反映する。イエス・キリストが全き人間でありかつ全き神であるのと全く同様に、信じる者は、罪人であり同時に義とされる。信仰の瞬間に信仰者は告白する、私は私がそうでないところのものである。この主張は二つの仕方で読むことができる。一つは、私は自由な行動によって罪を犯したのだから、今の私は本質的な私ではないというもの。そしてもう一つは、私は罪人であるが、それにもかかわらず私は義とされるというもの。こうした信仰の真理性を確証するためのいかなる外的な徴《しるし》も客観的な判断規準も存在しない。

　キルケゴールは、そのよく知られた「真理は主体性である」という金言においてルターの信仰の本質を捉えていたが、ルター神学が含むこの決定的に重要な原理を最初に見て取ったのは、キルケゴール以外の重要な近代人で、ルターを継承する者であった。ヘーゲルは、『歴史哲学』において「近代」にとっての革命の重要性を説明する。

> 個人が神の精神に充たされているのを知ると、外面性という堕落させる契機に由来するすべての関係は（中略）まさにそのことによって ipso facto 廃棄される。もはや聖職者と平信徒との区別はなくなる。一つの階級が真理の内容、及び教会の精神的、現世的な富を独占するということはなくなる。むしろ心――人間の精神的本質の感情的な部分――が真理を獲得するようになることができ、またそうすべきであることが認識される。この主体性はすべての人間が共有する財である。各人が自身の魂において和解の仕事を成し遂げなければならない。主体的精神は真理の精神を自身のうちに受け入れ、これに棲まう場所を与えなければならない。(28)

もし真理が主体性であるならば、主体性は真理である。ヘーゲルとキルケゴールの洞察は、真理の（自己）確実性への還元が、ハイデガーが言うようにデカルトの合理主義に始まるのではないことを示唆している。むしろ内面的な逆説と自己の矛盾のうちに――自己は単にそれ自体であることは決してなく、常に同時に、あるところのものとは別のものでもある——、真理の主体性と主体性の真理を見出したのはルターであった。この分裂した自己が、近代の無限に休むことのない主体となるのである。たとえルターの主体性が神の「他性《アルタリティ》」[29]と不可分であるために内面においては他律的にとどまったにしろ、この内面への転回がついには自ら法を制定する自律的な主体となるのであり、それなくしては近代期の政治的な革命は果たされなかったであろう。

ルター神学の最終局面は後の発展にとって決定的なものになった。ルターの一貫した二元論は、神の国とこの世の王国という二つの王国の教義に通じる。この区別は、ヨアキムの三部構造とそれを敷衍した歴史解釈よりも、アウグスティヌスの神の国と人間の国との対立に近い。世界は創造されたが堕落しているため、人間は世の前 coram mundo と神の前 coram Deo で同時に生きなければならない。時にこの二元論はマニ教の神と悪魔の闘いに類似し、ルターはレトリカルな効果を考慮して、写実的な言葉でこれを描いた。「悪魔とその邪悪さを利用することができ、すべてが私たちに役立つようにしてくれる神に感謝する。もしそうでなかったら（悪魔の邪悪な意志に任せていたら）、悪魔はすぐに短剣で私たちを刺し殺し、汚物でもって悪臭を放ち、私たちを苦しめるであろう。しかし今や神は悪魔をその手にのせて言う、『悪魔よ、お前は実際、人を殺した悪い霊だ。だが私はお前を私の目的のために利用する。お前が自由にすることは、すべて私のブドウ畑の肥やしとなるのだ』」。信仰の弱い者にとって誘惑的な魅力をもつお金を使うところほど悪魔が巧妙な場所はない。ルターは次のように説教している、「お金は悪魔の言葉であり、神が真なる言葉で創造したように、悪魔はこれによってすべてを創造する」。当時の教会についてルターを最も当惑させたのは、誕生しつつあった資本主義の堕落と物質主義を教会が受け入れ、これに順応していることであった。ルターは、「カトリックの神はマモン神である」[30]とまで非難した。もし貨幣が悪魔の発明品なのであれば、教皇は悪魔の代理人《エージェント》ということになる。中世の教皇位の物質主義的な過剰は、若き聖アウグスティヌス修道会士の目には弁護しえない財政上の不正に通じるものであった。ルターにとって貨幣は常に神学的な問題であった。贖宥状《しょくゆうじょう》を売ることに対するルターの批判は、救済の経済に関する代替解釈を含んでいる。ルターは九五箇条のテーゼの最も印象的な項目で、「お金が箱の底でチャリンと鳴るやいなや、魂は煉獄から飛び立つという説教にはいかなる神の権威もない」[31]と断言している。教会と資本との不浄な同盟は、教会と社会の両方を根本から変える時が到来したことのサインであった。

しかし見かけとは対照的に、ルターの世界への関係は、実際には完全に両義的なままであった。闇の力がいかに強いものとなっても、キリスト教徒は世界における生に対して責任を負う、と彼は主張する。ルターのこの世界に対する態度は、いくつかの点においては世俗的なものを聖なるものに従属させる中世のカトリシズムよりも肯定的なものであった。[32] これはルターが導入した最も意義のある二つの変革に見ることができる。第一に、すでに述べたように、ルターはすべての信仰者の司祭職を肯定したのであった。聖霊は望むところに移動するのだから、神は万人を通して語ることができる。この極めて重要な教義は、最初は宗教的な権威の、後には政治的な権威の脱規制化及び脱中心化として最もうまく記述することができるものへと通じている。権威は、もはやヒエラルキーの構造の中で上から下へと流れ落ちるのではなく、今や水平方向に分散し、いわば底から立ち上がるのである。以下に見るように、この構造的な変容は一六世紀の情報及びコミュニケーションの革命と切り離すことができず、さらにこれは二〇世紀後半のネットワーク革命に道を開いたのである。第二に、ルターは聖職者に対する独身の要求を受け入れなかった。『テトスへの手紙』一章にあるパウロを引用しながら、ルターは、「牧師は法が認める妻なしで生きるよう強制されるべきではない」[33]と主張する。独身の拒否は、修道院生活は信仰の日常生活よりも高次の召命《コーリング》ではない、ということを含意する。神に仕えるために世界から退く必要はなく、それまで以上に世界に深くかかわることができるのである。ルターはこの確信を、召命とこの世の天職《ヴォーケイション》に関する教義において表現した。ジョン・ディレンバーガーは、この重要な点をうまく要約している。

司祭職が他のものと異なるのは、存在論的にではなく機能的にである。それは特別な地位のことではない。修道士と平信徒とを前もって区別する、高い召命と低い召命は廃止される。ルターは、ありうるすべての召命が等しく名誉に与ると言っているのではない。しかし司祭職、靴の修理屋、あるいは執政官は、その責任を果たすことで等しく神に仕えるであろう。召命や地位が何であろうと、私たち人間はすべて生の葛藤や不明瞭さに自信をもって立ち向かい、時間を埋め合わせる器として神に使われることを望む。私たちは信仰という贈り物を通して、自身の徳を信頼するのではなく、すべてを支配し悪から善をもたらすことができる唯一の「彼」を信頼することを学んだのであるから、これは可能である。[34]

ルターは、ポスト近代の神学者や芸術家を先取りするように、この世界における努力の価値を変容させ、聖を俗と結びつけることによって高いものを低いものへと瓦解させる。

神の国とこの世の王国との対立は、内面性と外面性とのアンチテーゼと同形的である。キリスト教徒は外的世界において義務と責任をもつ一方、信仰は私的な事柄であり続ける[35]。混沌の縁でよろよろしている世界にとって、中世の権威とヒエラルキーに対するルターの抵抗は、新しい文化的、政治的、経済的秩序の出現のための転換点となった。ルターの著作と活動の効果は、彼が想像し意図していたものとは釣り合わなかった。一五二四年から二五年にかけて、ドイツの農民たちはルターのキリスト者の自由の旗印のもとに君主や貴族に対して反乱を起こし、これはフランス革命に先行する最も重要なヨーロッパの蜂起となった。ルターの社会的、政治的な保守主義に不満を感じていたルターのかつての信奉者、アンドレアス・ボーデンシュタイン・フォン・カールシュタットとトマス・ミュンツァーの二人は、社会的、政治的反乱に神学的な義を与えることによって、反抗の火を煽った。農民の関心は宗教的であるよりもこの世的であった——彼（女）らは階級の特権を廃止し、投票権を認めるよう要求した。闘争が終わるまでに一〇万人以上が死んだ。ルターの反応は、蜂起を擁護するのではなく攻撃することであった。ルターは、「農民の強盗殺人団に抗して」と題された有名な論文で、キリスト教の自由は内面的なものであり、したがって社会的な反乱は正当化しえないと明言した。ルターは、『ローマの信徒への手紙』一三章1—2節のパウロの言葉を引用して、世俗権力に服従するよう勧めた。「あらゆる人間が最高権力に服従しなければならない。神の御業《みわざ》によるほかはいかなる権力もなく、現行の権力は神によって任じられている。したがって権力に抵抗する者は神の制度に反抗しているのであり、そのように反抗する者は自らが受けるであろう処罰に感謝しなければならない」[36]。ルター主義は、この降伏から立ち直ることは決してなかった。だがカルヴァン主義はまた別の物語である。ドイツの片隅でルターが始めた革命はカルヴァン主義においてグローバルとなった。

見えざる手

近代の出現ということに関して言えば、ルターとカルヴァンの比較的小さな神学的な相違よりも、それぞれの宗教的ビジョンの社会的、政治的、経済的帰結に関する彼らの対照的な解釈の方が重要である。カルヴァンは、信仰のみによる義認に関するルターの根本的な洞察が含意するところを注意深く徹底的に理解し、そうすることによってプロテスタンティズムを体系化し、制度化し、国際化した。ルターがいなければ宗教改革はなかったし、カルヴァンがいなければプロテスタンティズムが世界を変革することはなかっただろう。

カルヴァンの思想とそれを受けとる人々を形成した文脈は、ルターの精神的、知的、社会的な世界とはかなり異なっていた。ルターが農民という出自を決して放棄しなかったのに対し、カルヴァンは、向上する識字力《リテラシー》がさらなる文化的洗練をもたらす、商業的な都市文化の中で育った。修道士としてではなく法律家としての教育を受けていたカルヴァンは、ルターよりも法律の重要性をはるかによく理解していた。パリ大学では、ウェルギリウスからエラスムスに続く人文主義者たちのみならず、古典語も学んだ。カルヴァンが最初に出版した著作はセネカの寛容論に関するものであった。カルヴァンは、ルターには完全に縁遠かった古典を高く評価する態度を反映して、その大全、『キリスト教綱要』の有名な冒頭にキケロを引用した。「私たちがもっているほぼすべての叡智、すなわち正しく健全な叡智は二つの部分から成る。すなわち神の知と私たち自身の知とである[37]」。カルヴァンの神は、ルターのそれよりもいささか神秘的で時にはずっと恐ろしいものであり、人間の在り様についての評価は、どちらかと言えばより暗いものであったが、人文主義を受容していたカルヴァンは、ルター主義よりもずっとポジティブな世界観を提示している。アリスター・マクグラスは、「カルヴァン主義が世界を内側から変革することができたのは、おそらくキリスト教の他のいかなる近代的なバージョンよりもずっと上手に西洋文化と協働することができたためである。カルヴァン主義者は、世界から退くのではなく、世界と直接的に協働するよう促された[38]」とまで論じている。

一五二〇年代と三〇年代までに、改革を求める動きがフランスで形成されつつあった。出現しつつあった都市のブルジョワの間で向上する識字力《リテラシー》は、反聖職者主義をエスカレートさせ、教会批判を勢いづかせた。人民が求めていた改革は、「だが、ただ単に精神的な観点から考えられてはならない。社会的、経済的諸要素が一様に変化の必要性を示唆し、宗教的であるのみならず社会的で経済的な変革をもたらしうるように思える革命の動きに適した状況を形成していた[39]」。ルターの言葉が、旧秩序の崩壊が原因で苦しむ人々と共鳴していたのに対し、カルヴァンの言葉は、新しい世界秩序を作り出しつつあった勃興する中産階級のうちに聴衆を得た。一五四〇年代に至ってもなお、フランスに住む者の多くにとっては、ルター主義を受け入れることと教皇の権威を拒絶することとは別のことであると思われていた。だが、一五四一年にカルヴァンの『綱要』のフランス語版が出版されると、こうした状況は一変した。一年後、パリの教会権力はカルヴァンのすべての著作を焚書にし、フランス全土でプロテスタント信者に対する迫害が始まった。カルヴァンは数千人を連れ立ってジュノヴァへ逃れ、そこで闘争を続けた。
ウィリアム・ブースマは、「二人のカルヴァンが、同一の歴史的人物のうちに、居心地悪そうに共存している」と述べて、カルヴァンに関する重要な伝記を締めくくった。

これらのカルヴァンのうちの一人は、トマス・アクィナスによって示された高度にスコラ的な伝統における哲学者、理性主義者、教授であり、確固たる信条をもった保守的な人物であった。このカルヴァンによれば、キリスト教は変化することのない正統主義へと向かうものであり、キリスト教徒は確たる地位を与えられた者であった。この哲学的なカルヴァンは、折衷的な文化の二つの矛盾とジレンマに特に敏感であり、私たちが今日「認識の不一致」と呼ぶものにはとりわけ不寛容であり、明晰さ、秩序、確実性を必死になって求めた。（中略）もう一人のカルヴァンは修辞学者及び人文主義者であり、オッカムのウィリアムの後を継ぐ懐疑的な信仰主義者であり、日和見主義と言えるほどに柔軟であり、自身の意に反して革命的な人物である。この世で明晰さや秩序として通用するものを彼は信じていなかったし、必要としてもいなかったので、これを探し求めることはなかった。そうではなく、彼は実存の核心にある逆説及び神秘を喜ぶ傾向があった。(40)

前者のカルヴァンは、言葉《ワード》と行い《ディード》との対立については、行いに対して言葉を優先させ、後者のカルヴァンは言葉に対して行いに特権を与えた。これら二つの選択肢はそれぞれ、宗教の構造化、安定化の契機と、脱構造化、脱安定化の契機に対応する。カルヴァン思想の対照的な二つの側面は、改革派の伝統の全く異なる二つの系譜に由来する。すなわち一方は、プロテスタント正統主義及びピューリタニズムにおいて具体化されるスコラ哲学であり、他方は、アナバプテスト〔キリスト教において宗教改革時代にフリードリヒ・ツヴィングリの弟子たちから分派した教派。幼児洗礼を否定し、成人の信仰告白に基づくバプテスマを認める〕再洗礼派と敬虔主義に現れる精神主義である。

ルターがかつて理性を「売春婦」と呼んだことは悪評を買ったが、カルヴァンは法律や人文主義を学んでいたため、人間の問題を処理し調整する際には理性が重要であることをよく知っていた。カルヴァンは、方法こそ異なっていたが、中世のスコラ神学と、体系への衝動を共有していた。『綱要』にある成熟したバージョンの三位一体論の構造は、改革派プロテスタンティズムの基本となる原理を体系的に定式化するために、組織的な図式を提供した。あまり注目されることはないが、この著作はフランス語に予想もしないインパクトを与えた。カルヴァンの『綱要』は、ルターによる聖書の翻訳がドイツ語に与えたのと同様の影響をフランス語に与えた[41]。マクグラスが指摘したように、カルヴァンの著作は、「『フランスの雄弁の最初の記念碑』として広く認知されている」。「一七世紀にフランス語は、抽象的、外延的、分析的性質（しばしば明晰さや論理性と表現される）を発展させたとしばしば言われる」。しかし、いかにして「（デカルトやパスカルといった）フランス古典主義時代の著作家たちを特徴づけるフランス語の明晰性は発展したのだろうか」とマクグラスは問う。カルヴァンの解答は、深い洞察を含むと同時に珍しいものでもあった。「カルヴァンは、一つにはキリスト教神学の高度に入り組んだ抽象を大衆化するという一般的な流れに積極的にかかわっていたために、もう一つには言語を形づくることに個人的に貢献したために、この重要な発展における一つの促進要因と見なされるかもしれない、ということを指摘しておきたい[42]」。この大衆化のプロセスは、教会の境を越えて改革を拡張しようというルターの決定的に重要な決断と共に始まった。ルターは、ラテン語で講義し議論することを止め、ドイツにおいて勃興しつつあった大衆の前で説教し、キャンペーンをするようになった。改革派はルターの戦略を受け継ぎ、さらに進展させた。「改革が目にしたのは、聖書が読まれうる、また読まれるべき方法についての既成の理解に対する、つまり教会組織やキリスト教の教義に対する大きな挑戦が浸透するという事態であった。改革者たちは、聖職者や神学者たちの頭を越えて、人々に何度も何度も訴えかけた。人々は決めなければならない、と彼らは主張した。スイスの革命がこれを反映していた。福音主義者とカトリック信者との間の平易な日常語での公的討論の後で、改革を受け入れるか否かに関して市民が集まって正式に投票がなされた[43]」。

ルターとカルヴァンが、オッカムの哲学を解釈した対照的な二つの方法は、二つの別々の方向へと向かった。ルターは、もっぱら神の全能な意志を強調したが、これはなおイギリスの分析哲学や政治理論を特徴づける経験的な認識論のうちで働いている。対照的にカルヴァンはこうした非理性的な主意主義を無視はしないが、神の秩序の中の力 potentia ordinata の理性性と合法性をずっと強調した。理性的推論のこのラインは、後にフランス革命に大きく貢献した大陸の合理主義と政治理論へと繋がっていった。

哲学的理性主義を促進した同一の諸原理は、プロテスタントの新スコラ主義の土台ともなった。神学者たちは、フランスの論理学者ペテル・ラムスによって練り上げられた論理法則を借りて、聖書の定式的な解釈と行為の厳格なルールとを発展させた。ルター派とカルヴァン派の間での深まる対立と同様に、カトリックとプロテスタントの間での深まる対立によって、信仰を一連の命題の信念へと効率的に還元する信条が増殖することになった。信仰が合理化されると、世界における人間の活動の役割が変化した。すでに主張したように宗教改革の核心にあるのは、救済は業《わざ》ではなく恩寵によって来たることへの信仰であった。自らの努力によっては救済を得ることができないため、諸個人は不安の中で神の好意のサインを探し求めた。カルヴァンは、この世的な成功は私たちが救済されていることの確証を与えることはできるが、しかし決してこれは救済の原因ではありえない、と信奉者たちに説いた。だが、この区別は捉えやすいものではなく、実際には、贖《あがな》いはよい働きによって手に入れることができる、という確信へと容易にずれ込んでいく。この信念がこの世の天職に関するルターの教義と合わさると、資本主義の展開に必要不可欠である、とヴェーバーが的確に論じた規律正しさと「世俗内」禁欲主義とが結果した。野心的な牧師たちは、合理主義とモラル主義とを結びつけることによって、救済の獲得の仕方を人々に教えるために作られた自己救済のパンフレットによって信仰を広めた。言うまでもなく、こうしたすべてのことによって失われたのは、ルターとカルヴァンの両方にとって決定的に重要な精神の自由であった。宗教は宗教性へと堕し、これによって安定性は増したが活力は失われた。後で考察することを先取りして言うなら、アメリカでプロテスタンティズムがあのように息を吹き返し続けてきた理由の一つは、合理主義と精神主義とが常に互いに緊張関係にあり続けたためであることに注意しておかなければならない。いかなる種類のものであれ、ピューリタンの厳格さが圧倒するようになると、規模の大小は別として、抑圧されたものが覚醒して回帰してくるのである。

一六世紀後半から一七世紀初めの北ヨーロッパの多くの人々に対し、カルヴァン主義は、ナショナリズムと資本主義への混乱に満ちた移行についての有効な図式を提示した。合理的な計算は救済の経済だけではなく、勃興する資本主義経済に対しても重大な意味をもった。ルターが商業主義を悪魔の業として非難したのに対し、カルヴァンは資本主義を神の摂理の計画をなすものと見なした。理性主義と律法主義は、宗教的生を超えて道具的論理と規律体制のための条件を形成したのであり、それらなくして資本主義は発展しえなかった。プロテスタンティズムは、識字力《リテラシー》の浸透を促すことによって、人々が近代初期にますます有効となった技能《スキル》を向上させるのを助けた。カルヴァンは、合理化しモラル化する生活のために図式を提供するだけでなく、文字通り地球の顔を変えた貨幣について重大な決定をしたのであった。すなわち、彼は高利貸しをすることを受け入れたのである。カルヴァン以前においては、カトリックもプロテスタントも高利貸しを非難し、貨幣を得る唯一正当な方法は人間の労働と物の売却によるものであると主張していた。これは土地保有に基づく経済に対しては十分なものであったが、近代初期に出現しつつあった成長する国際市場を制限するものであった。労働する身体であれ有形の物であれ、金銭の記号が物質的な材料から切り離されない限り、いかなる資本主義もありえない。カルヴァンは、高利貸しを容認することによって、貨幣（記号）が貨幣（記号）を作り出すという原理を選び取ったのであり、そうすることで新しい投資手段と金融体制に道を開いた。後で見るように、一八世紀のスコットランドのカルヴァン主義者は、プロテスタントの主体性と摂理の概念を活用して、経済理論と金融活動を統治し続ける市場のモデルを作り上げた。あまり指摘されないところであるが、宗教の幽霊が今日の金融市場につきまとっているのである。

　ルターの根本原理のいくつかをカルヴァンが精緻化し、巧妙な改訂を加えることなしには、これらの革命的な政治的、経済的な移行はなされえなかった。カルヴァン主義とルター主義とを分けたのは聖体であった。すでに見たように、中世のカトリック神学においては、個人の救済は洗礼と聖体の儀式を通してカトリック教会によって媒介される。実体変化の教義に従えば、聖体拝領において聖職者が語る時に、パンとワインは実際にキリストの肉体と血に変質する。この儀式は犠牲の再現を伴っており、その間中キリストは今ここに現前している。ルターは、信仰は客体的な儀式に参加することよりも神と自己との主体的な関係にかかっていると信じていたため、最後の晩餐に関するカトリックの解釈を受け入れることができなかった。だがルターは実体変化の教義を拒みながらも、キリストは儀式においてともかくも現実に現前していると主張し続けた。カルヴァンと改革派の伝統にとってみれば、聖体はその時に in illo tempore 起こったことの儀式的な反復ではなく、回想するための催事であり、そこで参加者はイエスという歴史的人物の死と復活において起きたことを思い出すのである。カルヴァンは、現実に現前しているというルターの考えを、カトリシズムとの正当化しえない妥協として斥けた。

　この一見するところ難解な神学論争が、聖職者や神学者のサークルの内部と外部におけるその後の展開に対して意味するところを正しく理解するためには、これを唯名論の言語理論に潜在する記号論の用語へと翻訳することが有用である。実体変化の教義によれば、シニフィアン（パンとワイン）とシニフィエ（キリストの肉体と血）は一つのものであり、したがって区別しえないものである。ルターはシニフィアンとシニフィエの完全な同一性を否定したが、キリストが儀式において現実的に現前していることは肯定した。シニフィエは、シニフィアンを通してなお現前するとされるのである。カルヴァンはシニフィアンとシニフィエの結びつきを明確に断ち切ることで、ルターの立場をラ

表2　聖体の記号論

カトリシズム	ルター主義	カルヴァン主義
記号／物は同一である	記号／物は区別されるが本来的に関係している	記号／物は分離される

ディカルに作り替えた。キリストは現前しているのではない。そうではなく、儀式はそれ自身を超えて過去の歴史的な出来事を指し示すのである。換言すれば、記号の指示構造はシニフィエがシニフィアンを「超越する」ということを前提にしている。この見方からすれば、シニフィアンをシニフィエへと倒壊させることは、すなわち偶像崇拝という究極的な罪を犯すことである。聖体に関するこれら三つの解釈は、記号に関する代替可能な考え方を含んでいる（表2）。こうしてカトリシズムからルター主義を経てカルヴァン主義へと至る運動は、シニフィアンとシニフィエ、あるいは言葉と物とが離ればなれに漂流することを含意している。私たちは後の章で、非常に長い歴程の終わりに、現代文化の情報とテレマティック〔本書I一五頁、訳注参照〕なネットワークとによって媒介されて浮遊する記号の戯れの中で、このプロセスが頂点に達し、現実的な指示物が消滅するにいたるのを見ることになるだろう。

　こうした注釈からわかるように、カルヴァンの神学は、いくつかの点においてルターのそれよりもはるかに二元論的である。神は徹底して超越的であり、世界は罪と堕落の深淵に沈んでいる。したがって人間は、救済に限らず生のすべての面において神の恩寵に完全に依存している。カルヴァンは、自身の神学を展開する際にルターの救済論を取り入れ、これが含意するところを体系的に発展させる。業《わざ》よりもむしろ恩寵による救済を信じることは全く自由であり、外的環境には一切拘束されない全能の創造者としての神を前提とする、とカルヴァンは論じる。創造は一度きりの出来事ではなく継続中のプロセスであり、そこで神は不断に宇宙に存在を与え、その移り行きを統治するのである。したがって創造の教義は必然的に摂理の教義を伴う。「神をたった一度でその仕事を終えた瞬間的な創造者にすることは冷たく不毛である。特に宇宙の始まりと同様、宇宙の持続的状態においても光り輝く神の力の現前を見ることによって、私たちは異教徒とは異ならなければならない。（中略）というのも神の摂理に到達しない限り、――いくら私たちが心で理解し、口で告白するように見えても――私たちは『神は創造者である』と言うことの意味をいまだ適切には知らないからである[44]」とカルヴァンは説明する。摂理は単に物事の全体的な成り行きを導くのみならず、各々の出来事と各個人にまで及ぶ。世界の方向は、時の始まりから神の全知の眼差しの中で予定されていたのである。この神学的な枠組みの中では幸運や偶然といったものは存在しない。なぜならすべては「常に現前している神の手によって定められている」からである。もちろん神の手はいつも見えるわけではない。反対に、「出来事の真の原因は私たちには隠されている」のであるから、神の計画は「秘密[45]」である。言い換えれば、摂理の手は見えざるものである。神は、端的に現前することは決してないが、創造において不在であるのでは決してない。

カルヴァンがルターの分裂した主体をさらに精密に仕上げることによって、プロテスタンティズムは自身を逆転させるに至り、思わぬ形で近代世界の世俗性に道を開くことになる。第四章でさらに詳しく見るが、神が消え去る方法は二つありうる。一つは神があまりに超越的になって、機能的に関連性を失うというものであり、もう一つは神的なものがあまりに内在的になって、神と世界とが一つになるというものである。カルヴァンは、神の超越性を限界にまで高めることによって、期せずして神の内在を肯定することになる。もし神がすべてであり、私が無であるなら、私の行いは決して単に私自身のものであるのではなく、常に私を通して作用する神の摂理の現れでもあることになる。ガラテヤの信徒へのパウロの手紙は決定的に証明している。「わたしは神に対して生きるために、律法に対しては律法によって死んだのです。わたしは、キリストと共に十字架につけられています。生きているのは、もはやわたしではありません。キリストがわたしの内に生きておられるのです」（二章19-20節）。換言すれば、私が行為する時、キリストが私を通して行為するのである。人間の無能と神の全能を主張すると、予想に反して神と自己、さらには世界とを同一化することになる。ここで対立の論理は同一性の論理へと転倒し、聖なるものと俗なるものとを内破させるのである。

超越性の内在性への崩落は、カルヴァン神学の二つ目の側面へと通じている。ルターと同様、カルヴァンは意に反して革命論者となった。キリスト者の自由に関するルターの考えが農民の反乱を導いたように、カルヴァンの摂理の教義はラディカルな変革を目指す改革精神に道を開いた。文字通りの聖書、定式的な信条、合理的な行動規範に精神を結びつけるプロテスタントの新スコラ主義とは対照的に、アナバプテスト、モラヴィア派、敬虔派からクエーカー教徒、メソジスト派、洗礼派（アメリカのプロテスタント諸派）にまで至るラディカルな改革者たちは、精神の自由、そして個人的な自己と神との直接的な関係を再度断言する。

一八世紀の終わりに、改革神学のこれら二つの系譜——合理主義と精神主義——はアメリカとフランスの革命において合流した。

私事化、脱中心化、脱規制化

プロテスタンティズムにおいて主体性の新たな理解が発生したことによって、宗教の私事化、脱中心化、脱規制化が帰結したが、これは中世盛期に教会ヒエラルキーが強要していた権威の中心化と普遍化にダイレクトに逆らうものであった。こうした展開は、さらに印刷術と共に始まり今日のネットワーク文化においても継続している、情報とコミュニケーションの革命に貢献することになった。宗教が私事化され、各信仰者が司祭になると、中心化する教会ヒエラルキーの権威は崩壊し、権威は信仰者個人に分散するようになった。ルールと規則はもはや上から課されることはなく、今度は別々でありながら平等な諸個人を通して下から発生した。こうした変化は、識字力と教育の促進によってもたらされた。プロテスタンティズムの聖書のみ sola scriptura の原理がなければ、識字力は北ヨーロッパとアメリカにおいてあれほど短期間に向上し、あれほど広く浸透することも決してなかったであろう。中世初期には、識字力はほとんど独占的に聖職者に限定され、聖書はラテン語で書かれていた。この状況はルネサンス期に変化し始めたが、近代初期に情報が産出され、分配され、消費される仕方を変容させたのは印刷術と宗教改革の同時発生であった。マイロン・ギルモアによれば、「活版の発明と発展が西洋文明史における知的生活の状況に、最もラディカルな変容をもたらした。それは考えを教え伝達するのに新たな地平を開いた。その効果は、早晩、人間の活動のあらゆる分野で感じられることになった」[46]。紙と印刷術は数世紀も前に中国で発明されていたが、ヨーロッパにおいては一六世紀に至るまで、社会的、文化的な出来事がその爆発的な展開に適した条件を整えることはなかった。宗教改革がこれらの発展に決定的な役割を果たしたのである。初めから印刷術とプロテスタンティズムは、需要と供給の相互に促進し合う関係の中で結ばれていた。印刷術は言葉の普及のために道具を供給し、言葉の普及は印刷されたものに対するさらなる需要を作り出した。ルター主義は、「初めから印刷本の子供であった。ルターはこの伝達手段によって、ヨーロッパの精神に的確で標準化された、かき消し難い印象を与えることができた。歴史上初めて本を読む公衆《パブリック》が、記者と風刺画家の挿絵と共に日常語を用いたマス・メディアを介して、革命のアイデアの正当性について判断を下したのであった」[47]とアーサー・ディケンズは論じている。もし印刷機がなければ、ルターの抗議は決して世界史的な出来事とはならなかっただろう。ルターはまさに最初のベストセラー作家だったのであり、西洋初のメディア有名人であったことは疑えない。一五一七年から一五二〇年の間に、三〇冊に及ぶ彼の著作は、驚くべきことに三〇万部も売れた[48]。マーク・エドワーズはそのたくさんの情報を含んだ著作、『印刷術、プロパガンダ、マルティン・ルター』で次のように計算している。「ルターの著作の各々の版が一〇〇〇部印刷されたと控えめに仮定して、一五一五年から一五四六年の間にルターだけで三一〇万部を流通させたことになる[49]」。

この規模で製作し流通させるためには、それまでにない新たなテクノロジーのインフラを構築する必要があった。マルコ・ポーロは一三世紀にアジアからヨーロッパへ版画印刷のテクノロジーを伝えたが、修道院の文書室では一五世紀に至るまでほとんどの宗教文書は手で書かれ写されていた。グーテンベルグが打ち込み鋳造装置を開発した。入れ替えることのできる文字が印字箱に並べられ、これを使って印字した葉《よう》を大量に製作した。振り返ってみると、明らかにこの印刷機が、後に近代の産業主義を産み出すことになった、機械による再生産の方法の原型であった。初期の印刷業者たちは、必要に迫られて利益を産み出す作品を見出し、それらが売られる場としての成長する市場を形成することに必死な企業家であった。初めからプロテスタンティズムと資本主義とは不可分のものであったのだ。聖書、宗教的なパンフレット、祈りの本、自助の本は、一六世紀を通じて最も利益のあがる印刷物であった。印刷業者たちは、自分たちの製作物を普及させるためのビラや折り込み広告から、大衆を相手にした販売やブックフェアを促進するためのポスターにいたるまで、斬新な宣伝戦略を展開した。企業家たちは、宗教改革が様々な街や国に広まるのに合わせて新しい販売ルートと流通ネットワークを発達させた。市場が成長し、北ヨーロッパ全土へと拡大すると、コミュニケーションの境界線は突破され、新しいアイデアはそれまでよりも早いスピードで普及するようになった。アイデアがこれらの出現しつつあったネットワークの中を巡るようになると、その効果はしばしば強く大きなものになった。ルターの著作、それから特にウルガータ〔カトリック教会の標準ラテン語訳聖書〕から日常語への聖書翻訳を、教会の壁の内と外であのように爆発的に流行させたのはこれであったのである。

聖ヒエロニムスがギリシャ語とヘブライ語からラテン語へと翻訳した四世紀の聖書が、中世を通じて権威を持ち続けた。教会はこのウルガータを用いることを二つの点で正当化した。第一に、それは従来の儀礼に栄誉を与えてきた。第二に、ラテン語は深遠な神秘と聖なる真理を冒瀆から守ってきた。しかし、この慣習の実際の理由はより一層現世的なものであった。聖典をラテン語に限定し、それの適切な解釈を教導職に制限することによって教会の権力は増し、聖職者と平信徒のヒエラルキーは強化されたからである。一五世紀後半、日常語への翻訳はドイツなどで行われるようになった。宗教改革以前は、教会は翻訳を奨励することはなかったが、禁じてもいなかった。しかし聖書翻訳が意味するところに目が向くようになり、一四八五年にマインツの大司教が、「不正確で低俗なドイツ語」へと聖なる書物を翻訳することの危険を人々に警告する御触れを出した。教会の権威者たちは、この点を強調し、すべてのドイツ語の翻訳にライセンスを要求するようになった[50]。だが、そうした努力はあまりに無力であまりに遅かった——神の言葉はすでに世に出ていた。

一五三四年にルターが翻訳した聖書の第一版が出版されたときには、すでに一八のドイツ語訳が存在していた——高地ドイツ語で一四、低地ドイツ語で四。ルターの翻訳が桁外れに成功したのは、それが現れた状況とその文体のためであった。ルターは決して農民という自らの出自を離れようとはせず、その政治的な成功は大部分、民衆たちとの持続的な繋がりに帰すことができるのであり、そのことはまた彼の言葉に現れている。『卓上語録』に収められたテクストが非常に明瞭に示すように、ルターのレトリックは下品ではないとしても一貫して土着的であり、しばしば粗野ですらある。このスタイルは、教会ヒエラルキーの代表者によって批判されるが、一般民衆の共鳴を呼び、そのメッセージが浸透するのに寄与した。しかしルターの言葉は、印刷術とそれが作り出した新しいネットワークがなければ、広まることはなかったであろう。アイゼンステインが次のように論じるのは正しい。

プロテスタンティズムは、宗教的と世俗的とを問わず、反体制の公然たる宣伝や煽動に新しい印刷術を利用した運動として最初のものでもあった。大衆の支持を喚起するため、ラテン語のわからない読者向けにパンフレットを発行したことから、宗教改革者たち自身は意識していなかったが、革命家、民衆煽動家の先駆となった。彼(女)らはまた大版刷りや風刺漫画の形で、「根深い刻印」を残している。一六世紀の読者の注意をひきつけ、熱意をかきたてる意図で描かれた反教皇主義の風刺漫画を見ると、今日でも歴史書の中で強烈な衝撃をおぼえる[51]。

印刷テクノロジーの急速な発展は、文字が読める消費者の数を増やすことによって、ルターの福音が迅速に普及する状況を整えた。まるで供給する側の経済原理を予想するかのように、印刷物の供給量が増えるのにしたがって印刷物への需要が増え、これによって供給量はさらに増えることになった。

出版と宗教改革の同時発生から帰結したものは、今日でもなお感じられる。様々な言語への聖書の翻訳は、プロテスタンティズムが世に普及するのを助けた。ジャック・マイルズによって「初めて英語を一つの全体として見た者と言っても過言ではない語学の天才」と記されたウィリアム・ティンダルは、新約聖書の画期的な英語翻訳を一五二六年に出版した。ティンダルは一五三六年にベルギーで処刑された時に、旧約聖書の約半分の翻訳を完成させていた[52]。裕福な商人の家庭に生まれたこともあり、ティンダルの聖書翻訳は一般市民と民主主義とを信じることから産み出されたものであった。この衝動がイギリスのピューリタニズムの基礎にあるのであり、これはまたイギリスのプロテスタンティズムを経由してアメリカの大衆文化を形成してきたのである[53]。プロテスタンティズムが北ヨーロッパにおいて国から国へと、ついにはアメリカにまで広まるのに合わせて、印刷業者と出版者も素早く後に続いた。聖書の宗教的意義が理解されるようになると、子供と大人の両方のための読書教育が、初めは家庭と教会に関連した組織で、後には様々な社会制度や公立学校で行われるようになった。一六四二年にマサチューセッツ湾植民地は、すべての子供が読み方を教えられなければならないとする法律を可決した。三二年後、この植民地は最初の公立学校法を可決した。一八世紀の後半にはマサチューセッツの識字率は九〇パーセントにまで上がっていた。ピューリタンのニューイングランドがこうした潮流の特に目立った例であったが、同様の傾向はプロテスタントの他の場所でも見られた[54]。識字率の向上は、宗教のさらなる私事化と脱中心化を後押しした。一家の炉辺が私的な聖餐台となり、その周りに家族が集まった。

教会が識字力を独占できなくなったことは、宗教の枠をはるかに越えて重要な帰結をもたらした。読み方を知っている人間は、農業社会から商業社会へ、後には産業社会へとずっと効率よく移行することができた。もちろん印刷物は宗教的なテクストに限られず、地図、暦、予定表、ビジネス教本、それから重さや大きさや通貨の換算表をも含んでおり、そうしたものがすべて産業の発展と経済の成長に貢献した。プロテスタンティズムは、識字力と計算力を促進することにより、資本主義が要求するよりも前に教育された労働力を作り上げていたのである。

こうした展開に対するカトリックの反応は来たるべき世代にとって決定的なものとなった。宗教改革が広まるにつれて、日常語の使用と識字率の向上に対する不安が深まっていった。一五一五年、ラテラン公会議で教皇レオ一〇世は、「ヘブライ語、ギリシャ語、アラビア語、カルデア語からラテン語への、それからラテン語から日常語へのすべての翻訳に適用される」[55]検閲に関する法令を発布した。プロテスタンティズムと識字力は非常に強く結びついていたので、教会は前者を抑え込むには後者を制限しなければならないと感じた。聖書を印刷することを禁ずる追加的な勅令が一五二〇年代を通して発布されたが、それらは異端審問によって支えられていた。一五四六年のトレント公会議でカトリック教会はウルガータが最高位にあることを改めて主張し、これによって識字力と教育を促進するのではなく、平信徒の無学と従順を確実なものにしようとした。一五五九年、ピウス四世が最初の教皇禁書目録で聖書を印刷することと読むこととを改めて禁止したため、聖書の翻訳はそれ以上なされず、カトリック諸国においては約二世紀の間、識字力の普及は大幅に制限された。こうした展開の最も重要な狙いは、カトリック諸国における産業主義と資本主義の成長を抑えることであった。商業主義が産業主義に道を譲ることによって、資本主義は南ヨーロッパよりも北ヨーロッパにおいてはるかに力強いものとなった。こうした宗教的な教義と政策から北と南への分裂が結果したが、その影響は今日の南北アメリカのみならずヨーロッパにおいてもなお見ることができる。

印刷術の出現はさらに予期せぬ仕方で教会権力を危うくした。エラスムスとルターは多くの点で合意に至らなかったが、両者は共にできる限り多くの言語に聖書を翻訳し出版することの重要性を確信していた。ルネサンス期において、人文主義者たちはギリシャ語とヘブライ語を再発見し再活用した。古代の言語への関心が増すにつれて、辞書、文法書、参考書といった新しい研究ツールが現れ始めた。エラスムスは一五一六年に、一六世紀におけるおそらく最も重要な著作であろう『校訂版新約聖書』を出版した。この二つの言語で書かれた著作では、聖書のギリシャ語訳とラテン語訳が隣り合って縦に並んでいた。ルターとティンダルは共に自分で聖書を翻訳する際に、エラスムスの著作を利用していた。エラスムスは改革者とはならなかったが、『校訂版新約聖書』が宗教改革を可能にしたと言っても全く誇張ではない。学者は聖書の翻訳を研究することによって新しい言語スキルを鍛え上げるのだが、彼らは聖ヒエロニスムスの聖書翻訳に無数の問題を発見した。このようにして出版は歴史的で批判的な聖書学のために条件を整えたのだが、これは後に信仰の根拠を揺るがせることになる。カトリック教会がウルガータを再度支持した時、彼らは聖書の真剣な研究者たちによって提起された問いを無視することを選んだのであった。第五章において見るように、一九世紀にはこれらの問題は、聖書に書かれた言葉の正当性に自身の信仰を結びつけたプロテスタント信者たちにとって、ずっとゆるがせにできないものとなっていた。

こうした展開が後の歴史に対して決定的なものであるこ

とは明らかであるが、印刷物が含意するのは、右の記述が示す以上にずっと複雑なものである。印刷物は、直接的に明瞭ではない仕方で、聖書、信条規準、懲罰の実践を個人化し脱規制化するだけでなく、標準化し規制化しもする。個人化し標準化するという対照的な傾向は、カルヴァン主義の主意主義的な不安定化と合理的な安定化という両面に対応する。標準化し規制化するという印刷物の特性は、経済的、言語的、政治的な含意をもっている。印刷物の経済的なインパクトは、新たに貨幣が発展し、斬新な懲罰テクノロジーが形成されることになった後の展開に見てとることができる。貨幣の変化は常に新しいテクノロジーを前提とする。必要となる採掘と冶金のテクノロジーがなければ金属の貨幣はありえず、また情報処理機とネットワークがなければ実際の貨幣がありえないように、紙の生産と印刷テクノロジーと無関係に紙の貨幣はありえない。紙幣は、最初に西暦九一〇年に中国で導入され、中世期にはヴェネツィアの金匠たちが使っていたが、印刷術が発明されることによって急速に普及するようになった。印刷術は、貨幣の標準化と規制化のために条件を整え、これによって市場がローカルな境界線だけでなく、さらには国家の境界線をも越えて拡張できるようにする交換ネットワークの発展を促進した。しかし印刷術は貨幣の性質に対し、捉えづらいが重要な変化をも導入した。紙幣によって兌換券は、高価な物質から内在的な価値をもたない記号へとシフトした。物と記号とがいったん区別されるようになると、シニフィアンとシニフィエとがいずれ分離し、後に経済が記号の戯れになるのはほとんど不可避的であった。

産業資本主義の発生は新しいテクノロジーの発展と教育された労働者だけでなく、人間の行動の標準化と規制化をも前提とするが、これは印刷術なしには果たされなかったであろう。かの有名なストラスブールの時計が、カルヴァンが迫害を逃れるためにフランスから逃げ込んだ、印刷産業が盛んなこの都市で作られたのは決して偶然ではなかった。印刷された暦と予定表は、機械時計が広汎に使われる前にすでに、労働を変化させ、経済を変容させることで人間の行動を標準化するプロセスを開始させていた。印刷物がルターにとって福音の準備 preparatio Evangelica であったように、生活の標準化と規制化は産業化へと続く道を開いた。

さらに印刷物は、人々の生き方を変えるのみならず、人々の考え方や話し方も変化させた。印刷物の逆説的な傾向は、それが言語に与えたインパクトに明瞭に見ることができる。カルヴァンの『キリスト教綱要』がフランス語に多大な影響を与えたように、ルターの聖書翻訳はドイツ語を変容させた。印刷物は個人性を育むのだが、印刷物はこれによって個人的な習慣や社会的な慣習と同様に言語をも標準化する点も看過してはならない。言語が標準化されることによって、個人に特有な用法が規制されるのみならず、特定の地域の方言も次第に消滅することになる。こうした展開は教会をはるかに超えて及ぶ重大な政治的な含意をもつ。ヨーロッパの全体で言語が標準化され、言語が印刷物に固定されることによって、ナショナリズムが勃興するための条件が整えられたのである。

> 王権の強化とナショナリズムについての研究は、印刷物が出現したことの意義にもう少し紙幅を割いてもいいように思う。活版印刷は言語の乱れをくい止め、日常語の標準化をなし遂げると共に豊かにし、ヨーロッパの主要言語のより意図的な浄化と成文化に道を開いた。一六世紀の活字鋳造にはそれぞれ勝手な鋳型が使用されていたことが、多言語王権国家の中の個々の言語グループによる民族神話のその後の集大成を大きく決定づけたということもある。各国語の小祈禱書や翻訳書の複写は、その他の面でもナショナリズムの誕生に貢献した。家庭で「自然に」身についた「母国語」は、文字を習うまだ幼い時期に印刷が作り上げた均一化した言語の教育を受けることで一層強化されたことであろう。(中略)特にグラマー・スクールが読み方の初等教育でラテン語ではなく国語の教材を用いるようになってからは、言語面での「母国語意識」と自国に対する帰属観念は密接に絡みあうようになった。(56)

国家のアイデンティティの最も強力な二つの媒体《エージェント》は言語と通貨である。第一章で見たように、社会と文化は互いに依存し合っている。社会は文化的理想を前提とし、文化の図式は社会関係から派生してくる。特定の地域の方言が共有された言葉にとって代わられる時、社会関係は再編成される。パトリック・コリンソンは慧敏《けいびん》にも、「どこにおいても日常語の聖書は、私たちが文化的ナショナリズムと呼んでもよいものにとって最も重要な伝達手段である」(57)と述べている。もちろんこの変容は文化に限定されるものではなかった。文化的ナショナリズムは他の形態のナショナリズムを招来し示教した。最終章では、どのようにして一六世紀における情報とコミュニケーションの革命が二〇世紀後期のデジタル・ネットワークの革命へと展開し、これが言語、通貨、国民国家の諸関係を解体し編み直すグローバル化のプロセスを加速するに至るのかを探りたい。

テクノロジーの革新は自然的、社会的、政治的、経済的なシステムと構造を変化させるだけでなく、知覚と認識の図式も変容させる。私たちが世界を感知する仕方は脳に物理的に組み込まれているのでなく、生産と再生産の様式と共に変化する。印刷物において活用された機械テクノロジーの発展は、感覚と思考の新しい規律体制において生じた。稀にしか気づかれないが、印刷術と遠近法はほぼ同じ時期に発生したのである。ルネサンス芸術に関する草分け的研究において、サミュエル・エドガートンは、線遠近法を発見する鍵は消失点——これが組織化したグリッドをもった視覚的な角錐を構成できるようにする——の認識であったことを初めて明らかにした。一四二五年という早い時期にフィリッポ・ブルネレスキは、フィレンツェの大聖堂のために設計された鏡を使った一連の複雑な実験によって消失点を発見した。彼は、実験結果に基づいて写実的な絵画を描くテクノロジーを開発するようになり、この情報を他の芸術家たちに手渡した。レオン・バティスタ・アルベルティは、その大きな影響力をもった『絵画論』（一四三五—三六年）（図12）でブルネレスキの教えを洗練させた。ルネサンス期、目と視覚に関する問いは物理学的であるよりももっと形而上学的であった。ブルネレスキとアルベルティによって定式化された遠近法の諸規則は、「描かれる場面に自然法と調和する感覚を与え、それによって神が幾何学的に秩序を与えた宇宙の内部における人間のモラル的責任を強調するもの[58]」であったために芸術家たちに受け入れられた。この新しい幾何学的な空間は、文字通りに世界を変容させた近代のデカルト的な解釈格子《グリッド》を予示するものであった。この解釈格子は、啓蒙期を通じて現代にまで至る

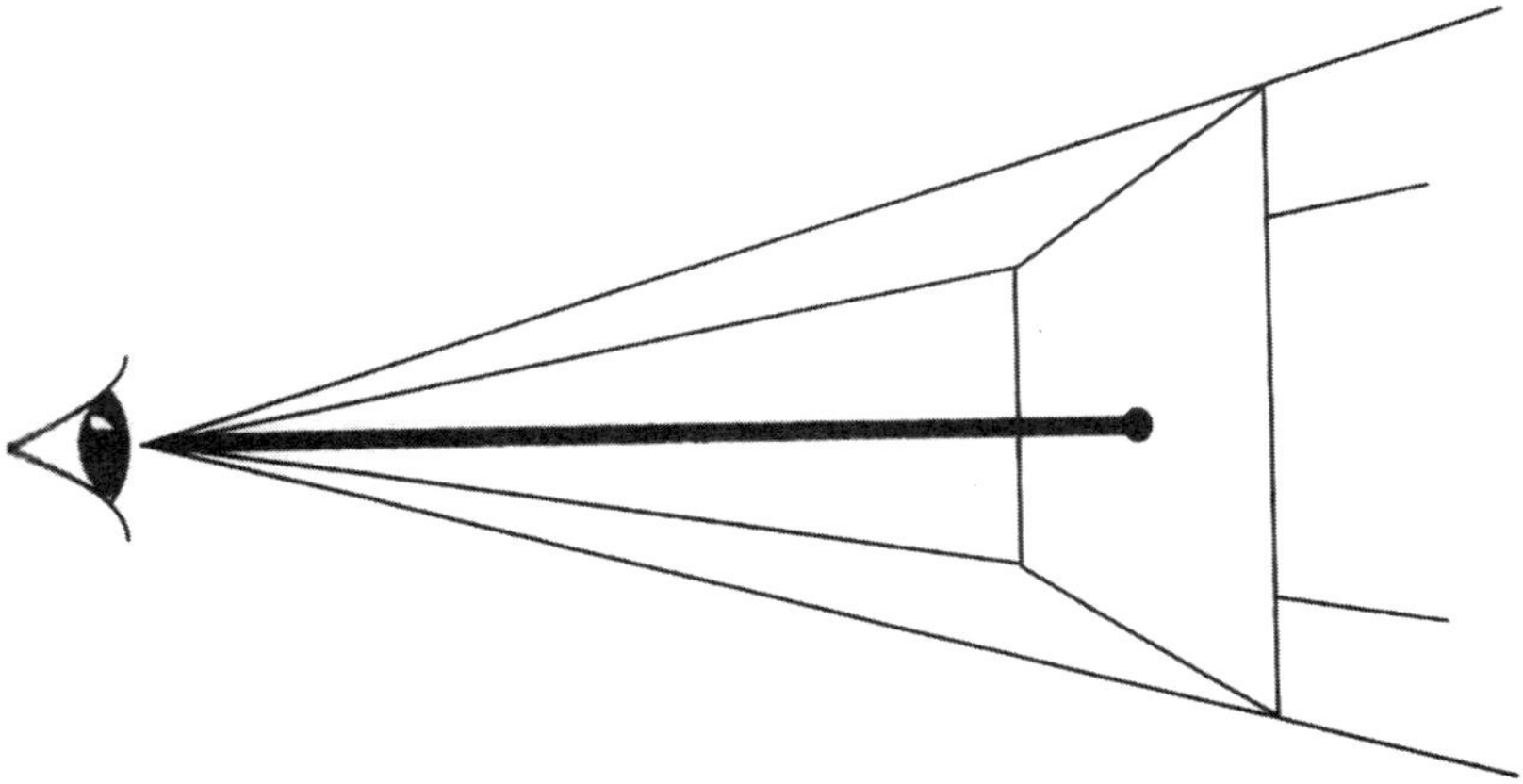

図12　レオン・バッティスタ・アルベルティによる視覚的な角錐.『絵画論』1435–36年
(http://www.cs.brown.edu/stc/summer/viewing_history/viewing_history_8.html)

管理と認識の規制化のための構造的な基礎となった。しかし線遠近法は、私たちが改革神学と印刷テクノロジーの両方において見出した個人化という反対の傾向も含んでいた。線遠近法は、神の目と人間の目の類似性を規定するのに加え、ルターの神学においては個人の自己と同形的であった新しい主体を構成するのに貢献する。遠近法は、個人主体を告げ知らせる本人に特有の視野の中で、視覚を個人化する。サミュエル・エドガートンは、いかにして印刷物がこの画期的な変化を促進したのかを説明する。

グーテンベルグが活版を発明したのは、線遠近法が出現し受容されるのとほぼ同時的であったことは看過されるべきではない。一つは視覚に関する着想、もう一つは文字に関する着想。これら二つが一緒になって、おそらく一五世紀における最も顕著な科学的功績が果たされた。すなわちマスコミュニケーションにおける革命である。線遠近法の絵画は、印刷機の力によってより広範な主題をカバーし、芸術史の全体における他の表現媒体や慣行よりも一層多くの観客に届くようになった。ルネサンス期における遠近法と印刷術とのこの連結がなければ、後の近代科学とテクノロジーの発展の全体は考えられなかったというのが正しい[59]。

このようにして印刷物は人々の世界の見方、さらには世界の解釈の仕方を変容させるのに実際に貢献したのである。

私たちは、図式の形成と作用論理を考察することによって、知覚と認識は互いに依存し合っており、したがって互いに条件づけ合うものであることを見出した。視覚分野における再編成が認識の構造を鋳直したが、その逆もまた正しい。一方では、視覚の角錐は視覚を個人化して遠近法を形成するのだが、これは認識論の言い方に置き換えるならば、後のキルケゴールの主体主義とニーチェの遠近法主義へと続くものである。他方、視覚の角錐と組織化したグリッドは分類学的規範を形成し、これはフランスの百科全書派とヘーゲルの『哲学的諸学のエンチクロペディ』によって様々な仕方で発展された現実の包括的体系化へと続く。線遠近法は、唯名論哲学の主意主義とプロテスタント神学とに備わっている経験論を敷衍しながら、個々の現象を探求することによってデータ——これらは、様々な図式において定義される原理にしたがってその後整理される——を収集することが重要であるとする主張を後押しする。これらの組織化した構造は、一般的な陳列棚、博物館、教科書から洗練された科学理論にまで及びうるものである。印刷物はこうした発展において再び媒介の役割を果たす。エリザベス・アイゼンステインは次のように説明する。

初期印刷業者の決断は、道具の制作と記号の創造の両方に直接的な影響を与えた。彼（女）らの制作物は対象を処理する能力や、様々な現象を知覚し、考察する能力を新しい形に造り直した。「近代化」や「合理化」に関心を抱く学者は、地図、数表、図表、グラフ、辞書、文法書などを熟読することによって養われた新しい思考法をもう少し考察すれば、得るところがきっとあるだろう。またこうした案内書、手引書の編集や制作を手掛けた人々の作業手順についてもさらに詳しく見る必要がある。その手順は、新しい体系の精神 ésprit de systèmeの誕生に寄与したのである(60)。

近代期を通じて、この体系の精神は世界を自身のイメージへと作り替える。この新しい変容が含意するところははるか遠くにまで及ぶのだが、これは一八世紀の終わりに至るまで明らかにならなかった。

このように宗教改革を精査することによって、自然的、社会的、文化的、テクノロジーのシステムとネットワークが同時に発生し同時に展開する様子について豊富な証拠を得ることができる。宗教改革の帰結が、出現しつつあった情報とコミュニケーションのネットワークを介して広まったように、ルターの人格的危機は、近代期に案内役を務めた革命へと敷衍されたのである。ヘーゲルが言うように、

もし宗教改革のエッセンスが、人間はまさにその本質において自由であるよう運命づけられているとするところにあるとすれば、一六世紀にウィッテンベルグで始まったものは一八世紀のフィラデルフィアにおいてもパリにおいても続いていたのである。

第三章　主体性と近代性

自由と表象

近代性と革命を切り離すことはできない。秩序が崩壊すると、社会は自己組織化された臨界状態――ローカルな出来事がグローバルな変化をもたらすことができるのは、この地点においてである――に達するまで、混沌の縁《ふち》へと向かって漂流する。自然、社会、文化は互いに依存し合い、共に進化するのだから、これらのシステムのうちのどれかが変化すると、他のシステムも変化する。プロテスタントの革命は、近代世界を形成したその後の革命に道を開いた。歴史的状況は変化するが、こうした革命はすべて自由と表象の相互に関係し合う原理に基づいており、宗教的、美的、政治的に理解されなければならない。ますます複雑になる帰還ループのうちに捕らえられながらも、歴史が観念を形成するのと同様に、観念は歴史を変容させる。ルターの分裂した主体は近代の休むことのない主体となり、これは民主主義と自由市場という近代性に最も特徴的な二つの制度を通して実現されている。神学的な革命として始まったものは政治的な革命となり、これはさらに後に二〇世紀の世俗性において頂点に達する哲学的、美学的な革命を生じさせる。本章では、近代期全体におけるプロテスタンティズムの政治的、文化的インパクトについて、顕在的なものと潜在的なものとの両方を考察する。以下に見るように、近代性を特徴づける多くの制度と文化実践は、ルターの決定的な主体への転回と、それが解き放った予期せぬ出来事とがなければ、このような形をとらなかったであろう。カントは、プロテスタント神学の原理を哲学的概念に翻訳することによって自由な主体の観念を作り上げたのだが、これは同時に、彼が生きた革命時代を反映するものでもあった。

また、後に世界を変容させるのに力を貸すことになった宗教、政治、芸術の軌道を彼が設定したのも、この時代においてであった。この交差は構想力《イマジネーション》に関する分析において生じた。そこで彼は、自由と表象との競合する解釈を展開するのだが、これは様々な神学の伝統を反映すると共にポスト近代主義のオルタナティブなバージョンを先取りするものである。

フリードリヒ・シュレーゲルは、一七九八年から一八〇〇年の間にイェーナで出版された『アテネーウム断章』の中で、「地上において神の国を実現しようという革命の欲望は、進歩的な文明の順応性と近代史の始まりを表す。厳密に言えば、神の国に関係しないものはすべて、二次的な重要性をもつにすぎない(1)」と書いている。まさしく後続する近代性のための構想を書き上げようと、一七九〇年代という着目すべき一〇年間にイェーナに集まったシュレーゲルと、その仲間の芸術家たち、著作家たち、哲学者たちにとって、歴史の転換点はフランス革命であった。ヘーゲルが「世界史的」と呼んだこの出来事は、ロマン派の芸術家たちと観念論哲学者たちとを発奮させるとともに失望させもした。革命の夢が恐怖政治に終わると、社会的、政治的な変化をもたらす最も効果的な方法についての問いが切迫したものとなった。多くの者が地上における神の国として想像していたものを宗教と政治が実現し損ねると、芸術家たちと哲学者たちとは、二世紀以上後にも私たちの世界を形成し続ける新しい戦略を考案した。M・H・エイブラムズは、その古典的な研究、『自然と超自然——ロマン主義理念の形成』で、これらの展開を次のように的確に要約している。「思い切って単純化して明確に言い表すならば、啓示による黙示録に対する信仰が、革命による黙示録に対する信仰によってとって代わられ、これが今や、想像と認識による黙示録に対する信仰へと道を譲ったのである。ロマン主義思想において支配的な二項的な枠組みにおいて、人間の心は古い天国と地上に直面しつつ、意識の全面的な改革という手段によって、それらを新しい天国と新しい地上に変える力を——この力を認識し利用しようとしさえすれば——自身のうちにもつのである(2)」。ロマン主義者と観念論者は、世界を変えるにはまず人間の意識を変える必要があると主張するが、彼(女)らを批判する者は、そうした見方は単に宗教的幻想を存続させているのであり、それは現実的な変化を妨げるものだと論駁する。シュレーゲルの『断章』が出版されてから四〇年後、マルクスは、『独仏年誌』(一八四四年)に「ヘーゲルの『法哲学』批判序説」を発表し、この中で、近代世界の端緒となった諸革命をルター——その神学的原理がヘーゲル哲学の基礎をなしている——にまで遡った。

歴史的な見方からしても、理論的解放はドイツにとって特別の実践的意義をもっている。すなわち、ドイツの革命の過去も理論的なものであった。宗教改革がそれである。あの時、革命は修道士の頭の中で始まったのだが、現在は哲学者の頭の中で生じる。

ルターが献身による隷従を克服したことに疑いはないが、それは確信による隷従をもってそれに代えることによってであった。彼は権威に対する信仰を打破したが、それは信仰の権威を回復させることによってであった。彼は修道士を俗人に変えたが、それは俗人を修道士に変えることによってであった。彼は外面的な宗教性から人間を解放したが、それは宗教性を人間の内面的な本質とすることによってであった。彼は肉体を鎖から解放したが、それは心を鎖につないだからであった。

すでに見たように、ルターが解き放った革命的諸力の両義性は、当時すでに明らかであった。マルクスが指摘するように、「ドイツ史において最も急進的な出来事であった農民戦争は、神学のせいで失敗することになった[3]」。しかしルターは、宗教改革が革命へと変容することを抑制することも制御することもできなかった。ルターが自由を内面性と主体性に限定したことにマルクスは非常に批判的であったが、後続する歴史の信仰と同様、自身の思想にとってもルターが重要であったことを決して看過しなかった。

ルターは超越的な神に対して献身的であるに留まったが、信仰の内面性の主張は、教会ヒエラルキーと権威的伝統の拒否へと通じていた。権威の場所は個人であるのだから、権力は上から下へではなく、下から上へと向かうのである。時の経過とともに、ルターの分裂した主体は、自律的であるために自ら立法する近代的主体へと徐々に進化した。この変容の政治的意義は、近代期に興る諸革命のうちに見出すことができる。建国文書のうちに含意されているアメリカとフランスの革命の神学的系譜を辿ると、一八世紀後期におけるフランスとアメリカの宗教的雰囲気の違いが、類似性と同様に重要であることが即座に明らかになる。

アレクシ・ド・トクヴィルはかつて次のように述べた。「すべてのアメリカ人が自分の宗教を信じているのかどうか、私にはわからない――誰が彼（女）らの心の奥底を読みとることができよう。しかし確かに彼（女）らは共和国制度を維持する必要があると信じている。こうした考え方は市民のある階層やある政党だけに属しているのではなく、国家全体に属している。こうした考えはすべての階級に見出される[4]」。その最初期から、アメリカは常に宗教的な国家であった。初期の移住者たちのすべてが滞在しようという意図をもってアメリカにやってきたわけではなかった。ある者たちは、ルターとカルヴァンがヨーロッパで始めた改革を完遂するために、荒野に留まる必要があると考えた。彼らがミッションを遂行した後は、彼らが作り上げる運命にあると信じる新しい世界秩序を実行するために、イングランドに戻る計画であった。アメリカにやってきた宗教的指導者たちの最初の世代は、カルヴァン主義の世界主義を奉じていたため、ジュネーヴ、ストラスブール、フランクフルト、ライデンと接触を保っていた。[5] 彼らが自分たちのミッションを理解するために使っていた図式は大部分、旧約聖書から引き出されたものであった。ジェファーソンは二度目の就任演説で、アメリカの経験を記述するためにエジプト脱出のイメージを喚び起こした。「私もかの存在――私たちはその手の中にある――の恩恵を必要としている。彼は、昔のイスラエルのように、私たちの祖先を生まれた土地から導き、生きるのに必要なすべてのものと慰めとをふんだんに備えた国に彼らを入植させた。彼はその神意によって幼き私たちを、その叡智と力とによって成熟した私たちを守ってきた」[6]。ピルグリム・ファーザーズが一六二〇年に上陸するまでは、移住者たちは正当な政府を作ることができなかった。それが主たる原因となって、ジェイムズタウンの植民地は失敗続きであった。マサチューセッツに向かった宗教的な移住者たちは、同じ間違いを繰り返すまいと決心して、政治神学と呼ぶに最もふさわしいものを展開した。ピューリタン神学の核心は契約の観念にあり、これが、ウィリアム・ブラッドフォードが一六二〇年に考案したメイフラワー誓約の基盤をなした。

> 神の栄光、キリスト教信仰の促進、国王と国の名誉のために、バージニアの北部に最初の植民地を建設するために航海を企て、私たちのよりよき統治、維持、前述の目的の推進のために、神と互いの前で厳粛にかつ互いに契約を交わし、私たち自身を政治的な市民団体に結合することにした。これを制定することにより、時々に植民地の全体的善に最もよく合致し、都合がよいと考えられるように、公正で平等な法、条例、法、憲法や役職をつくり、それらに対して私たちはしかるべき服従と従順を約束する。[7]

旧約聖書がオリジナルであるこの契約の信条は、絶対的な力 potentia absoluta と秩序の中の力 potentia ordinata の唯名論的区別を前提としている。神は全能であるが、その絶対的な力を二つの仕方で自由に限定する。第一に、自然的世界を統治する法を打ちたてることによって。第二に、人間と拘束力のある合意を結ぶことによって。メイフラワー誓約は、この契約が神と自己との関係を超えて、諸個人の関係にまで及ぶことを明示している。ペリー・ミラーは、契約神学が生に意味と目的を与えることで、いかに実際に宗教的図式の要求を満たすのかを説明している。

宇宙の制約なき君主は、絶対的な力としてだけでなく、政治体制の明文化されたルールによって自発的に法律を守る力としても被造物にかかわるということは、神学的な困難のみならず、宇宙論的、感情的、そして（きわめて幸いなことに）政治的なあらゆる困難に解決策を与えた。この思想は、教会組織と社会理論の両方の基盤であった。連邦の神学者たちは、恩寵の契約を結ぶことによって生まれ変わった人間が神との合法的な協定（これは神とキリストが彼（女）らの以前の協定、すなわち贖《あがな》いの契約で基礎を与えたがゆえに、神は生まれ変わった人間にとって有効なのである）に入るという前提から始めることによって、神はさらに一つのまとまりとしての集団との契約に入るという推論を作り上げた。人格的な契約と公的な契約という二つの契約は同じものの「分岐」であるが、いまだ分かれていない。一人で生活する聖者は誓約した社会に参加することがなくても恩寵の契約のうちにあるだろう。社会の市民（の多く、あるいはほとんど）が恩寵に与っていないとしても、社会はこの名誉を達成するだろう。神は諸個人との契約を超えて、人間の集合体との社会関係を構築する。このためにこの人間の集合体は、政治的な実体として特別に明文化された政治構想にコミットすることになる。(8)

神と個人との約束から、神の集団全体に対する関係へと契約を拡張することは、新しく出現しつつあった国家の自己理解にとって非常に重要であった。一六三〇年に、ジョン・ウィンスロップはアメリカ例外主義の原理を打ち立てた。これは今なお国家のアイデンティティの基礎をなし、対外政策を規定している。

> 主は私たちの神であり、自身の民である私たちと共に生きることを喜び、私たちのすることすべてに祝福を与えてくださるであろう。おかげで私たちは、彼の叡智、力、善、真理を、かつて知っていたよりももっとたくさん見ることができる。おかげで私たちは、私たちのうちの一〇人が一〇〇〇人の敵に立ち向かうことができる時に、イスラエルの神が私たちと共にあることを知ることができる。私たちが神の栄光を賞讃する時に、プランテーションは成功するのである。主はそれを、ニューイングランドのようにしてくださる。私たちが丘の上の町のようであり、あらゆる民族の目が私たちに向けられるのを考えてみなければならない。(9)

この契約神学の形式が、改革派の枢要をなす救済の教説を大きく改訂するものであることは明らかであろう。神は人間と契約を結ぶことでその力を自由に制限するのだが、いったん契約が成立すると、救済は、契約の目的のために生きる諸個人次第ということになる。このようにして契約神学は、通常はピューリタニズムと結びついた厳格なモラルと懲戒実践に正当性を与える。絶対的な服従は個人と国家の繁栄に帰結し、不服従は「戦争、疫病、あるいは破滅」[10]をもたらすのである。

アメリカ革命を導いた原理は、神学的に根拠づけられていた。マーク・ノールは、「革命が権威に対して行った激しい攻撃」は、「不法な権力による悪弊への恐れと、自由の恩恵に対するほとんど救世主的な信仰」から生じたものであったと指摘している。[11] 人間の罪は社会秩序を維持するために政府を不可欠のものとしたが、「ユートピア的個人主義」へのコミットは、最小統治規則の政策を支持する傾向があった。[12] 多くの初期の移住者たちによって共有されていた権威に対する懐疑は、射程の長い影響力をもっており、社会的、政治的、文化的、知的な生活を今日でも形成し続けている。もちろん、聖職者たちの権威を否定することは、権威そのものを拒絶することを意味するのではない。そうではなく、権威の場が教会ヒエラルキーから神の言葉へとシフトしたのである。この国を建設したプロテスタント信者の多くは、神の言葉は権威をもつためには曖昧であってはならないと主張した。すべてではないが多くの場合において、教会ヒエラルキーの権威を拒絶することは、聖書の字義通りの意味が疑う余地のない権威をもつと信じることと直結していた。ノールは次のように指摘する。「聖書が言っていることは明瞭に曖昧なところがなくわかるという想定、この聖書学的知によって、モラルの根拠と成果の結びつきについて判断する資格が認められるという想定、これが、同じ目的のために学術的な正式の道徳《モラル》哲学を修めた知的エリートが提示した啓蒙についての確信に、一般人の側で対応するものであった。民主主義的な聖書学は、聖書の伝統的諸解釈に対する信頼を切り落としたが、その力は、哲学的なコモン・センスを信頼して伝統的な解釈を打ち倒す力と同じものであった。どちらの場合においても、今もっている能力への信頼が、過去から手渡されたものに対する信頼を凌駕していた。どちらの場合においても、解放された近代的自己が聖書解釈の出発点であった[13]」。

アメリカでは、ヨーロッパの多くの国とは異なり、反権威主義は反知性主義と反エリート主義へと転じた。「新世界」では、あらゆる種類のエリートと知識人は、気取り屋という正体を暴かれるべきものとしばしば考えられた。この反エリート主義と反知性主義から帰結するのは、コモン・センスとシンプルな様式を敬慕することであり、これはとりわけ、聖書の言葉以外にも及ぶ直解主義へと通じている。

アナバプテスト、メノナイト〔一六世紀のヨーロッパで発生した幼児洗礼や兵役を拒否するプロテスタントの一派〕、バプテスト〔一七世紀イギリスにおけるピューリタン運動の中の分離派および独立派から出現した、非国教主義プロテスタント教会の一つ〕の信奉者たちのようなラディカルなプロテスタント・セクトのシンプルな様式、スコットランド啓蒙のコモン・センスの道徳、中世の唯名論から現代の英米の分析哲学へと伸びる言語的単純さに対する敬慕は密接に関係している。こうして一九世紀に至ると、簡素な様式への関心は芸術に対する決然たる反感に転じ、芸術はしばしば「襞飾り《フリル》」と言って嘲られた。この語が流行するようになったのは、王政復古期の英国王党員たちと英国国教会員たちが襞飾りとフランス産のシルクを身に纏っていたためであった。「装飾的《ファンシー》」なものに対する反目は、「ファンシー」の意味の核、すなわち「ファンタジー」——想像力、フィクション、創作されたもの——に対する反感と結びついている。まさに明白な事実が重要なのであり、神はそのうちにあると考えられた(14)。これらの別物に見える諸伝統の公分母は——言語的であれそれ以外であれ——、あらゆる種類の過度に対する共有された抵抗感であり、また有用でないものや必要でないものに手を染める享楽に対する懐疑である。減らすことはより多くを得ることなのであり、生と同様言語もまた、真っ黒や真っ白といった流行のない流行のように、すっきりしていて清潔で適当であるべきなのである。

初期の移住者たちの生を導いた神学的原理は、独立宣言の冒頭にはっきりと現れている。「すべての人間は平等に創られている。人間は創造主によって、生命、自由、幸福の追求といった、侵すべからざる権利を与えられている。私たちはこれらの真理を自明なものと見なす。これらの権利を保障するために、人間たちのうちに政府が設けられ、政府は統治される者の合意から正当な力を得る」(15)。つまり人間の権利は、根源的に神によって保証されているのであり、政府の目的はこうした権利を保証し、守ることである。植民地の代表者たちは、「私たちの意図の公正性のために、神という世界の最高判事に訴える」ことによって独立宣言を結ぶのであり、「神の摂理のご加護を固く信じる」と表明する時に、こうした基本原理に立ち帰るのである。こうした言葉に反映されているカルヴァン主義の教えは一七七六年にはなお影響力をもっていたが、独立宣言に署名した者の三分の二は、理神論的な傾向をもった英国国教会の平信徒たちであった。ジェファーソンとフランクリンは明らかにフランス革命の影響を受けていたが、ロックの自然神学と政治理論もまた、最も影響力のあった創設者たちのある者たちにとっては、非常に重要であった。イギリスの理神論とフランスの理神論との違いは、独立宣言と人間と市民の権利の宣言〔一七八九年〕との違いのうちに見ることができる。主として、この違いが永続的な影響力をもっているために、今日のアメリカとフランスにおいて宗教が果たす役割が異なるのである。

啓示ではなく、理性に根拠を求める理神論は、最初に世界を創造し、法則――神はこれによって作用するのであり、その後神は退き、法則が自身で働き続けるのにまかせる――を定めた超越神を信じるものである。理神論はイギリスにおいて、中世後期の唯名論から派生した。神の自由意志はそれ自身以外の何にも制約を受けないのであるから、世界とその法則は偶然的なものである。神の意志は完全に知りえないものではなく、聖書と自然という二つの書物のうちに読みとることができる。イギリスとフランスの理神論はこうした基本的な原理については合意しているものの、キリスト教の解釈については合意していない。イギリスでは理神論とキリスト教は相補的であり続けたが、フランスではそれらは対照をなすことになった。機械的な再生産労働が印刷所の外にも広まると、世界それ自体が機械であるように思われた。一六六〇年代にはロバート・ボイルが自然的世界を「大きな一つの時計」と表現するに至った。この機械的宇宙の最も正確なイメージはストラスブールの時計である、と彼は述べる。「あの不思議な機械を作り上げるいくつかの部品は、そのように組み立てられ、調整され、そのように動くようにしてある。無数の歯車とその他の部品がいくつかの仕方で動く。知識や設計のようなものがなくても、各々の部品は、それのために設計されたそれぞれの異なる目的のために、まるで自らの義務を知っていてそのことを考えているかのように、規則的にそろって役割を果たす」[16]。唯名論の主意主義と理神論の機械論的解釈に潜在している経験論的認識論が近代科学の出現を準備した。

アイザック・ニュートンの著作ほど、理神論が科学に対して重要であったことが明白なものはない。アレキサンダー・ポープが次のように書く時、彼はニュートンに対する同時代人の多くの感じ方を捉えていた。

自然と自然の法則が夜の中に隠されていた。
神は言った、「ニュートンよ、在れ」。するとすべてが光の中に現れた[17]。

知性の歴史に対するニュートンの不朽の業績の一つは、理性にふさわしい領域を見直し、理性が作用する適切な方法を明確にしたことであった。エルンスト・カッシーラーは、西洋史の大部分を通じて、「思考が最高存在から、直観によって把握される最高の確実性から始めて、この確実性の光をすべての派生した存在とすべての派生した知へと広めることができた時にのみ、真に『哲学的な』知が獲得できると考えられた[18]」と指摘する。人々は、絶対的に直接に知られる形而上学的な第一原理から始めながら、注意深い推論によって日常経験の具体的な特殊へと到達しようと試みていた。しかしニュートンにとって、合理的な探求の適切な道筋は逆であった。オッカムへと遡る、より時代が下ったところではフランシス・ベーコンやロバート・ボイルの科学的業績において洗練されたイギリスの伝統を利用しながら、ニュートンは、理性はアプリオリな原理ではなく、常に具体的な実験による経験の分析から始めなければならないと主張した。科学者は注意深く観察し、経験のデータを正確に集積した後で、観察されたものを説明する一般原理や法則を定式化しようと試みるのである。可能な場合には、科学的な結論を確かめるために対照実験がなされるべきである。この方法に従うことによって、経験される事実の論理を発見することができる。科学者は観察を繰り返すことで、観察されたデータを説明する数学的な原理を確定することができる。個別の経験から普遍的な原理を定立するという帰納法が、普遍的ないし抽象的な概念から個別性を決定する演繹法にとって代わり、啓蒙期を通して非常に大きな影響を与えた。ニュートンとは関心においても性格においても異なるヴォルテールのような人間ならば、探求は決して「原理をでっち上げて、それによってすべてを説明しようとするような仕方で始められる」べきではないということに同意するだろう。「むしろ私たちは、物事を正確に分析しようと言うべきである。(中略) 数学というコンパスと、経験と物理学という松明を使うことができないのであれば、私たちはただの一歩も確実には前に進むことができない」[19]。

ニュートンによって確認された二つの相互に関係し合う主題は、一八世紀を通じて重要であり続けた。一つ目は普遍性の原理であった。後の思想家たちは、すべての現象を包括する一つの法則を明確にするニュートンの能力が、彼の業績のうちで最も魅力的な特徴であることを見てとった。離れた惑星の運動と林檎の落下とは質的に異なっているように見えるけれど、それらは実は一つの法則の別の例なのだということをニュートンは示した。要約するならば、自然法則は普遍的であり、したがっていついかなる時もどんな環境においても有効なのである。この時代の多くの者にとって、普遍性の原理は、自然という外的で客観的な存在を記述するだけでなく、人間の知的、倫理的、宗教的生といった内面の領域においても規則を与えるものであった[20]。自然法則の普遍性が人間理性のうちに反映されているがゆえに、自然が実際に作用するために必要な法則を発見することができるのである。普遍性の原理に密接に関係しているのは単一性ないし調和の原理である。普遍的な法則の発見によって、以前は相違――あるいは不一致――しか認められなかったところに、単一性を見出すことができるようになった。この基礎的な信念を信奉する人々にしてみれば、あらゆる矛盾は見かけだけのものであり、最終的に根底に横たわる普遍的な原理が発見された時に解消する。したがって差異よりも単一性の方が存在論的にはより現実的であり、モラル的にはより大きな強制力をもつのである。ポープは、「人間についてのエッセイ」という詩の素晴らしい二行連句で、再びこの点を捉えている。

全体が始まって以来、全面的な秩序が、
自然のうちに、また人間のうちに保持されている。

ニュートンは自身のキャリアを通じて、科学的な著作よりも神学的な著作を数多く著した。すでに述べたように、啓蒙期に発展した世界についての近代的で科学的な見方は、大部分、人間と宇宙における人間の位置とについてのキリスト教的な理解に根ざしている。世界と世界の法則は神によって創造されたという信仰が、ニュートンの研究の基本的前提である。ロジャー・コーツはニュートンの『自然哲学の数学的諸原理』第二版の序文で次のように説明した。

自然哲学（すなわち科学）の真の仕事は、（中略）偉大な創造者が世界のこの最も美しい骨格を造り上げることを実際に選んだ時に基づいた法則を探求することであって、彼がもしその気になったならそれによって同じことをしたかもしれないような法則を探求することではない。（中略）この世界が、（中略）すべてを定め管理する神の完全に自由な意志以外の何ものからも生じえなかったことには一切の疑いがない。私たちが自然法則と呼ぶあれらの法則が流れ出したのはこの泉からであり、そこに見出されるのは、まさに最も賢明な発明の才能の多くの痕跡であり、必然性の影といったものは少しも見えない。(21)

この図式の中では、自然法則は宇宙に内在しているのではなく、世界を超越する創造的な神によって不活性の物質に授けられるものである。ニュートンが一貫して狙っていたのはプロテスタント・キリスト教を切り落とすことではなく、補強することであったが、彼の仕事が含意するところは、彼がこの仕事に置こうとしていた限界を越えていくものであることがすぐに明らかになった。

人間の自己理解に対してニュートンの見方が意味するところを解明するために、ジョン・ロックは決定的な役割を果たした。ロックは、ポープの「人間の本来の研究対象は人間である」という訓戒に留意しながら、いかにして私たちは知るのかという問題について探求し、自身の哲学的主著（『人間悟性論』一六九〇年）を完成させることに専念した。そこでロックは、認識論の問題を後世の哲学的議論の中心に据え、これによってイギリス哲学が今日まで辿ることになる道筋を定めた。ロックは、一切の生得観念とアプリオリな知識のすべてのバージョンを拒絶することによって、語の適切な意味における知識は常に感覚経験によって根拠づけられなければならないと論じる。心はタブラ・ラーサとして始まり、次第に感覚経験を通して単純な諸観念を集積する。それらが結びつけられ連合されて、より複雑な諸観念が形成される。ロックの経験論は一貫して非弁証法的であり、諸観念はそれらが表現する世界と同様、原子のように個別的に独立している。彼の議論の二つの帰結は、政治理論と経済理論と同様、後の哲学にとっても特に重要であることがわかる。

1　解釈の図式はセンスデータから発生するが、それらに働き返すことはない。

2　複雑な諸観念と諸システムは、常に、自身を構成している単純な諸単位に還元することができる。

これら二つの公理が一つになると、複雑性を、その根底に横たわるか先行するかする単純性に還元することを探求の課題とする様式の分析が導き出される。ロックの経験論に極まった認識論の練り上げは、ニュートンが残そうとした科学と信仰のリンクを断ち切るように見えるだろう。適切な知識がやはり具体的な経験に基づくものなのであれば、無限の神を知ることはできないと思われるだろう。だがアクィナスを思い出させるような仕方で、認識論の探求は信仰と理性との関係を切り落とすのでは全くなく、実際はその上に信仰の合理性を建てることができるような基礎となるのだ、とロックは論じる。最も基本的なところでは、ロックは自身が定めた知識の原理によって、神の存在を合理的に証明することができると考えていた。後に宇宙論の議論と言われるようになるものに従えば、世界（という結果）から必然的で十分な根拠としての神の存在を論証することができるのである。ロックは分析のこの線に沿って、「私たちの理性は、私たちの考察、及び私たち自身の性質のうちに誤ることなく見出されるものから、永遠の全知全能の存在が存在するというこの確かで明らかな真理の認識へと至る」[22]と結論づける。神学者たちは一八世紀を通じて、世界の秩序とデザインからその必然的なデザイナーとしての神へと推論するために、このアプローチを一般化し、作り替え、発展させた。ウィリアム・ペイリーの著作はダーウィンに大きな影響を与えたが、彼は影響力のあった著作、『自然神学、あるいは自然の現れから集められた神の存在と特性の証明』（一八五四年）で、荒野に時計が落ちているのを発見する一人の人間を仮定している。「この機械部分を観察すると（これを認識し理解するためには、まさに機械の精査と、おそらくこれに関する何らかの予備的知識が必要である。しかしすでに述べたように、これは以前に見出され理解されていた）、次のように推論するのが不可避的であると考えられる。時計には作った者がいるに違いない。考案者ないし考案者たちが、ある時にどこかに存在したに違いない。彼（ら）は、ある目的のためにこれを作ったのであり――私たちは、この時計がその目的に実際に応えているのを見出す――、それの構造を理解し、それの使い方を思い描いていたに違いない」[23]。この図式においては、秩序は内部にあって内側から発生するのではなく、再び外部にあって外側から授けられるものであることに注意しなければならない。

　だがロックによれば、そうした合理的な議論は信仰の領域を検討し尽くすものではなかった。ロックは『人間悟性論』の第四巻で、後の哲学的、神学的反省にとって決定的に重要となる一つの区別をした。

> 　理性について前に述べたことによって、私たちは諸々の物について理性に従うもの、理性を超えるもの、理性に反するものへの区別を推測することができるであろう。(1)理性に従うのは次のような命題である。すなわち、感覚と反省から得る諸観念を吟味し辿ることによって、私たちはその命題の真理を発見することができる。自然の推理によってその命題が真であったり蓋然的であったりするのを私たちは見出すことができる。(2)理性を超えるのは、私たちが理性によってその真理や蓋然性をこれらの原理から引き出すことができないような命題である。(3)理性に反するのは、私たちの明晰判明な諸観念と矛盾したり調和しなかったりする命題である[24]。

宗教の信仰者は「理性に従って」定義される真理を否定せず、「理性に反する」ものを主張するのでもない。それでもやはり啓示は、理性に反しないがそれにもかかわらず「理性を超えた」[25]真理を開示するのである。理性を超えているが理性に反しない、この中間の範囲が適切な信仰の領域である。ロックはこの枢要な点について自身の立場を要約する。「信仰（中略）は、このように理性の推理によって作られるのではなく、ある特別な通知の方法によって神から来たるものとして、それを提示する人を信用してある命題に同意することである。人々に真理を現すこの方法を啓示と呼ぶのである[26]」。したがって、理性と信仰（ないし啓示）は同盟を形成しているのである。理性は信仰の確かな真理を打ち立てるのであり、啓示は理性を超えているがそれに反しているのではない真理を開示する。だが、これは等しいものの同盟ではないことが――理性が上位にある――すぐに明らかになった。最後の分析でロックは、「理性は私たちの最終判断であり、すべてにおいて導くものでなければならない」[27]と結論づける。彼は、その最も影響力のあった著作の一つ、『キリスト教の合理性』（一六九五年）で、自身の立場が含意するところを展開した。ロックは注意深い反省によって、キリスト教信仰のすべての側面の合理性は明白に立証しうると主張した。

中世の総合が、形成されるやいなや解消され始めたように、ロックの言う理性と信仰との同盟もまた解体された。主要著作が出版された後の数年で、人間理性への信頼が高まり、神の啓示への依存は下火になった。啓示宗教は次第に完全に合理的で自然的な宗教によってとって代わられた。『キリスト教の合理性』のわずか一年後に出版されたジョン・トーランドの『秘義なきキリスト教』において、理性と啓示との間にロックが見出した和解が明らかに解体され始めている。トーランドの影響力のあった著作は、多くの点でロックの議論を支持しているように見える。トーランドは啓示が有効な機能を果たすかもしれないことを認めるが、「私たちは啓示されるものを、世界における他の物事と同様に理解しなければならない。啓示の証明は私たちを説得することができるが、啓示は私たちに知らせるのに役立つだけである」[28]と主張する。彼らの視点には明らかに類似する点があるが、トーランドはロックよりもずっと啓示について懐疑的であった。何と彼は、啓示は理性を超えた何らかの真理を開示することができるということも否定した。「すべての観察とこれまでのことを踏まえると、信仰は理性を超えたものに同意することとは全くかかわりがないこと、信仰というこの考えは宗教の目的、人間の本性、神の善性と叡智に真っ向から対立することが明らかに帰結する」[29]。神の啓示に対する懐疑が増大することの意味は、イギリス理神論の頂点を示す著作、マシュー・ティンダルの『世界創造と同じく古いキリスト教』（一七三〇年）の中で明らかとなった。ティンダルは、「自然宗教と啓示宗教との間には完全な同意が存在する。後者の優秀性は、前者を再刊するところにある」[30]と主張する。こうしてキリスト教は、理性の自由な行使によって発見することができないものは何も教えることができなくなる。一方で理性と自然宗教が啓示とキリスト教にとって代わり、他方でこうした展開は、権威の内面化とプロテスタンティズムに潜在している自律の芽生えを増長させる。各人が普遍的な理性をもち、あるいは自然宗教の原理に関して暗黙の知識をもつことによって、外的権威（すなわち神の啓示、教会、聖書）に頼る必要はなくなる。もし人々が自身の理性を用いる勇気をもつならば、外的権威は余計なものとなる。理性はますます啓示の領域を侵害するようになったが、イギリスの理神論者たちは、宗教を完全に投げ棄てるという最後の一歩を踏み出すことをためらっていた。だが、一八世紀のフランスにおいては事情は異なっていた。

フランス啓蒙の思想家たちは、ニュートンやロックの著作に大きな影響を受けていたが、イギリスから受け継いだものをラディカルにする傾向があった。(31) この傾向はフランス固有の宗教的、政治的状況に一部依っている。清教徒革命がすでに起きていたイギリスとは異なり、フランスはこれからその革命を経験しなければならなかった。アンシャン・レジームはかなりの力を保持しており、社会的、政治的な変化を妨げようとしていた。宗教に関しては、カトリック教会が多くの人々の生活に対し大きな支配力を行使し続けていた。さらに教会とフランス貴族階級の富裕な名門との間には強い結びつきがあり、名門の息子たちや娘たちは教会ヒエラルキーの中で責任ある役職に就いていた。教会の富が上層階級と結びつき、上層階級と教会とが互恵関係を組んでいたため、社会変革に抗する特権の制度が目につくようになった。そうした印象は、教会が一貫して知的な探求を抑圧しようと努めることによって強められた。

一八世紀には、ほとんどのフランスのカトリック信者たちが、カトリック教会が真理の最終的決定者であるとなお確信していた。敬虔な者は、真理はイエスの最初の弟子たちにまで遡る、途切れることのない使徒の継承によって、超自然的に授けられ保存されていると考えていた。教会の権威ある声明を疑うことは異端であり、禁じられ、時には暴力をもって抑えられた。一七五七年になってもまだ、「非宗教的」な意見を表明した者を死刑に処す法律が可決されていた。これほど極端ではないが、しかしこれに劣らず重要なこととして、カトリック教会のメンバーではない人間にはいかなる宗教的、市民的地位も認められなかったという事実がある。社会変革と知的進歩が抑えこまれたため、教会とヨーロッパの多くの創造的で思慮深い市民たちの多くとの間に、根深い対立が形成された。

哲学者の多くがロックとニュートンの著作から自由に学んだのだが、革命的なフランスの標準的な宗教となった理神論はイギリスのそれとは大きく異なるものとなった。フランスの理神論は徹底して反教権的となる傾向があり、自然宗教とキリスト教との和解を拒絶した。ヴォルテールは、『ある団体のメンバーの共和主義思想』の中で次のように書く時、当時の多くの人民に向かって語っていた。

専制政治の最もばかげたもの、人間本性に最も屈辱を与えるもの、最も矛盾したもの、最も耐えがたいものは、聖職者のそれである。聖職者によるすべての支配のうち、キリスト教の聖職者によるそれは、疑問の余地なく最も犯罪的なものである。(V)

仕えられるためではなく仕えるために、貧者の富をむさぼるためではなく貧者を慰めるために、支配するためではなく公教要理を教えるためにいる私たちの司教が、混乱に乗じて自身がその羊飼いである街の王子であると自称する時、彼は反乱と暴政について明らかに有責である。[32]（Ⅵ）

よく知られているようにヴォルテールが「恥ずべきものを打ち壊せ」と公言した時、攻撃のターゲットはキリスト教、より正確にはカトリシズムであった。彼の急進的な追随者たちは、この宣言を、既成の宗教・政治的な秩序に対して武器を取れと呼びかけるものと受け取った。

ポール・ドルバック男爵の有名なエッセイ『自然の体系』（一七七〇年）で、フランスの無神論と唯物論は最も武力的な表現を得るに至った。ドルバックは、ヒュームが展開した議論を彷彿とさせるように、一世紀後の批判を先取りしながら、宗教は無知で恐怖する想像力の産物であると論じた。この闘争を支持するために、ドルバックは投影の理論を発展させて、神のイデアの起源を説明した。聖職者たちは人民に対して力を保持していたかったから、全能で嫉妬深い神というフィクションを永続させたのだと論じることによって、ドルバックは、継続されている宗教的信仰は人民を奴隷状態に繋ぎとめるものであり、さらにこれは知性とモラルの進歩に対する主たる障害であるということを認識するよう読者に求めた。宗教は人間本性に反するものであり、人間の幸福を妨害するものである。だが、人間が宗教を作り上げるのだから、人間はこれを打ち壊すこともできる。人間が完全性へと至れば、人間は自身の自由な行為によって罪へと落ちこんでしまった神の創造物であるというキリスト教の図式は、彼岸的で非合理的な神の支配から解放された、自律的で合理的な存在のイメージによってとって代わられざるをえない。イギリスの理神論をラディカルにしていたが、ドルバックはなお自身の立場を、ニュートンの洞察を論理的に延長したものと理解していた。ニュートンは普遍的な自然法則を発見し証明したが、創造者としての神への信仰を捨て去ることはできなかった。ドルバックによれば、世界を説明するのに超越的創造者は必要ない。自然は自身に備わっている自然法則によって統治される、自己統御するシステムであると彼は言う。世界が動き始めるために神の存在を仮定する必要さえない、というのはニュートンとイギリスの理神論者は、物質は不活性状態にあると考えていたが、そうではないからである。反対に、運動は物質から必然的に流れ出すのである。

人間理性に対するニュートンの信頼が、法則に適った神の振舞いに基礎づけられていたのに対し、フィロゾーフたちにとっては、人間理性に対する信頼と神に対する信仰とは反比例の関係にあった。この違いが政治的に重要な含意をもつ。アメリカの革命家たちが自分たちの反乱を「荒野への使い」の延長として理解していたのに対し、フランス革命はキリスト教を否定することと不可分であった。だが、表面的なキリスト教の廃棄は宗教の終焉を意味するものではなかった。キリスト教の神には背を向けながらも、革命の指導者たちは理性の宗教を尊重していた。こうした妥協は、宗教の歴史的な諸形式は不十分なものだが、しかし象徴ネットワークは意味と目的を作り上げるためになお必要であり、それらがなければ生は多くの人々にとって耐え難いものとなる、という認識によるものであった。彼らはこうした必要を満たすために人間主義的な宗教を創設したが、その中身はノートル・ダム教会で行われる理性の女神に捧げられる儀礼であった。革命に始まる新時代を印づけるのは、紀元一七八九年を元年とし、伝統宗教の祝日と祭日を「合理的な」等価物に置き換える新しい暦の作成であった。キリスト教世界の解体を確実なものにするために、教会領は没収され、購買力がある者に競り売りされた。これによって新しい土地所有階級が形成されたが、彼らはその後ますます保守的になっていった。革命期にカトリック教会にとって決定的な転換点となったのは、一七九〇年七月一二日に国民議会が聖職者に関する市民憲法を可決した時であった。この法令は、教会を国家という機構ないし管理組織に従うものとするよう立案されていた。こうした展開は暴力を伴った対立を引き起こし、後に市民戦争へと続いていった(33)。

フランス革命の核にある自然主義的な市民宗教は、人間と市民の権利の宣言に本質を供与するものである。この文書は、独立宣言の冒頭を繰り返すようにして始まる。「こうして国民議会は、最高存在の前にかつその庇護のもとに、人間と市民の以下の諸権利を承認し、宣言する」。この形式的な言及の後は、最高存在が言及されることはなく、アメリカの宣言では非常に際立っていた摂理の創造者は、フランスの宣言では一度も現れない。理性、自然、そして最も重要な人間性によって根拠づけられる信念や行為を正当化し合法化するために、宗教という薄い化粧張りが使われている。それは最初の三つの条文に明らかである。

1　人間は自由なものとして生まれ、諸権利において平等に生まれ、そうであり続ける。社会的な相違はただ全体的な善にのみ基づかなければならない。

2　すべての政治結社が狙いとするのは、人間が生まれながらにもつ不可譲の諸権利を守ることである。これらの権利とは、自由、所有、安全、抑圧への抵抗である。

3　すべての主権の本源は本質的に国民にある。いかなる団体もいかなる個人も、国民から直接に発しない権威を行使することはできない。

国民議会の代表者たちは、これらの権利は主権を備えた創造者の意志によって与えられると主張するのではなく、それらは「本質的に国民にある」主権によって与えられると宣言する。換言すれば、国家が教会にとって代わるのであり、個人の諸権利は、大部分、市民の権利なのである。革命の全体と同様、この宣言の基本となる原理は、第六条に明確に述べられている。

> 法律は一般意志を表現したものである。市民はみな、自らまたはその代表者によって、その制定に参与する権利をもつ。法律は、保護を与える場合にも処罰を与える場合にも、すべての者に対して同等でなければならない。すべての市民は、法律の前に平等であるから、その能力に従って、その徳と才能以外の区別なしに、等しくすべての位階、すべての公的な地位と職に就くことができる。(34)

一般意志の概念は、もちろんルソーの『社会契約論』（一七六二年）から借りられたものである。この原理が政治的に重要であるからといって、その神学的ルーツと哲学的含意を看過してはならない。ルソーの政治理論においては、神の意志が、事実上普遍的であると同時に個別的な一般意志になるのである。この意志は自律的なもの、したがって自己立法するものである。すべての人間はこの一般意志の代表者であり、必然的に各個人は自由である。自由と代表《リプリゼンテーション》——政治的にも、後で見るように芸術的にも——は不可分である。自由は、表現と同様、代表者においても顕れる。代表者と表現は、自由という根拠なき根拠に根拠づけられている。一般意志を構成する特性は、革命家たちが廃棄しようとした伝統的なキリスト教の神の特質をなす特徴と同一なのである。一般意志は、「不可視」であり、「不謬」であり、「不滅」である。弁証法的な転倒によって超越的なものは消え去り、人民の一般意志のうちに受肉する——神の声 vox dei は人民の声 vox populi になる。

ルソーの一般意志の概念は、フランス合理主義の核には主意主義があることを顕わにする。あまり気づかれないのだが、ここには、回りまわってアメリカだけでなく、フランスの革命に対しても、プロテスタンティズムが不変の意義を有していることが示されている。流血の宗教戦争と長期にわたる政治的な抑圧が、フランスにおけるプロテスタンティズムを完全に破壊することはなかった。悪名高いサン・バルテルミの虐殺（一五七二年）とナントの勅令の廃止（一六八五年）の後でも、フランスのユグノーは、陰に陽にフランスの社会と文化の全体に影響を及ぼし続けた。カルヴァンはフランス人であった。宗教改革はフランスでは結局は失敗に終わったが、『キリスト教綱要』はフランスの思想と文化に大きなインパクトを与えた。啓蒙がなかったとしたら明らかにフランス革命は果たされなかったけれど、カルヴァンの神学と政治理論は、物事の成り行きを決定するのに重要な役割を果たした。すでに見たように、近代の作家たちとフランス合理主義の著作に特徴的なフランス語の明晰性 la clarté française と論理学の方法は両方とも、カルヴァンの諸著作の厳密さとこれをプロテスタント・スコラ学が洗練させたことに負うところがある。ルソーは一七一二年にジュネーヴで生まれたが、カルヴァン派の時計職人の家に生まれたということも思い出さなければならない。ルソーはカトリックに改宗し、一八三八年にはジュネーヴを去ったのだが、彼はずっとこの街との結びつきを保ち続け、一七五四年には市民権を取り戻すためにジュネーヴに戻っている。ルソーの宗教的な帰属先は変化したが、それにもかかわらず――しばしば見逃されるのだが――社会組織と政治理論に関する彼の理解にカルヴァン主義は深い痕跡を残している。『社会契約論』において、彼は「カルヴァンを単に神学者とだけ考える者は、彼の才能のすべてについてほとんど何もわかっていない。私たちの賢明な勅令は、その構成に彼が大きな役割を果たした骨組みの中で、『綱要』に劣らぬ栄誉を与えている。時代が私たちの宗教的な規則にいかなる変化をもたらそうとも、国家と自由への愛が私たちの生きた現実である限り、あの男の記憶は尊敬のうちに抱かれるであろう(35)」とコメントしている。ルソーは主権を有する超越的な神の意志を、主権を有する人民の意志へと翻訳したが、これは私たちがカルヴァン神学の核に見出した弁証法的逆転を繰り返すものである。創造者としての神は、すべてが彼の自由意志の表現と見なされるほどに強力であるため、神と人間の行為は見分けがつかなくなるのである。この弁証法的逆転が有する広い意味連関は、一九世紀の進み行きにおいて明らかとなる(36)。

形状化する主体

一八〇四年に書かれたカントを追悼するエッセイで、シェリングは、カント哲学とフランス革命との密接な関係について、以下のように説明している。

カント哲学だけでは決して獲得することができなかったであろう一般的な公的考慮をカントにもたらしたのは、ただフランス革命という偉大な出来事だけであったという主張はフィクションにほかならない。カントの熱狂的な支持者のうち、数名は、運命の特別な働きを感じつつ、彼らの目には同様に重要であると映ったこれら二つの革命の一致に驚嘆した。だが、二つの国家と二つの状況の各々に固有な特徴によって、一方では現実の革命において、他方では観念の革命において表出したのは、長期間にわたって展開してきた同一の精神であったことを、彼らは理解していなかった[37]。

シェリングの発言は、「政治において、ドイツ人は他の国民が実行したことを思考した」[38]という四〇年後のマルクスの主張を先取りしている。哲学が政治を先取りしたのであれ、あるいはこれを追いかけたのであれ、重要な変化が、単に物質的諸条件の働きなのではなく、常に新しい思想の発生を前提とすることは明らかである。フランスの革命家たちとアメリカの革命家たちとは、個人と国家との関係、あるいは市民と国民をいくぶん別様に解釈したが、個人主体の自由という観念が政治的に変容しうるものだということを発見したのである。

カントは一七八四年に、『啓蒙とは何か』というタイトルの、短いながらも大きな影響力をもったエッセイを出版した。彼はその中で、理性と自由の相互関係について強調している。「啓蒙とは、自らが招いている未成年状態からの人間の解放である。未成年状態というのは、他人から指導されなければ、人間が自身の悟性を使うことができないことを意味する。未成年状態にあるのは、理性の欠如のためではなく、他人に指導されなければこれを使う決心も勇気もないためである。だから人間は、この未成年状態に自らはまりこんでいるのである。Sapere aude!『自身の理性を使う勇気をもて！』、それが啓蒙の標語である」[39]。啓蒙のこの定義は、ギリシャ語の hetero「他なる」と nomos「規範」に由来する他律と、auto「自己の」と nomos に由来する自律との区別によっている。他律が他者（すなわち神、主権者、親、あるいは先生）による規定を要件とするのに対し、自律は自己規定ないし自己立法であり、これによって主体は自身に規範を与えるのである。この見方からすれば、自由な行為は恣意的な行為とは全く異なり、合理的かつ規範的である。理性は理論的（思考において）にも実践的（行為において）にも展開されるが、カントは実践的なものの優位を主張している。理性と意志は不可分である――理性は本質的に活動であり、もし活動が自由な活動であるとすれば、それは合理的でなければならない。カントは第二批判において、自由は彼の哲学全体にとっての枢要な概念であると論じることによって、実践理性の優位を力説している。「自由の概念は、その現実性が実践理性の自明な法によって証明される限り、純粋理性のみならず思弁理性も含めた体系の構成全体の要石である」[40]。だが、自由は還元しえない両義性を含んでいるために、複雑な要石であることがわかる。カントの議論を詳細に精査すればするほど、自由が自律だけでなく無 - 法状態 an-archy と表現されるのが最も適当であるものも含んでいることが明らかになる。この文脈では無法状態という言葉は、枠組みの不在、すなわち無秩序、混乱、あるいは混沌を意味しない。そうではなく、無法状態は根源（arkhe）の不在（「……がない」）、ひいては根源的な基礎の欠如を示唆している。無法的なものは根拠がないのである。カントは自身の議論が含意する重要な点をいつも認識しているわけではないようだが、その批判哲学は自律が無法状態、すなわち自己立法する主体が自身に与える法の基礎なき基礎、あるいは根拠なき根拠を前提とすることを明示している。以下に詳しく見るように、自律と無法状態は構想の活動と交差するのだが、これによって言葉と行いの相互作用は主体性の矛盾を深めることになる。自由のこれら二つの側面の重要性を理解するためには、どうして無法状態と切り離しては自律はありえないのかについて考察する必要がある。

　自律の概念は、その周りに三つの批判すべてが組織される構成原理である。理性の理論的な展開と実践的な展開とは同形的である。理性の普遍的原理は個別的なセンスデータにかかわるものとして提示される。理論理性が直観のアプリオリな形式と悟性のカテゴリーによって直観の感覚的多様性を組織する一方で、実践理性は普遍的な道徳《モラル》原理によって特有の感覚的傾向をコントロールする。カントによる理性の分析は、フランスとイギリスの啓蒙主義の代表者たちが到達した予期せぬ結論に対する、批判的な反応なのである。唯名論の哲学者に始まり、ニュートン科学に拡張された経験の方法を徹底することによって、哲学者たちは、一八世紀の政治的、知的な革命の二つの基礎的な原理である自由と理性とを切り落とした。ドルバックは宗教の批判で立ち止まることなく、ニュートン科学の原理を人間にまで敷衍してしまった。その結果は、フランス啓蒙を象徴することになった無神論、唯物論、決定論の聖ならざる同盟であった。もしニュートンが正しければ、宇宙のいかなる部分も法則の支配を免れない、とドルバックは論じた。惑星や林檎の運動のみならず、人間の思考と行為もまた、普遍的な自然法則によって決定されているのである。この見方からすれば、自由は妄想である――思考と意志は、破壊されることも中断することもありえない法則によって決定されているのである。ジュリアン・オフレ・ド・ラ・メトリーという名前のフランス人医師は、人間という生命のこの決定論的イメージに、『人間機械論』（一七四七年）というタイトルを冠した著作によって通俗的な表現を与えた。ニュートンの熱心な弟子であったラ・メトリーは科学の方法を用いて、人間の思考、感情、行為は物理学的なプロセスの機械的な作用に還元することができると論じた。彼は、その極上の食事で名高い国にふさわしい言葉で、「人間の体は、自身でねじを巻き上げる機械、永久運動の生ける化身である。食べ物が養分を与え、熱を起こす。食べ物がなければ、魂は痩せ衰え、狂い、疲弊して死ぬ。魂は、消える前に燃える蠟燭の炎のようなものである。しかし体に栄養を与え、血脈に活力を与えるワインと強いウィスキーを注ぎ入れてみよ。そのとき、魂は強さを帯び、誇り高い勇気を備える。水を飲んでいたとき、逃げ出していた兵士は今や大胆になり、太鼓の音に合わせて喜んで死へと走っていく」[41]と論じる。ラ・メトリーの人間観は、人間の自由に一切の余地を残さない——思考と行為は身体の諸機能の現れにすぎないのである。

　唯物論と決定論によって理性と自由が覆われてしまったのはフランスだけではない。ニュートンとロックが経験論の意味を明らかにしたように、スコットランドではヒュームが経験論を徹底化し、世界と神の両方の知識について懐疑する結論に至った。ヒュームは『人間本性論』（一七三八—四〇年）で、感覚印象と観念との差異は質的なものではなく量的なものであるとする、極めて経験主義的な認識論を展開する。この見方からすれば、複雑な文化もすべてセンスデータの単純性に還元することができる。この文脈において最も重要なヒュームの議論は、一貫した経験主義的認識論は因果性の原理の客観的な有効性に疑問を投げかける、という主張である。他のあらゆる観念と同様に、因果性は感覚経験に根拠づけられている。

> 記憶と感覚の直接的印象を超えて私たちを導くことができる、対象の間の唯一の結合すなわち関係は、原因と結果の関係である。というのも、この関係は、私たちが一つの対象から別の対象への正しい推理をそれに基礎づけることができる唯一の関係であるからである。原因と結果の観念は、そうした特定の諸対象が過去のすべての事例において互いに常に随伴していたということを私たちに教える経験から生じている。そして、ある対象が、その印象において直接現前していると思われるこれらの対象のうちの一つに類似している時に、私たちはそれを根拠にして、その対象が常に伴っていたものに類似した対象が存在するものと決めてかかるのである。[42]

因果性は普遍的で客観的な自然の法則なのでは全くなく、心の主観的な習慣なのである。この議論は、哲学の内部と外部で、後の展開を大きく決定した。人々は、二つの出来事が繰り返し結合されるのを経験することによって、それらの間には必然的な結びつきがあると思うようになる。ヒュームは論じる、「二つの種類の事物がいつも相互に結びついていると言われるとき、私は習慣から、あるものが存在するのを見ると決まって他のものが存在すると推論する。これを経験からの論証と呼ぶことができる」[43]。だが、個別的な過去の経験から、これらの出来事が常に一緒に起きなければならないと決定する普遍的な法則へと進むことには、正当な根拠はない。合理的に主張することができるのは、過去においてあることが生じたときにはいつも他のことが続いた、ということだけである。したがって、普遍的な自然法則であるように見えるものは、過去の主観的な経験が推定しているものに過ぎない。論理的な帰結としてヒュームの議論は、他者の経験に対する個人の私的な経験についての懐疑のみならず、外的世界の法則的特性についての懐疑にも通じている。

ヒュームによる因果性原理の再構築が含意したものは、宗教的な事柄に対しても実にはるか遠くにまで及んだ(44)。啓蒙期に宗教を擁護しようとした多くの信仰者たちは、通常、経験できる証拠によって議論を組み立て、帰納法のルールを守ることによって時代の気分に順応した。神の存在を肯定する最も一般的な二つの議論――宇宙論的議論と神学的議論――は、ヒュームが疑問を投げかけた因果法則が客観的に有効であることを前提としていた。もし因果性が客観的な法則ではなく主観的な習慣なのであれば、神の存在に対する信仰は合理的な議論によっては確証されない。ヒュームは『自然宗教に関する対話』――出版は、一七七六年に彼が死ぬまで控えられた――において、自然宗教とキリスト教を経験によって正当化することについて入念に分析する。彼は、宗教は合理的であることからはほど遠く、非合理的な気持ち、傾向、衝動から立ち上がるのだと結論づける(45)。

カントの三批判は、懐疑論、決定論、無神論という三つの脅威に対して向けられている。彼の批判哲学は、理論的な思弁よりも道徳的行為によって宗教を擁護することに道を開く。彼の議論のあらゆる面が一連の二項対立をめぐって組織されているが、彼はそれらを区別すると同時に和解させようと試みる。

自律／他律
自由／決定論
理性／感覚
アプリオリ／アポステリオリ
普遍性／個別性
客観性／主観性
義務／傾向
形式／内容

カントの直接の後継者は、カントはこうした諸対立を媒介する包括的な哲学的体系を定式化するのに不十分であったと考える人々と、あまりに踏み込み過ぎてしまったと考える人々とに分かれた。前者は、カントによるこれらの対立の和解は不完全なものにとどまったと論じ、後者は、これらの対立を総合しようとするカントの努力は、思考と生に内在している還元することのできない矛盾と不可避のアポリアとを曖昧にしたため、誤った方向に向かったと主張する。カントの仕事にある未解決の緊張は一九世紀の論争に用語を準備し、今日にまで続く批判的な反省と実践に影響を与え続けている。

カントの「コペルニクス的転回」は、フランスにおける政治的な革命に理論的に対応するものである、としばしば指摘されてきた。あまり注目されないにもかかわらずなお重要なのは、カントが達成した最も重要な哲学的刷新の一つは、存在論を認識論に移し換えたということである。この展開が含意するところを理解するためには、カント認識論の宗教哲学的系譜を、プラトンと初期キリスト教の護教論者にまで辿る必要がある。プラトンによる起源の神話においては、世界は、不変の形相と未分化の物質の流れとを一つにするデミウルゴス〔世界の創造者〕によって創造される。この枠組みにおいては、創造の活動は形式化のプロセスであり、これによって混沌に秩序がもたらされる。初期のキリスト教護教論者たちは、彼らの宗教が、政治的に危険な、いまだ洗練されていない迷信を含まないことを示したいと思っていたため、根本的な神学原理をプラトン哲学の言葉を用いて再解釈したのであった。キリスト教の神は、デミウルゴスのように永遠と時間との間にある中間的な存在ではなく、世界の永遠なる創造者である、と彼らは論じた。これらの護教論者たちはプラトンの形相を、神聖な父の永遠の息子として理解される神の霊魂、あるいはロゴスと解する。父は常に息子を通して創造するのであるから、世界は神のロゴスの表現であり、したがって論理的、合理的であり、より今風の言い方をするならば、ロゴス中心的である。人間の理性はロゴスの反映であり、これによって人々は神が創造した世界を理解することができるのである。

理論理性に関するカントの説明において、プラトンの形相と神のロゴスとは直観の形式と悟性のカテゴリーとなり、未分化の物質の流れは直観の感覚的多様性となる。プラトンの形相と神のロゴスが普遍的で不変であるのと同様に、直観の形式と悟性のカテゴリーはアポステリオリではなくアプリオリであり、したがって普遍的である。あるいはまた、カントの認識論は最近の情報理論の用語でも言い表すことができる。霊魂はデータを処理するようプログラムされている。知識は、直観の普遍的な形式と悟性のカテゴリーと感覚経験の個別データとの総合から帰結する。この情報処理は、私たちが絶えず経験しているデータの複数性を一つに結合することによって、混沌に秩序をもたらす。ある働きを通して総合が生じるのであるが、その働きとは構想力《イマジネーション》 die Einbildungskraft である。カントは次のように論じる。「すべての現象は多様なものを含んでいる。そのため、私たちは心の中でばらばらに切り離された様々な知覚に出会う。こうしたばらばらの知覚の結びつきは感性のうちにはありえないが、しかし必要とされるものである。したがって私たちのうちで、この多様なものを総合する能動的な能力が活動しているはずである。これを構想力と呼ぶ。そして構想力が様々な知覚に直接に向けられるとき、その働きを把握《アプリヘンション》と名づける。構想力は直観の多様性をイメージの形式にもたらさなければならないのだから、それは前もって諸印象をその働きのうちに取り込んでしまっている、つまり把握してしまっているはずである」[46]。構想力が事物を区別するのだから、これは知識を獲得するために必要な条件なのであり、したがって超越論的である。この機能を果たすために構想力は、悟性と感覚との間の縁《ふち》あるいは境界で作用しなければならない。カントは次のように書いている。「明らかに第三のものが存在しなければならない。この第三のものは、一方ではカテゴリーと、他方では現象と同質のものであり、それによってカテゴリーを現象に適用できるようになるのである。この媒介する表象《リプリゼンテーション》は純粋なものでなければならない、つまりいかなる経験内容も含んでいてはならない。しかし同時に、ある面では知的なものでなければならず、また他の面では感覚的なものでなければならない。そうした表象が超越論的な図式である」[47]。カントは構想力の作用を「カテゴリーの図式化」と書いている。混沌に形式をもたらす超越的なデミウルゴスと、ロゴスを通して創造する超越的な神とを思い出させるように、構想力は経験を組織するために超越論的な図式を使い、そうすることで私たちが住む世界を創造するのである[48]。

カントによれば、すべての知識は総合的であり、したがってあらゆるレベルで結合を前提としている。経験のデータはまず直観の形式（すなわち、空間と時間）によって処理され、次いで超越論的構想力によって悟性のカテゴリーに適応するよう組織される。悟性の様々な対象は、神、自己、世界という相互に関係する理性の三つの観念、とカントが呼んだものによって結合される。これらの観念は、感覚経験からは生じず、またこれらによっては確証されえないのであるから、知識を構成することはない。それらの機能は構成的であるよりもむしろ統制的である。すなわちそれらの観念は、発見するのに役に立つ道具ではあるが、必ずしも世界について私たちに何かを伝えるものではない。

カントは、理性に関する自分の分析がヒュームの懐疑論に対する応答であり、これによって知識が獲得できるということを揺るぎないものにしたと確信していた。悟性のカテゴリーは普遍的であるがゆえに、このカテゴリーが産み出す知識は客観的なのである。経験のデータは様々であるが、万人がそれを同じ方法で処理している。例えば因果性の原理は、恣意的な主観的な習慣の結果ではなく、人間の心の必然的な構造を表しているのである。だがそうした「客観性」は、諸事物それ自体が現実にどのようにあるのかについては何も確かなことを語ることができないため、主観的であるにとどまる。カントの最も痛烈な批判者たちは、カントは知識が獲得できるための条件を確定しているのではなく、実は知識が獲得できないための条件を描き出しているのだと論じた。カントはこれに応答し、この限定は実は利点なのであると主張した。彼は、世界についての知識を限定することによって、自己の自由と神の存在とを合理的に肯定するための余地を残したと考えた。

『実践理性批判』（一七八八年）におけるカントの議論は、『純粋理性批判』（一七八一年）の議論に厳密に対応している。理性の使用は三位一体的だが、理性は一つである。理論から実践へと移る際に、悟性の普遍的なカテゴリーは普遍的な道徳法則になり、直観の感覚的な多様性は複数の感覚直観と競合する身体的な欲望になる。「純粋実践理性の根本法則」は、「あなたの意志の格率が常に同時に普遍的な法則を打ち立てる原理として妥当しうるように行動すること」であるとカントは論じる。カントは、この法則は「万人に対して明白」な「理性の事実」[49]であると理解している。第一批判が知識を獲得しうるための条件を確定することに充てられたように、第二批判は道徳的行為に必要な前提を打ち立てることを目的とする。ディーター・ヘンリッヒは、最も信頼のおける研究、『カントとヘーゲルの間で』で次のように書いている。「カントは、法則が統治する世界という観念がなければ、知識の主体としての心の概念は不可能であることをすでに示していた。このように心の概念は、世界の認識、ないし『イメージ』を伴っている。心の自己理解のうちに世界の概念がすでに含まれていることを目にすることがないとすれば、私たちが心の概念をもつことはない。つまり、精神活動だけに基づいて心を解釈するための概念的な枠組みを展開することは、精神活動は常に世界――この中で精神活動が生じる――を伴うということの洞察へと直接的に通じているのである」[50]。実践理性の行使は道徳的な世界観 Weltanschauung を伴うのであり、これは、カントが言うところによれば、自由、神、不死性といった三つの必要条件を欠いては不可能なものである。すでに述べたように、カントにとって自由は、「純粋理性のみならず思弁理性も含めた体系の構成全体の要石」である。一方では因果性、さらに決定論を心の法則へと限定することで自由の可能性が残され、他方では道徳法則という事実はそれが実在することを含意する。カントの言い方を用いれば、「自由は道徳法則の存在根拠 ratio essendi」であり、道徳法則は「自由の認識根拠[51] ratio cognoscendi」なのである。もし主体が自由でなければ、道徳的行為はなしえない。この文脈で、カントは自由を自律として定義する。

意志の自律は、すべての道徳法則とそれらに一致する義務との唯一の原理である。他方、よく好まれる他律は、いかなる義務も打ち立てることがないばかりでなく、義務の原理と意志の道徳性とに対立している。
道徳性の唯一の原理は、すべての物質法則（すなわち欲望された対象）からの独立と、格率が備えなければならない普遍的な法則を与える単なる形式による選択の決定とを伴うところにある。だが、この独立はネガティブな意味での自由である。他方、純粋で実践的な理性のこの内在的な立法はポジティブな意味での自由である。したがって道徳法則は、ほかならぬ純粋実践理性、すなわち自由を表現するものなのである。[52]

道徳的行為においては、個人という行為主体《エージェント》が普遍的な道徳法則によって私的な傾向と欲望とを規制《レギュレート》する。行動が道徳的であるためには、意志は欲望された対象にも外的な圧力にも影響を受けてはならず、それ自身以外の何ものによっても決定されてはならない。

道徳的行動は対象《オブジェクト》によっては決定されえないが、それにもかかわらずそれは不可避的に意図を負っており、したがって必然的に対象を、より正確に言って目的《オブジェクティブ》を伴っている。道徳的行動の唯一の正当な対象は最高善 summum bonum であり、カントはこれを徳に合致した幸福と定義している。「幸福は世界にある合理的な存在者の条件である。世界の全現実において、万物は願いと意志とに従って進む。したがって幸福は、自然と、合理的な存在者の目的全体、及び彼の意志という本質的な決定根拠との調和にかかっている」。もし幸福が意志と世界との一致なのであれば、幸福は道徳的な意図を識別することができるほど賢く、自然的な世界をコントロールすることができるほどの力をもった存在によってのみもたらされうる。神だけがこの要求に応えることができる。したがって道徳的行為は、「自然と道徳性が調和する神の国」を現実にする道徳的な統治者を前提とする。カントの神は道徳的な統治者であるが、神の義務と欲望とは決して争う関係にないことからして、神それ自体は道徳的な存在者ではないことに注意しなければならない。これに関係してはいるが異なる文脈においてニーチェが用いる言葉で言えば、神は「善と悪を超えている」のである。これと対照的に人間は、あるべきようには決してないために、道徳的なのである。分裂した主体に関するルターの説明を繰り返しながら、カントの道徳的な行為主体《エージェント》は告白する——私は私がそうでないところのものである。そのような分裂した主体が望みうる最高のものは、道徳的発展の無限の前進である。これは人格が不死でなければありえない。実践理性の三つの必要条件の重要性を要約して、カントは次のように結論する。「したがって、もし実践的なルールに従うことで最高善を果たすことができなくなるのならば、最高善を拡張することを命令する道徳法則は空想的であり、空虚な想像上の目的に向けられ、したがって本質的に誤りであるに違いない」[53]。まとめれば、自由、神、不死性は、その中では道徳的行動が合理的であるように思われるような、つまり世界が意味をなすような図式を提供するのである。

カントは、自身の理性解釈が、理性の理論的使用と実践的使用の両方において、自身が明確にした様々な二項対立の軋轢を内面化することによって主体性の矛盾を深めることを認識していた。他律から自律への運動において、外的に課されていた普遍性は内的に立法化される。第三批判において美的な判断について考察しながら、カントは、内的な目的論を考えることによってこれらの対立を媒介しようとした。手段と目的とが外的に関係する有用性と道具性のあらゆる形式とは対照的に、内的な目的論は、カントが「目的なき目的性」と呼ぶものを含んでいる。そこでは手段と目的とは相補的に関係していて、一方は他方において他方を通してそれ自体となり、どちらも他方から切り離されてはそれ自体になることができない。カントはこの考えを、芸術作品にある全体と部分との相互作用を記述することで描いている。「その物のすべての諸部分は、相補的にそれらの形式の原因であり結果でもあることによって、互いに結合して全体の単一性を形成している。というのは、これこそが、全体の理念が根拠となって逆に、つまり相補的にすべての部分の形式と結合とを規定することができる方法だからである。この場合、全体の理念は原因ではなくて――もしそうだとしたら、この物はテクノロジーによる産出物になるだろう――、与えられた物質のうちに含まれている一切の多様なものの形式と結合の統一的一体性が、それを判定する人に認識しうるものになる認識根拠にほかならない」[54]。直接的に明白ではないにしても、内的目的論のこの定式化は、その効果がなおも出現しつつある文化と社会の歴史における転換点を印づけている。後から見ると、一九世紀は一七九〇年の『判断力批判』の出版と共に始まったことが明らかである。外的目的論と内的目的論との区別は、世界を解釈するための機械的な図式から有機的な図式への移行についての哲学的な表現であった。カントが発見したのは、同一性が対立的であるのではなく分化されているような、構成的関係性の原理であった。この洞察が直接的に含意するところは、一八世紀の最後の一〇年と一九世紀の最初の数年の間に、ロマン主義の芸術家たちと観念論の哲学者たちとによって理解された。しかし、カントの洞察が含意するところはさらにもっと遠くまで及ぶものである。後の章で私は、カントが確認した構造は、近代とポスト近代の芸術を定義するのみならず、今日の情報ネットワークと金融市場において作用し、さらに生命の本性そのものと生物の有機体に関する最近の理論を先取りしてもいることについて考察する。ここでは、カントが内的目的論の二つの例――生きた有機体と美しい芸術作品――を挙げていることに注目することで十分である。生命の問題については第七章で検討することにして、ここでは芸術に集中しよう。

第三批判は、自律の原理を理論的で実践的な理性から、制作のプロセスでありかつ制作された所産として理解される芸術作品へと拡張する。功利主義的であり、それ自体固有の目的をもたない市場のために制作されるアートとは対照的に、良質の芸術は、何らかの外的な目的のために制作されるのではなく、それ自身のために創造される。それ自身以外のものには決して訴えない高級芸術は芸術のための芸術であり、したがって自己参照的であり、このため自己再帰的である。しかし、自己参照と自己再帰の構造は、完全に自律的であるように見えて、それらが同化しえないものを前提とするために、一見してそう見えるよりもはるかに複雑である。反省の自己参照的な循環の中断は、創造力の条件であるアポリアを顕わにする。この分析を回転させる軸は、自己意識が産み出される際の、構想力と表現との相互作用である。構想力に関するカントの説明において、言葉の神学と行いの神学とは、発生的な創造力の観念――これは超越的な神の死に道を開くものである――のうちで一つになる。

第三批判が出版されたすぐ後の数年に、イェーナに集まった若い作家、芸術家、哲学者たちにとって、カントの批判哲学は、革命の闘争を政治から哲学や詩へとシフトさせることによって、フランスで始まったことを完成させるものであった。十分に社会的、政治的、経済的な制度もなく、産業化の初期段階によって荒れていた世界で、著作家と評論家たちは、統一と統合の新しい形式を作り上げることに専念し、個人的な疎外と社会的な分裂を克服しようとしていた。カントは、内的目的論の相互関係について説明する中で、差異を抑えつけるのではなく奨励するような一体性の可能性に目を向けていたが、必然的な結論にまで議論を進めることはできなかった。第一批判において確定された知識の限界により、カントは美の観念を統制的観念――これは、事物が実在世界において実際にある仕方を記述するかもしれないし、しないかもしれない――へと制限することになった。芸術作品は、和解を現実化しえない観念にほかならないものとして形にされるのだから、実際はそれが超克しようと意図した対立と分裂を深めることになる。ロマン主義者と観念論者たちは、フランス革命とカントの革命が共にそのままにして残したものを完成させるために、世界を芸術作品へと変えることによってイデアを実現しなければならないと論じる。革命による黙示録が構想力と認識による黙示録にとって代わられると、意識は内へと向かい自己意識となった。だが、自律的な自己意識は、自身を限界にまで推し進めることで無法的になる。すなわち主体は、測り知ることの決してできない深さを備えた根拠なき根拠から自身が発生したことを発見するのである。この裂け目が、ポスト近代主義による近代主義に対する批判を開始させる。予想されるのとは異なり、自律から無法状態への移行――これがポスト近代主義が成り立つための条件である――が、ヘーゲルの思弁的体系を貫いているのである。

　カントの継承者たちは、カントが同定した内的な目的論を備えた構造、あるいは自己参照的な構造が、自己意識の自己再帰的な構造を開くものであることを理解していた。主体は、自己意識において自身の客体になることによって自身へと向き直る。主体としての自己と客体としての自己は、一方が他方を通してそれ自身になり、どちらも他方から切り離されては自身になることができないというようにして、相補的に関係している。自己を意識する主体性によって構成されている自己関係の構造は、自己表象の活動を前提としている（図13）。自己意識が完全になると思われるまさにそのところで自己表象は直接的には明瞭とはならないが、それはその構成的限界に接近する。フィヒテのカント読解について注解する中で、ヘンリッヒは決定的に重要な問いを見てとった。「この問いを別の仕方で立ててみよう。存在論的な言説は、常に次のような前提を用いるのだろうか。心について、心のものでない何かを言えるという前提。心は、心のものでない何かについて、心のものである何かを言うことができるという前提。二つの言説は相互にも、第三の言説にも決して由来しえず、したがって何か完全に理解しうる一方向的な形式化を排除するという前提」(55)。一方向的なモデルによって自己意識を説明することができないということは、必ずしも自己意識の自己再帰性が循環的であることを意味しない、ということをヘンリッ

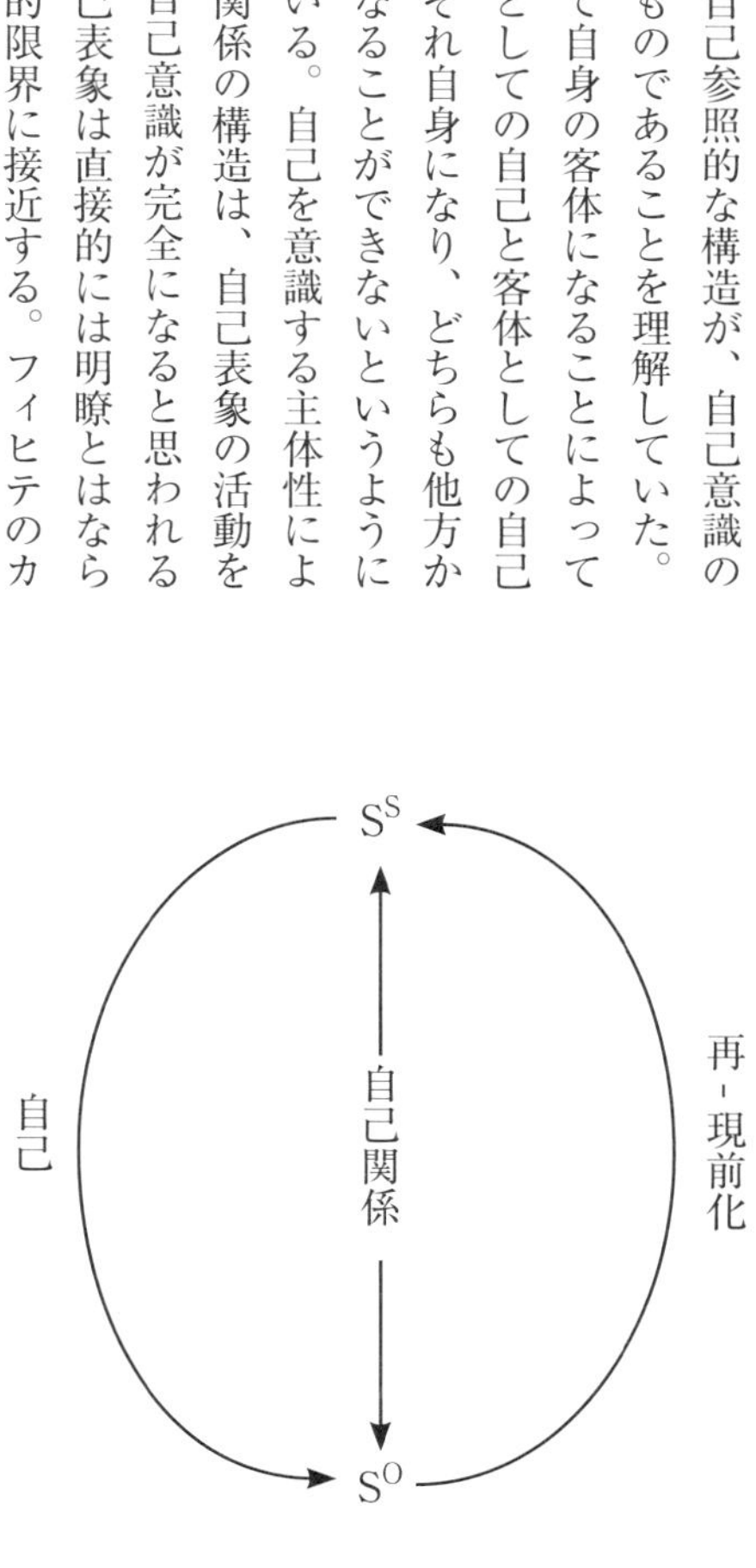

図13　自己意識

ヒは示唆している。反対に、意識がそれ自身に向き直るとき、意識は、それがなければ意識がありえず、それがあれば意識は不完全であるような空隙《くうげき》を発見するのである。自己を意識する主体が自己表象するものはどこから来るのだろうかという切実な問い。もし主体としての自己と客体としての自己が互いに依存し合っているのであれば、どちらも他方の最初の原因であることはできない。したがって自己表象の活動はより根源的な現前化《プレゼンテーション》を前提とするのであり、これはどこか他の場所に生じるのでなければならない。このどこか他の場所を思考することはできないが、それがなければ思考することができないような限界である。ジャン=リュック・ナンシーは別の文脈で、「思考は常に限界について思考している。理解することの限界が思考を定義づけているのである。すなわち思考は常に理解しえないもの——あらゆる理解にその限界として『属する』この理解しえないもの——について思考している」(56)と説明している。この限界は、そこで秩序が消滅すると共に発生する、混沌の縁《ふち》である。この境界線に沿うところで生じることを理解するためには、表象のダイナミクスについてより詳細に考察する必要がある。

　表　象《リプリゼンテーション》 Vorstellung の問題が三つのすべての批判を貫いている。カントは第一批判で次のように論じている。「諸観念 Notio から形成されていて、経験の可能性を超え出た概念 Begriff は、イデア Idee あるいは理性の概念と呼ばれる」(57)。実践理性の行使において、経験を超えたところにあるために統制的であり続けるイデアは、それらが道徳的行為において実際に有効である時に実在化される。しかし、公理はイデアと同様経験することができず、したがって合理的であったとしても何らの知識も産み出さない。ロドルフ・ガシェは、イデアと公理は、「意識をもって表象を表象するのに役立つ諸概念の概念による表象である」と説明する。

表象はドイツ語の Vorstellung を翻訳したものであり、心を構成する様々な能力が自身の前にそれぞれの対象をもちだす作用を言い表すためにカントが使う用語である。しかしカントが、直観的に観念を表象する（すなわち知る）ことができないにもかかわらず、それらの能力が認識の領域において決定的な役割を果たすと主張するとき、あるいは道徳の領域においてそれらが少なくとも部分的に具体性を獲得すると主張するとき、カントは、最高のもの——直観的に示すことができない、観念の表象——の生成する現前の問題について語り始めている。これは、観念の表現 Darstellung の問題であり、厳密には表象の問題とは区別されるものである。もはや問題は、すでに現前しているが十分に論証的で形状的な表現に抵抗する何かをいかにして描写し、言い表し、描くかではなく、いかにして或るものがまず現前性《プレゼンス》――現実性《リアリティ》、実在性《アクテュアリティ》、実効性《エフェクティブネス》――を獲得するかということである。表現 Darstellung の問いは、観念が現前するようになること、生起することをめぐるものである[58]。

現前するようになること Darstellung は、表象 Vorstellung が成り立つための条件である。しかし、いかにしてそのような「現前するようになること」、つまり表象は生起するのだろうか。

ハイデガーは、ヘーゲルの経験の概念を分析し、「学問は、出現することにおいて、それ自体出現である」というヘーゲルの主張についてコメントするときに、この問いに対して妥当と思われる答えを示している。

> 出現は本来的な現前性それ自体、つまり絶対的なものの顕現 parousia である。絶対的なものは、その絶対性と調和することにおいて、私たちと一致している。私たちと共にあろうとするその意志において、絶対的なものは現前している。それ自体において、すなわち自身を現すことにおいて、絶対的なものはそれ自体のためにある。顕現 parousia の意志のためだけに、現象としての知識の表現が必要なのである。表現は、絶対的なものの意志の方へと向けられ続けるよう拘束されている。表現それ自体が意志すること〔強調は引用者による〕であり、すなわち、単に願うことや努力することではなく、もしそれがその本質のうちに自身を引き寄せるのであれば、行為それ自体である[59]。

この注目すべき洞察は、まるで内側からヘーゲル主義を開くかのようにして、これを複雑にする。ヘーゲルの絶対的なものは、安定した構造のようにロゴスの具体化である閉じた体系とは全く異なり、自然と歴史において発生するすべてのものを意志することにおいてそれ自体を意志し、意志することそれ自体のうちに存在するすべてのものを意志する、無限に休むことのない意志として現れる。ハイデガーは、存在の根拠なき根拠に関する自説へと繋げるべく、カント哲学にある自由の途方もなさについて解釈する際に、ヘーゲルのこうした読解が含意するところを説明する。「私たちが理解する唯一のものは、それが理解不能だということである。自由が理解不可能であるのは、それが理解に抗するという事実のためである。単なる存在の表象ではなく、存在の実現へと私たちを向かわせるのが自由というものなのであるから[60]」。

表現 Darstellung（presentation）と表象 Vorstellung（representation）との相互作用は、構想力 Einbildungskraft(imagination)の活動を通して生じる。構想力の語源研究は、カントの議論とこれを洗練させたカントに続く者たちにとって重要なものである。Bildは「絵」、「イメージ」、「類似」、「表象」を意味し、Bildungは「形成」、「形成すること」、「生成」、さらにこの延長で、「文化」や「教育」を意味する。bildenという動詞は「形成する」、「作る」、「形づくる」、「鋳造する」、「構築する」を意味する。最後に、einは「一つ」を意味する。こうしてEinbildungskraftは、それによって何かが一つのまとまりをもったイメージや表象へと作られる形成や構築の活動のことである。Ein-bildungskraftの複数のニュアンスは、英語のfigureという語によってうまく捉えられる。figureは、第一章で私が宗教の理論を展開した際に注目したように、名詞でありかつ動詞であり、ラテン語のfigura（形成する、形づくる、表す）に由来している。「形成する」と「形づくる」に加えて、figureは物の輪郭や姿を意味するのみならず、映像的、彫像的な表象も意味する。figureはさらに図形、模様、設計図、数も意味する。動詞のfigureは「何かを形づくるあるいは形成する」、「似せて作る」、「描く」、「表象する」、「模様や意匠で飾る」。数学ではfigureは、計算することや算出することを意味する。最後にfigureは、「考慮に入れる」、「解決する」、「解読する」、「理解する」ことと、より最近の展開では、「自分で考えろ go figure!」と言うように、「解決し損ねる」こと、「解読する」こと、「理解する」ことを意味する。さらにfigurationは、何かを特定の形に形成する行為を意味する。figure, figuring, figurationといった言葉を興味深く有益なものにするのは、（対象を）形状化すること、（思考や反省を）形状化すること、（行為を）形状化すること、（思考や反省を）理解し、そして／あるいは理解し損ねること、という意味の三つの系統の交差である。カントの構想力に関する説明は、これら三つの意味のすべてを含んでいる――構想力は語の三つの意味のすべてにおいて現れる。

私たちは、カントが理性の理論的な使用と実践的な使用とを明確に一貫して区別するときに、「実践理性の優位」を主張している点に注目した。認識は意志を前提とするが、意志することは必ずしも思考を前提としない。思考することと意志することとの重なり合いが構想力の核にある。カントは、第三批判における美的判断についての分析で構想力を定義したが、これは多くの後の著作家、芸術家、哲学者、神学者たちにとって重大なものとなった。「さて、もし構想力が味覚を判断するときにその自由において考慮されるのであれば、まず最初に、構想力は、社会化の法則に従属するように再生産するものとしてではなく、（成り立ちうる直観の恣意的な形式を始めたものとしての）自身の活動を行使することにおいて生産的でなければならない」[61]。すなわち構想力は、カントが産出的と再産出的と言い表す二つの相互に関係する活動を含んでいる。構想力は、産出的な様態においては、経験されたノイズのようなデータを、理解しうるパターンへと組織化する図式を作るために、再産出する構想力が結びつけ直す諸形式を定式化する。構想力 Ein-bildungs-kraft は、形成 bilden/Bildung のプロセスである限り、実際、内-形成 infor-mation のプロセスである。情報とノイズは、すでに見たように、対立するものではなく、

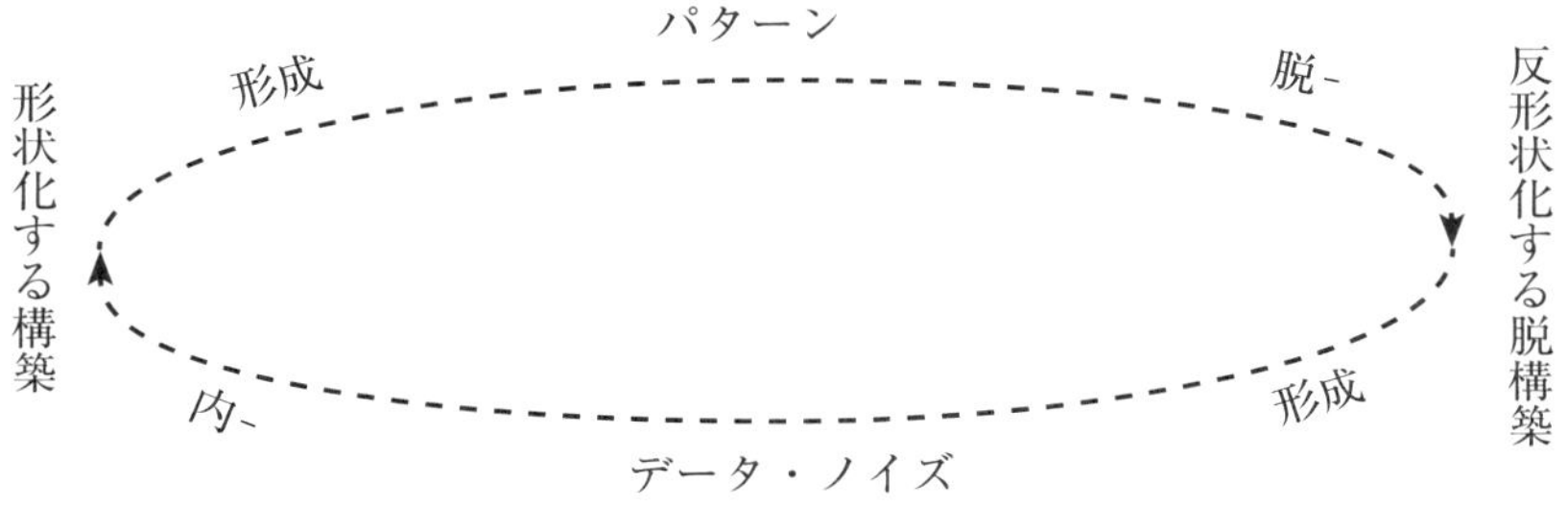

図 14　構想力

互いに依存し合っている。情報はノイズの内-形成であり、新しい情報はノイズを作るために古いパターンを途絶させるのである。

構想力は、経験を組織化する図式を創造すると共に、安定化する構造を途絶させ攪乱する（図14）。産出的な構想力が形式化する諸形状は、他の諸形状によって決定されず、自由に形式化される限りで、したがって独自的である限りで恣意的である。換言すれば、自由は構想力が働きうるための条件であり、したがって知識が獲得しうるための条件でもある。構想力に関するこの解釈が含意するところを、カント自身は十分には認識しなかったのだが、フィヒテが最初に見て取った。『知識学』でフィヒテはこう述べている。

> したがってここでは、すべての現実性——私たちが理解する限り、現実性は超越論哲学の体系においては別様には理解されえないのであるから——は構想力によってのみもたらされうる、というのが私たちの見解である。（中略）しかしもし、現在の体系が証明すると主張するように、構想力というこの行為が私たちの意識、私たちの生、私たち自身にとっての私たちの実存、すなわち自己としての私たちの実存の可能性に対して基盤を形式化するのであれば、私たちが自己から分離しない限り、構想力は除去されえない。抽象化するものがそれ自身から抽象化

するというのはありえないことだから、これは矛盾である。

構想力がすべての現実性の基盤であるという一見するところ良識に反する主張については、次の節で再び考察する。ここでは、どうして意識が構想力を前提とするのかを理解することが重要である。再びDarstellungとVorstellungの関係に戻ろう。理論理性と実践理性は、表象から切り離すことができない。だが、再提示《リプリゼンテーション》は先行して与えられるデータ（ラテン語のdatumは「与えられたもの」のこと。与えるdareに由来する）から切り離すことができない。こうして問いは、次のようになる。何が与えるのか？　どのようにしてDarstellungは生じるのか？　どのようにして表象は発生するのか？　どのようにして形状は形状化されるのか？　フィヒテによれば、表象は「絶対的な自発性をもって生じる」行為であり、したがってDarstellungは自由に「根拠づけ」られている。そのような自由は主観性の自由ではなく、主観性からの自由であり、これによって主観性と客観性が共に措定される、つまり与えられるのである。

自律性は自己に根拠づけられているが、無法状態には根拠がない。それは、「原理の回折でも原因の複数の効果でもなく、無法状態――あらゆる起源の論理から、あらゆる考古学から取り除かれた起源――である」[62]。ハイデガーは、構想力の表象活動の中に垣間見える自由の無法状態を、深淵として記述している。『カントと形而上学の問題』で、ハイデガーは次のように説明する。「カントは、そのラディカルな問いにおいて、形而上学の『可能性』を深淵にまでもたらした。彼は知られざるものを見た。彼は尻込みしたに違いない。それは、単に構想力の超越論的な力が彼を怯えさせたということではなく、むしろ（第一批判の二つの版の間で）理性としての純粋理性が、ますます彼をその魔力のもとに引きずりこんだということであった」[63]。そこからすべての決定が発生する深淵Abgrundは、無と区別することができない根拠なき根拠である。そのような計り知れない根拠は、そこであらゆる基礎が行きづまる無である。ヘーゲルは、無と自由との関係を次のように説明する。「無は、分析の最高形式においては自由であろう。しかしこの最高形式は、それが最高の強度にまで内面的に自身を深める限りでは否定性であり、このようにしてそれはそれ自身、肯定――まさに最高の肯定――である」[64]。否定性は、存在するすべてのものの創造的な発生の条件である限りで、肯定的である。神が自由に無から創造するように、産出する構想力は自由に無から創造するのである。

構想力に関するカントの理論においては、神学は言葉と行いとの、あるいは構造と出来事との単純な対立を破壊することによって、人間学になる。言葉が意志から派生するように、構造は出来事を通して発生する。このプロセスは無限（なもの）である。ヘーゲルは言う、精神は「不活性なものではなく、反対に、絶対的に休むことがないもの、純粋な活動、悟性のあらゆる固定的な規定の否定ないし観念性である。抽象的に単純なのではなく、その単純性において、同時に自身を自身から区別する。その現れの背後に隠れることによってその顕現の以前にすでに終了した、完成した本質ではなく、その必然的な自己顕示の規定された諸形式を通してのみ真に実在する本質である」(65)。意志のこの解釈は、主体性の矛盾をさらに深める。意志は「その必然的な自己顕示の規定された諸形式を通してのみ実在的」であるのだから、その個別の具体化において、またそれを通してのみそれ自身であることができる。カントの分析が普遍性（すなわちカテゴリーと道徳法則）と個別性（センスデータと感覚的な傾向）とを一つにするのに対し、ヘーゲルは、意志が不可避的に活動的である限り、普遍的なもの（意志）はそれ自体において個別的（規定的）であり、個別的なもの（諸規定）はそれら自体において普遍的である（すなわち意志の具体化）と論証する。そのように理解するならば、主体はそれ自体でないことによってのみ、それ自体であることができる。このように解釈すると、意志は統一された自己同一的な根拠ではなく、常にそれ自体ではなく他のものであることによってのみそれ自体であることができる諸差異の戯れである。自己とそれ自体との不一致は、その無限の休みなさにおいて生じる。ハイデガーは、自己再帰性の循環を閉じないことによって議論を元に戻す。「構想力の超越論的な力に『根ざした』この人類の根源的、本質的構成は、たとえカントが『私たちには知られない根』について語っていたとしても、カントが垣間見た『知られざる』ものである。というのは知られざるものは、私たちがそれについて単に何も知らないものではないからである」(66)。構想力の超越論的な力の分析は、主体性の核に隠されているものを「暴露する」。意識の内面への転回は、デカルトの約束に反し、自己の透明性ではなく、むしろ還元することのできない曖昧さをもたらすのである。この曖昧さは主体性の徹底的な儚《はかな》さのうちに棲んでいる。主体の時間は、現在の様相ではない不気味な過去を含んでいるために徹底的なのである。表現 Darstellung の過去は過ぎた現在ではなく、それは常にすでに過去であるために、決して現在とはならなかった過去である。モーリス・ブランショは、この「時間のうちにある時間の外部」を、芸術作品がそこに発生する文学の空間として記述している。

この時間のうちで現れるのは、何も現れないという事実だ。現れるのは、存在の不在の奥底にある存在だ。それは、何ものも存在しない時にあるもので、何かが存在するやいなやもうないものだ。それはあたかも、存在が欠如している時に、存在の喪失以外にはいかなる存在もないかのようだ。時間の不在のうちで、たえず私たちを不在の現前へと――しかし、この不在としての現前へと、自らの肯定（何も肯定されない肯定、しかしこの肯定においてあらゆるものが、無限なもののひどく疲れさせる主張をもって自らを肯定する）としての不在へと――送り返す逆転、このような運動は弁証法的ではない。矛盾は互いに排除し合うことがない。しかしまた、両立することもない。（中略）時間の不在のうちにあっては、新しいものは何も新しくしない。現前するものはその時のものではない。現前しているものは何ものも現前させず、おのれ自身を繰り返し再提示し、以来常に回帰に属している。それは存在するのではなく、戻ってくるのである。それはすでに来てしまっていて、いつも過去のものである。だからそれに対する私の関係は、認識の関係ではなく再認の関係であり、この再認が私の中で認識能力や把握する権利を破壊する。それは把握しえないものを不可避にするのである。[67]

この時間の不在は、主体につきまとう無である。決して現前しなかったこの過去は、決して存在しない現在を途絶させるために、決して到来することのない未来として永遠に回帰してくる。こうして、過去の本来的な不在は、未来の不可避的な開けの条件なのである。過去には決して到達することができないために、現在は決して現前することがなく、未来は決して閉じられることがなく、主体は無限に休むことがないのである。

構想力、儚さ、主体性の相互作用をこのように理解した後で、自己意識の問いに回帰する必要がある。すでに述べたように、自己意識は自己再帰的であり、したがって必然的に自己表象を伴っている。構想力に関する私たちの研究によって、今や、私たちが自己意識の限界において遭遇した問い、すなわち自己を意識する主体がそれ自体に対して表象するものはどこから来るのか？ に答えることができるようになる。主体と客体とが互いに依存し合っている以上、主体は客体――これがなければいつまでも自己意識は作動しえない――を自身に与えることができない。自己表象の対象の現前は、表象ないし現前化のプロセスを通して与えられなければならず、これは、これによって措定された自己によってもたらされることはない。現前が可能であるための条件として、現前化それ自体は決して現前しない――しかしまた、それは不在でもない。時間的にも空間的にも理解される現在は常に、現前している（いない）無によって前もって贈られる贈り物ないしプレゼントである。

この無は、保持することによって与え、隠すことによって示し、後退することによって近づく。決して現前しないものは表象されえないのだから、表象は、それが可能であるための条件として、還元されることを拒んで表象しえないものであり続ける「何か」を含んでいる。形状化の用語で言い表すならば、形状化は決して形状化されないのだから、あらゆる形状は、常にいわば内側から反形状化されているのである。

もし自己意識が自己表象を要求し、表象が表象しえないものと不可避的にかかわっているとすれば、自己意識が作動するか否かは、自己意識が決して把握することができないものに依存している。把握しえないもの、ないし表象しえないものは、単に意識や自己意識の外部にあるものでも対立するものでもない。反対に、（自己）表象が成り立つための条件として、表象しえないものは、吸収されえない「外部」として「内部」なのである。シェリングはこの重要な点を強調している。

> したがって私たちのうちのすべての思考と表象には、必然的に根源的活動が先行している。これはすべての思考に先行するのだから、その限りで絶対的に規定されておらず制約されてもいない。一度でも対立要素が現前するなら、それは制限された活動になり、その理由によって規定的な（思考することができる）活動になる。（中略）私たちの知の全体、及び複数の自然はすべて、このXへの終わりなき接近から生じ、これを規定しようとする私たちの終わることのない努力においてのみ、世界は持続する。私たちの企てはすべて、このXを規定しようとする、あるいはむしろその決して終わることのない産出において私たち自身の精神をまっとうしようとする、進歩的な企て以外の何物でもないであろう。というのもこのうちに、あらゆる規定を永久にすり抜ける点に私たちを永久に接近させる、私たちの精神活動の秘密があるからである。私たちの精神的な試みはすべてこの点に向けられているのであり、まさにその理由によって、私たちがこれに接近しようとすればするほど、これは絶えず後退するのである。もし私たちがこれに到達するようなことがあるとしたら、私たちの精神のシステムの全体は——この世界は対立する試みのぶつかり合いのうちでのみ持続する——無へと沈み込み、私たちの実存の最終的な意識はそれ自身の無限性のうちに消滅するだろう。[68]

内面性の奥深くには、決して知りえない他者が隠れている。無は意識により近いものであるが、この他者は個人的なものではなく、主体性についてまわる名づけえない匿名性であり続ける。

この内的な外部性は、自己意識に備わっている自己関係の構造をさらに複雑にする。シェリングに影響を受けたキルケゴールは、ヘーゲルの主体性に関する説明において含意はされていたが明快に認められることが決してなかった「他性」[69]を暴露する。ヘーゲルの言葉をそれ自身へと返すことによって、キルケゴールは自己再帰性のアポリアを確認する。「人間は精神である。しかし精神とは何であるか？　精神とは自己である。しかし自己とは何であるか？自己とは、その関係それ自身に関係する関係である。あるいは、その関係において、その関係がそれ自身に関係するということである。自己とは関係ではなく、関係がそれ自身に関係するということなのである。人間は、無限なものと有限なものとの、時間的なものと永遠なものとの、自由と必然との総合、要するに一つの総合なのである。総合というのは、二つのものの間の関係である。このように考えたのでは、人間はまだ自己ではない」。キルケゴールの議論は、自己表象の構造に関する前の図式の表象が改められなければならないということを示唆している（図15）。キルケゴールの語法によれば、主体としての自己（S^s）と客体としての自己（S^o）は、それらの「消極的な統一性」である関係において結合される。各々が他方においてかつ他方を通してそれ自身になり、どちらも他方と切り離されてはそれ自体になることができない限りにおいて、S^sはS^oではなく、S^oはS^sではない。「それ自身に関係するそのような関係、すなわち自己は、自身を措定したのか、あるいは他者に措定されたのか、どちらかでなければならない」とキルケゴールは主張する。関係と関係するものとは互いに依存し合っているのだから、どちらも他方を措定することができない。したがって自己関係は、関係それ自体を措定

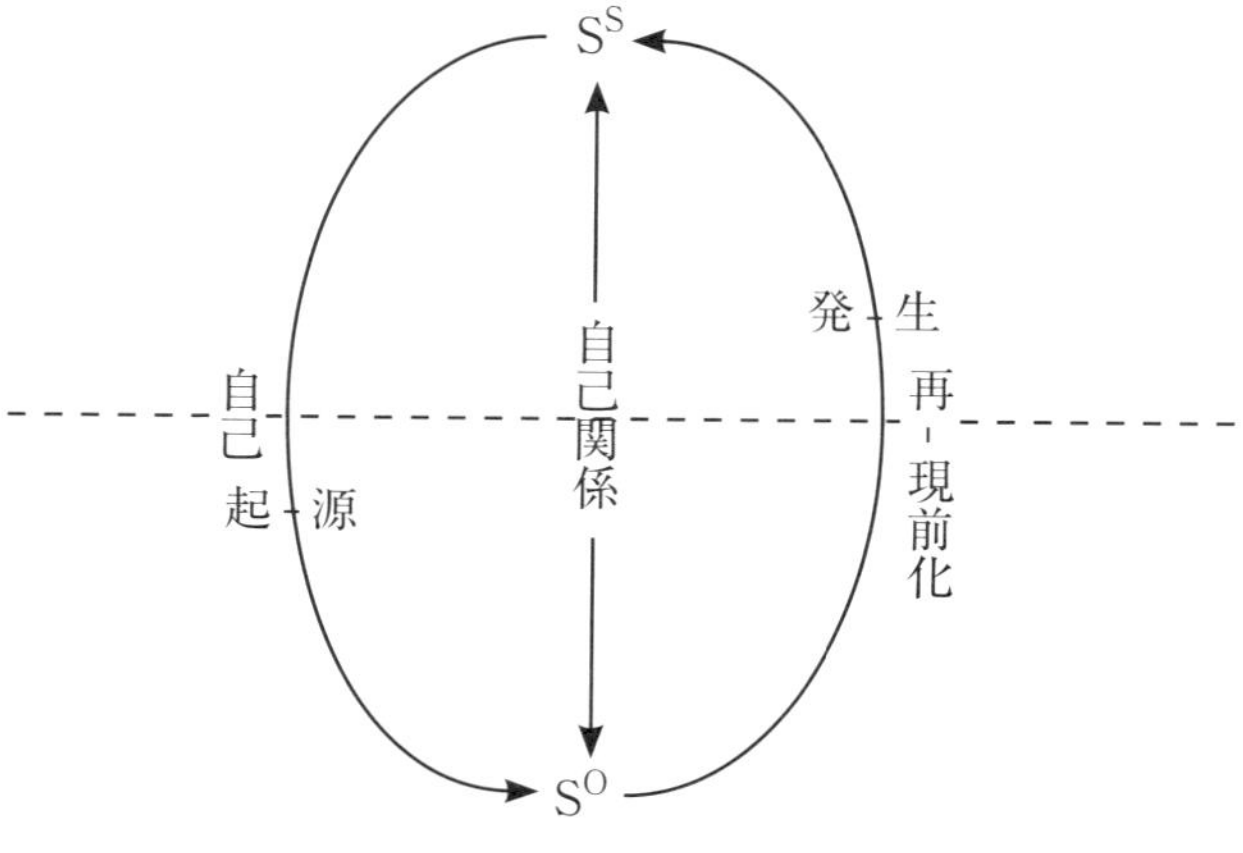

図15　自己を意識する主体性

する第三者を前提としている。キルケゴールは次のように結論する。「もしそれ自身に関係する関係が他のものによって措定されたのであるなら、その関係はもちろん第三のものではあるが、しかしこの関係、すなわち第三のものは、やはりまた一つの関係であって、その関係全体を措定したものに関係している」[70]。それ自身に関係することにおいて、自己は不可避的であるがそれと知らずに他者に関係するのだが、この他者は現前するのでも不在なのでもない。

その他者が自己の「内部」に発生すること、より正確に言えば後退することによって、ルターとカルヴァンの隠れたる神 Deus absconditus は、近代主義のうちに潜在し、ポスト近代主義において顕在化する隠れたる主体 subjectus absconditus となる。表象しえないものは、表象と自己表象を妨害するのでは全くなく、その無限の超過《エクスセス》の起源なのである。無限の曖昧さが終わりなき創造力を可能にする。『謎の男トマ』でブランショは、私が辿っている行路の方向を詩的に言い表している。

> 今この夜の中で、私はすべてを担いながら、すべてを無限に超えるものの方へ向かって進んでいる。しっかりと抱きしめている総体の彼方へ私は前進してゆく。私が存在しうるところではないところ、私の歩みのちょっとばかり外側を大胆に歩きながら、私は宇宙の縁《ふち》を歩いてゆく。このいささか行き過ぎた行動、存在しえないものに向かってのこの逸脱は、個人的な狂気へと私を導いてゆく私自身の運動であるだけでなく、私が一緒に引き連れている理性の運動でもある。私と共に、法則が法則の外へ、可能なものが可能なものの外へ落下する。ああ、夜よ、今や、私を存在させるものは何ひとつないだろう。私をあなたからひき離すものは何ひとつないだろう。私は、あなたが私を招いてくれる単純さに、信じられないくらい強く執着している。あなたの完全な虚無を映す鏡、光でも光の不在でもないあなたの影を映す鏡、凝視するこの虚空を映す鏡をあなたに差し出しながら、あなたと等しい私は、あなたの上に身を乗り出す。(中略)私は根源のないものの根源である。私は、創造されえないものを創造するのだ[71]。

完全な虚無……影……光でも光の不在でもなく……根源をもたないものの根源。名づけえないものはたくさんの名前をもっている。起源をもたないものの起源、根拠なき根拠、深淵、自由、構想力、創造力。ニーチェにとって、この虚空の豊かさは、悲劇の誕生の非場所である。「まったく釣り合わないもの。それはある種の欺瞞的な明瞭さ、それと共に謎めいた深さ、無限な背景。最も明瞭な形状がその後に、不確実なもの、完全に解明されえないものに向かうように見える彗星の尾を追っていた」[72]。この神秘的な深さの不確かさは、ハイデガーが示したように、芸術作品の根源である無限の背景である。

芸術作品としての世界

ウォレス・スティーブンスは、その『遺作』の中で、想像力《イマジネーション》をアイロニカルに非詩的に記述している。

発端者――(1)神と想像力とは一つである。(2)想像されたものは想像する者である。二つ目は、想像されたものと想像する者とは一つであることを意味する。

したがって、想像する者は神である、と私は考える。

もし神と想像力とが一つであるならば、想像力は創造的な主体の能力であるのみならず、客観世界の創造の原因でもある。したがって世界は、詩のうちに自身を表すように、創造的な想像力の所産である。こうして詩は単に文学のジャンルであるのみならず、可視的なものと不可視的なもののすべての「実体」でもある。したがってスティーブンスは、次のように主張する。「詩の理論は、生の理論である」[73]。この結論に到達する際、スティーブンスはニーチェに従っているのであり、彼はニーチェを読み続け、ニーチェについて書き続けた。

ニーチェは神の死の宣言によって悪名高いが、西洋哲学史において最も誤解された著述家の一人である。評論家や批評家たちは、彼の思想の深いところにある神学的で宗教的な次元を常に見落としたのである。ドイツ人の牧師の息子であり孫であるニーチェは、ルターの遺産に対し深いところで両義的であり続ける。一方でニーチェは、ルター神学の核にあるパウロのキリスト教を、イエスによって最初に導入された形の宗教を否定するものと見なす。他方でニーチェは、ルターの神の死の概念のうちにキリスト教の否定を否定する可能性を見出し、ディオニュソスや反キリスト者がイエスを同時代において具象化するものであることを明らかにする。批判者や評論家たちが決まって見落としたのは、ニーチェが神の死という自身の宣言を修正していることである。死ぬ神は超越的なモラルの神であるとニーチェは明言している。「基本的には、超克されたのはモラルの神だけである。『善悪の彼岸』にいる神を認識することはできるのか。この意味での汎神論は可能であろうか。私たちはプロセスから目的の観念を取り除きながら、それにもかかわらずプロセスを肯定することができるか」[74]。ニーチェはこれらの問いに答えることに人生を捧げた。もし神が死んだのなら、生の意味と目的は何なのか。おそらくニーチェは、生がそれ自身の目的であると考えている。ニーチェは、美しい芸術作品の内的目的論に関するカントの説明を間接的に使いながら、目的なきプロセスを受け入れるよう読者に要求する。モラルの神の死は、善悪を超えて創造的に活動する神的な芸術家が誕生する可能性を創造する。ニーチェは初期の著作、『悲劇の誕生』において書いている。「この書物を通して私は純粋に美的な意味――黙示されたものであれ明示されたものであれ――をすべてのプロセスに帰したのである。もしそう呼びたいなら、一種の神性といってもいい。それは最高の芸術家としての神、道徳を超越した神、手当たり次第に創造し、破壊し、なすこととなさないこととのすべてに無関心でありながら自己を実現し、厄介な行動で自らの富と内的な矛盾の葛藤を無きものにする神である」。このプロセスは、ニーチェがアポロ的とディオニュソス的と名づける二つの面ないし契機を備えている。アポロ的なものが「公正の限界」を措定する「個別化の原理」であるのに対し、ディオニュソス的なものは、定められた限界を逸脱し、「個別者の破壊へ向かう[75]」傾向をもっている。第一章で私が展開した宗教の定義に関して言えば、ディオニュソス的なものは、アポロ的なものが定める安定化させる構造を途絶させ、攪乱する。もし神が「至高の芸術家」であるならば、世界と人間主体は芸術作品である。不動の動者ないし創造者としての神を天国から地上へと置き直すことから帰結するように、ニーチェはカントの天才論を徹底し、人間の創造力は神の創造力の受肉であると主張する。「天才が創造行為において宇宙の最初の考案者と共に現れる時にのみ、彼は芸術の永遠の本質について何ほどかを真に知ることができる。というのは、そのような条件のもとで、彼は、目を回して自身を見ることができる不思議なお伽話の人物に似るのだから。彼は同時に主観であり、客観であり、詩人であり、役者であり、観客である[76]」。芸術はアポロ的でありかつディオニュソス的であるから、その本質は二枚舌的である。それは同時に創造し破壊し、構造化し脱構造化し、形状化し反形状化する。

　ニーチェは要点を明らかにしていないが、芸術的産出がもつこの二つの側面は、実際、カントによる美しいものと崇高なものとの対照を洗練させたものである。カントは、この批判的な区別を最も正確に区別して、「自然のうちにある美しいものは対象の形式に関するものであり、限定されることにおいて成り立つ。それに対して崇高なものは、形式を欠く対象においてもまた――それが、その全体性を加えられた思考をもって、無限定性の表象を直接的に含むか、あるいはその現前によってそれを喚び起こすかするならば――見出される[77]」と書いている。こうして美しいものは形式、制約、形状と結びつけられ、崇高なものは形式のなさ、無制約的なもの、形状化しえないものと結びつけられる。そのように理解するならば、美と崇高なものとは単に対立するのではなく、相互に依存し合っているのである。「美しいものは形式そのもののうちに、形式の形式のうちに存在すると言ってもよい。つまりそれが作る形状のうちにある。崇高なものはこの形式が限界づける形状とは関係なく、形式を描くこと、際立たせること、摑むことのうちにある」(78)。限界づけることは、限界づけると共に限界を破棄する——それは、言い表すために必要となる境界や縁の輪郭を描き明確にすると同時に、消し、覆《くつがえ》す。区別されえないものは表象されえない。だがそれは、一見するところ安定した形状を反形状化するプロセスにおいて、このプロセスを通してそれ自身を隠すことによって自身を表すことができる。反形状化は表象しえないものを表すのだが、これがなくては表象が成り立たないのである。芸術作品における美しいものと崇高なものとの相互作用は、すでに述べた宗教の二つの契機及び神学の二つのタイプと同形的な想像力の二つの側面を反映している。これらの形式上の対応は、図で表すと明瞭になる。

第七章で、一見するところ別物に見えるこれらの現象を構成し組織するメタ構造について分析する。

世界を芸術作品として解釈することが含意するところを理解するためには、想像力の概念を拡張する必要がある。

宗教	神学	想像力	芸術作品	情報
パターン／構造	言葉 大文字の構造	形状	美	パターン
途絶／攪乱	行い 出来事	（反）形状化	崇高	ノイズ

すでに述べたように、哲学者フィヒテと詩人スティーブンスは、想像力は主観的な現実のみならず客観的な現実の基盤であると論じる。この難解な主張が意味するところは、芸術を本質的に詩的なものとして理解するときに明確になる。詩的poeticという語は、ギリシャ語のポイエーシスpoiesis(poiein)から派生し、これは「作ること《メイキング》」や「創造《クリエイション》」を意味する。ポイエーシスは、伝統的な意味における詩に限定されず、すべての産出し創造する活動を含む。ロマン主義の哲学者と詩人たちは、第三批判に感化されながらも、それは不十分であると確信して、カントによる構想力の分析を拡張したため、それは人間の限界を超えて創造的な宇宙の原理になった。シュレーゲルは『アテネーウム断章』においてこの点を明らかにしている。「詩がなければいかなる現実もない。すべての感覚があっても、想像力がなければこのような外

的世界は全く存在しない」[79]。イェーナのロマン主義者たちは、詩の別々ではあるが関連する三つの側面を確認した。

1　韻文と散文における詩的文学という限定された文学的意味。
2　感性、悟性、理性を媒介する心の一つの能力。
3　森羅万象の全体を満たす宇宙の原理[80]。

産出する想像力の表現としてのポイエーシスは、「形式を形式のうちに入れること」、ないし形状を形状化することである。シュレーゲルは『芸術の哲学』で、ポイエーシスを説明する天才の概念に目を向ける。「天才の現実的な側面、あるいは無限なものの有限なものへの形成を構成するあの統一性を、狭義のポエジーと呼ぶことができる。理念的な側面、あるいは有限なものの無限なものへの形成を構成するあの統一性を、芸術のうちの芸術と呼ぶことができる」。芸術作品は創造された所産ではなく、より重要なのは、それが創造のプロセスであり、それを通してあらゆる明確な形式が発生するということである。想像力が形状の制約を取り外す形状化の活動だとすれば、実際、それは形状が明確にされるところではどこでも起きる内‐形成プロセスなのである。いわゆる自然世界は、匿名の芸術家によってデザインされた芸術作品である。シェリングの言うところによれば、語のより一般的な意味において、芸術は「芸術のうちの芸術」であり、スティーブンスの言葉を使えば、「あらゆる詩は詩のうちの詩なのである」。

終わることなく練り上げられる詩は
詩の理論を詩の生命として表している、

より厳しい執拗な熟練者は
詩の理論が生命の理論であることを
より明晰により緊迫して即興で証明するだろう、

入り組んだ中をすり抜けることによって
無から創造される見えるものと見えないもの
天国、地獄、世界、焦がれた土地においてそうであるように[81]。

このより包括的な芸術の概念が、想像力の拡張された概念を含意していることを強調したい。形式が形状化されるところではどこでも想像力が働いている。換言すれば、想像力は単に主観的なプロセスなのではなく、いわゆる自然世界の創造的な起源でもあるのである。

客観性と主観性が同一の内‐形成プロセスにおいてこれを通して発生する以上、それらは同形的である。主観と客観の差異のうちにある形式の同一性が知識を可能にする。もし知識が人間の図式の投影や解釈ではない何かでなければならないとすれば、心と世界の構造と作用は同一でなければならない。世界を知ることにおいて主観はそれ自身を知る、そして主観の自己意識において、世界は自身を意識するようになる。主観の自己再帰性によって、世界の形状化プロセスはそれ自身に向き直り、自身に対し自身を表すのである。カントの天才論が含意していたのはこれである。「天才は、芸術に規則を与える才能（自然が与える天賦のもの）である。才能は、芸術家の生まれながらの産出活動として自然に属するため、次のように言うこともできる。天才は、それによって自然が芸術に規則を与える生まれながらの心的な才能 ingenium である」(82)。天才の活動が「自然」である以上、芸術作品において自然が自身に対して自身を表すのである。だが、そのような自己顕示は常に不完全であり、したがって自己再帰性は不可避的に循環を完結するに至らない。想像力の根拠なき根拠は計り知れないのであるから、知識と自己意識は必然的に不完全であり、常に改定され再形式化されざるをえない。すべての知識とあらゆる形状で構成されている空隙は不十分であるのでは決してなく、無限に産み出す力をもっているのである。ブランショは、シュレーゲルの『アテネーウム断章』についてコメントして、「詩人はもはや何者でもなくなった瞬間に——何者でもないが、自身が詩人であることを知っている者——人類の未来となる。彼は、本質的に自身に責任があるこの知識において、ある場所を指し示す。そこでは詩人は美しく決然とした作品を産み出して満足するのではなく、言葉も決然性もない運動の中で自身を産み出す」と述べる(83)。想像力の運動が　言葉から自由になるとき、会話は無限になる。

芸術作品の無限性は、それ自身の産出という終わりのないプロセスである。芸術という仕事（動詞）は創造的な活動であり、これを通して確定した作品（名詞）が発生してくる。芸術は、形式の形式化や形状の形状化として、創造的な発生の永遠のプロセスである。ここで言う産出は自動産出であり、したがって自動的に目的を志向している。換言すれば、芸術作品は目的をもっていない、あるいはそれ自身以外にいかなる目的ももっていない。世界と自身を芸術作品と認めることは、「ゴールのないプロセス」を喜んで承認せよ、というニーチェの挑戦を受け入れることである。この創造的なプロセスは、完全であり、かつ不完全である。それは、常にそれ自身においてそれ自身を通してそれ自身になる、という意味で完全であり、それ自身ではないものになることによってのみそれ自身になることができるのであり、したがってそれ自身の同一性を決して確保しえない、という意味で不完全である。

創造的な想像力の構造は、自己矛盾する意志の構造と同形的である。想像力は無の根拠なき深淵に根拠づけられているがゆえに、その表現は常に新しい。シュレーゲルが、「創造的な芸術はなお生成のプロセスのうちにあるのであり、決して完成しないこと、常に永遠に新しくあることが正しくその本質でさえある。いかなる芸術理論も芸術を徹底的に汲み尽くすことはできない。芸術だけが自由であるように、芸術だけが無限である」[84]と主張しているように。それを新しくせよ！という近代主義を基礎づける公理が、創造的な想像力についての、これに関連する主体性の自己矛盾についての、この解釈から派生する。想像力は、それ自身ではないものになることによって想像力なのであるから、想像力は絶えず、それが結びつけると同時に離しておく対立物の間で「争い」、「競い」、「揺れる」。ノヴァーリスは次のように説明している。「自由であることは、統一されなければならず、そしてまた必然的に分離されなければならない、極の間で揺れ動くことを意味する。その揺れ動きという光源からすべての現実が発する。この光源を通して客体と主体が存在するのであり、客体と主体を通してこの光源が存在するのではない」[85]。この揺れ動きの別の名前が、他性である。他性という新語は、この文脈で重要な三つの意味をうちに含んでいる。第一に、他性は終わりなき交替を指定する。この交替を通して、二つが対になった弁証法的諸差異の対立は超克されて明確にされる。第二に、他性はその必然的な条件として、あらゆるシステム、構造、図式の「内部」にある名づけえない「外部」を指す。そのようにしてそれは、一見するところ閉じたシステムの開けと不完全性を印づけ認める、還元しえない痕跡である。そして第三に、他性は根幹の位置を示唆するが、これは単に超越的なのでも内在的なのでもなく、揺るがないように見えるシステム、構造、図式を途絶させ、攪乱する内在的超越である[86]。

他性の内在的超越は、人間という行為主体《エージェント》を、その個人的活動よりもずっと広範に及ぶ創造的プロセスの媒体に変える。ニーチェが見たように、芸術家は媒体であり、それを通して「真の主体が幻想の中でその贖《あがな》いを祝福する」。この真の主体は超越的な創造者が受肉したものであり、死んだ後、芸術家の創造的な想像力の中で生き返る。ニーチェは真の芸術の働きを天才の活動に限定したが、シュレーゲルが次のように言うとき、彼はマルセル・デュシャンとアンディ・ウォーホルに道を開いている。「すべての者が芸術家であり、その生における主要な目的は、自分の知性を育むことである」。育むことは洗練することである。自身を育むことは、したがって自身を洗練することであり、自身を洗練することは、まさに神になることである。シュレーゲルは続ける、「あらゆるよい人間は常に発展して神へと生成している。神になること、人間になること、自身を洗練することはすべて同じことを意味する諸表現である」[87]。想像力がなければ、洗練することはできない。イェーナでフィヒテの講義を聴き、ドイツの哲学的観念論とロマン主義をイギリスのロマン主義者とアメリカの超越主義者たちに伝えたコールリッジは、神学を人間学に、人間学を神学に翻訳することによってカントの構想力《イマジネーション》に関する教説を再定式化した。「したがって私は、想像力《イマジネーション》を第一のものと第二のものとに分けて考える。私が言う第一の想像力は生きる力であり、すべての人間の認識の第一動因であり、私という無限なものにおける創造という永遠の行為が有限な心の中で反復される。第二の想像力は前者の想像力が反響したものであり、意識的な意志と共に存在しているのだが、しかし作用の程度と様態においてのみ異なっている」[88]。第一次の想像力が発生的であるのに対し、第二の想像力は組み換え的である。別の言い方をすれば、想像力は、それを通して図式が発生する形状化の行為と、変化する環境に適応するための図式を組み換え、再編成する行為との両方を含んでいる。形状化は表象されえないが、それにもかかわらず創造的な発生にはミメーシス（模倣）の次元がある。カントの芸術概念ついて注解する際に、デリダは、前もって形式化された形状を反復するにとどまらないミメーシスについて記述している。

> ミメーシスはここでは、一方の事物を他方の事物によって表現することではない。つまり、二つの存在者の間の類似ないし同一化の関係ではなく、自然の産出物を芸術の産出物によって再産出することではない。ミメーシスは二つの産出物の関係ではなく、二つの産出行為の関係なのだ。そして、二つの自由の関係なのである。芸術家は自然の中の事物、あるいはこう言ってもよいが、産み出された自然 natura naturata の中の事物を模倣するのではない。そうではなく、産み出す自然 natura naturans の行為を、作者＝主体のアート、さらにはこう言うことすらできようが、芸術家＝神のアートを模倣するのである。それゆえミメーシスが示すのは、人間の行為が神の行為に同一化するということであり、一方の自由が他方の自由と同一化するということである[89]。

この非表現的なミメーシスの概念を携えて、最初に探求の対象であった自由の問題へ立ち帰ろう。私たちの進む道は長く複雑であるから、これを図表にしてまとめることが役に立つだろう（表3）。

この分析を完成させるためには、まずこれらの行路がポスト近代主義のオルタナティブな諸バージョンの中で問題となる仕組みを図にして示し、次いで言葉と行い——

表3　言葉と行い

	言葉	行い	
	超越的形式	全能の意志	
プラトン主義	形式	絶対的な力	唯名論
	デミウルゴス	秩序の中の力	オッカム
	物質		プロテスタンティズム
			ルター
			カルヴァン
キリスト教の護教論者たち	神の心	契約神学	ピューリタニズム
	ロゴス		
	意識の構造	意識の構造	ルソー
カント	アプリオリな形式	構想力	フィヒテ
	想像力	発生的な形状化	F. シュレーゲル
	図式化	表現	ショーペンハウアー
	アポステリオリな経験	ポイエーシス	ニーチェ
		組み換えによる形状化	フロイト
		表象	
		ミメーシス	

構造と出来事――が発生的で、複雑で、適応性のあるネットワークの中で交差する仕方を精査することによって、いかにして「詩の理論が生命の理論である」のかを示す必要があるだろう。近代主義からポスト近代主義への移行は、一九世紀から二〇世紀の前半にかけて世俗性の台頭を経験する。世俗性は自律的な主体性の発展から結果するのであり、私たちは本章でその発生を跡づけてきた。

　すでに述べたように、自由は単純なのでも一枚岩的なのでもなく、内面的に分割されており、そのために還元不可能なほど複雑である。近代的主体は自己立法するのだが、自律性は根拠を欠いており、したがって無法的な根源的所与性を前提としている。創造的な主体は、自己表象の活動によって自身に関係することで、自身が可能であるための条件として、単に他律的なのではない他性に関係する。他性の「内的な」途絶が欲望の無限の休みなさの中で働いている。一見したところそうは見えなくても、創造的な欲望が、欲望を欲望するのである。そのような欲望が生の脈動である。欲望の不思議な自己再帰性は、自身に向き直ることによって開けを開いたままにしておくのであり、これがなければ創造的な発生は起こりえない。欲望がもはや満足を欲望しない時、欲望は革命的となる。シュレーゲルが次のように言う時の要点はこれなのである。「神の国を地上において実現しようという革命的な欲望が、進歩する文明の永続的な点であり、近代史の始まりである」(90)。ここで想像力による黙示録への信仰は、革命による黙示録への信仰に道を譲り、これは後に、想像力と認識による黙示録への信仰によってとって代わられる。この革命的想像力は来たるべき数世紀に世界を変えるよう運命づけられているのである。

第四章　宗教的な世俗性

内在と超越

スーザン・ジャコビーは、大変示唆的な『自由思想家たち――アメリカ世俗主義の歴史』という著書を、一八七六年七月四日にロバート・グリーン・インガーソルによって書かれた次のような警句で始めている。「私たちは政治から神々を撤退させた。私たちは、人間が政治的権力の唯一の源泉であること、統治される者が統治すべきであることを見出した」。ジャコビーは説明を続ける。

独立宣言署名の百年祭に際し、一九世紀後半のアメリカで最も主要な自由思想の擁護者であり最も著名な雄弁家であるロバート・インガーソルは、自身のホームタウン、イリノイ州のペオリアで「この世界に建設された最初の世俗政府」に対して敬意を表した。「偉大な不可知論者」としても知られるインガーソルは、国家建設の文書から神についての言及の一切を意図的に削り、その代わりに「私たち人民」を最高の統治権威として認めたことについて、憲法草案の作成者を称賛した。インガーソルが断言したところによれば、この前例のない決定は「統治の神学的観念を永久に捨て去った」のである。(1)

約一世紀半後、インガーソルによる過去についての恣意的な説明は、未来の読み違えに通じるものであることが明らかとなった。「統治の神学的観念」は消え去らず、現在おそらくそれまで以上に強力である。いわゆる世俗性の行路を誤って解釈したのはインガーソルだけではない。一九七〇年代の初頭以降、私たちは第四次大覚醒〔一九六〇年代末から七〇年代に、アメリカ合衆国で起こったキリスト教の覚醒。福音主義とキリスト教原理主義の教派が急成長し、増大する世俗主義（同性愛者や中絶の権利を求める運動等）に対して対決姿勢を持つようになった）とでも言うべきものの最中にあったが、これを予想した者は、最も優れた文化評論家たちにあってもほとんど皆無であった[2]。この宗教復興は、アメリカに限定されずグローバルな現象であり、その原因と含意はまだ十分に理解されていない。宗教と世俗性の関係に関するなお継続している混乱が、一九世紀後半と私たちの現在の状況とを理解することを妨げている。

　世俗性とこれと同じ語源をもつ世俗化は、悪名高くよく論じられる用語である。これらの語の現在の意味は、ウェストファリア条約（一六四八年）に遡ることができる。その中で世俗性は、「教会的ないし宗教的な施設あるいは財産を、君主、皇子、あるいは俗人へと移行させること」を指して用いられた。これを敷衍して、世俗的であるということは、「教会や宗教とは区別されるこの世界、あるいはこの世界の出来事に属すること。教会的ではない、宗教的ではない、あるいは聖なるものではないという意味で俗的であること[3]」を意味するようになった。二〇世紀の前半には、神学者、哲学者、社会理論家たちが、一方では世俗性と世俗化との関連を、他方では近代性と近代化との関連を細かく分析した。一九六〇年代までに宗教の擁護者と批判者の両方によって広く共有されていた合意点はどのようなものであったか、ピーター・バーガーは次のようにまとめている。

> 私たちが言う世俗化という語が意味するのは、社会と文化の諸領域が宗教の制度や象徴の支配から取り除かれるプロセスのことである。近代西欧の歴史における社会と諸制度を語る場合にはもちろん、世俗化は、キリスト教会がかつてはそのコントロールや影響の下にあった地域から撤退する形でその姿を現す。例えば、教会と国家の分離や、教会領地の公的接収、教育の教会権威からの解放などである。だが、文化と象徴を論じる場合には、世俗化は一個の社会構造上のプロセス以上のものと考える。それは文化的生活と観念化の総体に影響し、したがって芸術、哲学、文学の領域における宗教的内容の脱落のうちに、そして何よりも重大なことに、世界に関する自律的で完全に世俗的な見方としての科学の台頭のうちに見出されるだろう[4]。

この世俗性の説明には、バーガー自身が弔鐘を鳴らす、非常に宗教的な伝統に根ざした、目的論的な歴史観が潜んでいる。この議論によれば、近代性と世俗性は不可分のものである。つまり諸社会は近代化すればするほど世俗的になる。さらにこのプロセスは不可避的であり不可逆的である、と多くの者が論じた。このような趣旨の分析は単に記述的なのではなく規範的でもあるということを強調しておきたい。宗教の消滅は人間の進化の印と見なされる傾向があるのだ。明確に言い表すならば、この近代化理論の底流にある歴史哲学の様々なバージョンは、原始的なものから近代的なものへ、未熟なものから成熟したものへ、本能から理性へ、迷信から啓蒙へ、束縛から自由へと向かう動きを思い描いている。そのような図式の内部においては、二〇世紀後半と新たな千年の最初の一〇年が経験したいわゆる宗教の回帰は、世界を新たな原始主義へと陥れる恐れのある退化と見なされるのみである。さらにこの原始主義は、近代テクノロジーが備える破壊的なポテンシャルによって、一層危ういものになっているのである。世俗主義者たちはこうした展望をもって、武器をとれというヴォルテールの呼びかけ――「恥ずべきものを打ち壊せ！」――を繰り返すことで、宗教に対して宣戦を布告するのである。

　多くの宗教を信仰する者たちと世俗主義者たちは、近代化が世俗化と関係していることについては同意しているが、それをどう評価するかということについては同意していない。信心深い者たちは、宗教の失墜を進歩ではなく、モラルの相対主義という混沌へと通じ、不可避的に破滅的なニヒリズムを結果する退化と見なす傾向がある。彼（女）らは、この破壊的な下落の道に対抗する唯一の方法は、宗教的な絶対性と根本的《ファンダメンタル》なモラルの価値観――これがなければ生には意味も目的もないことになる――へと回帰することだと主張する。だが、多くの現代の宗教性を、前近代的な信仰と行為へと逆戻りしたものと見なすのは間違いである。なぜなら第六章で詳しく見るように、新基礎づけ主義はまさにポスト近代の現象なのだからである。

　宗教主義者と世俗主義者とは、彼（女）らが認めようと思うよりもずっと多くを共有する、互いを映す鏡像である。互いに逆向きであるが、一方が他方にとって代わることはない。一見してわからないとしても、双方が同じ間違いに基づいている。この争いにおいては、双方が〈あれかこれか〉の排他的な論理に縛られ、宗教と世俗性との間には和解しえない対立があると思っている。彼（女）らは反対の選択をしながら、同じ戦いの場に立っている。世俗主義者も宗教主義者も、世俗性が宗教的な現象であることを理解し損ねている。実際、西洋において発展した宗教のうちには世俗性が横たわっているのであり、世俗性は密かに宗教的なアジェンダを受け継いでいるのである。換言すれば、世俗性と宗教とは共に発生し、互いに依存し合っている。したがって、宗教「の回帰」や宗教「への回帰」を語ることは誤解を招く。宗教は回帰しない。なぜならそれは決してなくならないからである。反対に、宗教は、それが不在であるように見える時でさえ――おそらくそのような時に特に――、社会、自己、文化に現れる。一見して世俗的に見える文化のうちに宗教の幽霊を見てとるためには、まず古代の中近東の霊的な環境のうちにヘブライの神が発生したことを、次いで受肉と三位一体という一見するところ秘教的なキリスト教の教義を——それらは四世紀と五世紀の大公会議で定式化された——考察する必要がある。

世俗化が近代化の兆候の一つであることには疑いの余地はない。だが、すでに見たように、近代化は、プロテスタント革命によって動き出したプロセスから発したものである。ここで、プロテスタンティズムの核心にある超越的で全能な神がいかにして古代ユダヤ教の一神教から派生したのかを考察する必要がある。宇宙創造の神話と儀礼によって統治されていた古代中近東社会のただ中にユダヤ教が発生したことは、プロテスタンティズムによるカトリシズムの改革に劣らず革命的であった。神的と見なされた内在的な自然の諸力によって支配されているように思われていた世界に、完全に超越的な力が出現した。これがヤハウェである。内在と超越という両方の極は、対照的な宗教像を特徴づけるものであり、これが西洋におけるそれらの歴史的な展開の道筋を定める。これらの選択肢が含意するところを明らかにするためには、第一章で展開した宗教的図式の類型論へと立ち戻ることが有用であろう。内在を基礎づける原理は、神、自己、世界が根底にある同一の実体の様々な表出あるいは表現であるような一元論の図式を必要とする。だが超越は、完全な他者を導入することによって二元論を打ち砕く。この完全な他者は、あらゆる二元論によって構成されている、対立的な差異の原理の基礎を形成する。一元論と二元論の図式は、神や神的なものが消滅する正反対のバージョンを展開するのであり、そうすることによって宗教と世俗性の密接な関係を照らしだす。一元論においては、神と神々は、世界と区別することができなくなることによって消滅する——すべてが聖なるものである時は、何も聖なるものではない。二元論においては、神と神々は、重要性を失って処分しうるほどに遠くなることによって消え失せる——神的なものがすっかり不在であるならば、何も聖なるものではない。

この類型論は、一つの伝統の内部においてだけでなく、様々な宗教的伝統を横断して諸図式を比較できるようにする、と私は論じた。宗教的図式の発展の詳細は文脈によって変わるのであり、世俗主義は様々な歴史的状況において独特の形をとる[5]。西洋の世俗主義の宗教的な系譜を辿る際に、一元論の類型は、宇宙創造の神話と古代エジプトとメソポタミアの儀礼の輪郭を明らかにするだろう。そして二元論の類型は、ユダヤ教的一神教の際立った特徴を明らかにするのに役立つだろう。キリスト教の様々なバージョンが、受肉と三位一体という相互に関係した教義によって、これらの極端な考えを——統合しようとするのではないが――調停しようとする。しかし、分化した同一性を調停するのは非常に困難である。対立する諸差異は必ず回帰してきて、破壊的となるかもしれない不調和を創造するからである。近代の神学と宗教の歴史は、内在の一元論と超越の二元論の間で繰り返される「交替《アルターネイション》」の結果である（表4）。近代性の終わりにあり続ける問いは、この交替が、信仰と不信仰との両方が含むニヒリズムを払拭する内在的超越を形状化するかどうか、というものである。この問いに答えるためには、始まりの始まりに戻る必要がある。(6)

始まりの概念には始まりがある。始まりの前には何も始まらない、なぜなら自然的で神的な繰り返されるリズムの中で、すべてが永遠に回帰するからである。始まりは古代イスラエルの宗教と共に始まる。そしてこの始まりは、始まりも終わりももたないように見える円環を途絶させる。卓越した考古学者で歴史学者のヘンリ・フランクフォートは、イスラエルの超越的な神と共に始まったものを記述しながら、次のように書いている。

表4　内在と超越

1	理神論からロマン主義、観念論へ	超越→内在
2	リベラリズムから新正統主義へ	内在→超越
3	新正統主義から神の死へ	超越→内在
4	神の死から新基礎づけ主義へ	内在→超越

『詩編』一九編に「もろもろの天は神の栄光をあらわし、大空は御手《みて》の業《わざ》を示す」とあるのを読む時、私たちはエジプト人やバビロニア人の信仰を嘲笑する声を聞く。『詩編』の作者にとって神の偉大さの証人にすぎなかった天は、メソポタミア人にとっては荘厳な神性そのもの、最高の支配者アヌであり、エジプト人にとってはそれを通じて人間が再生する聖なる母の神秘を意味した。エジプトでもメソポタミアでも、神的なものは内在する――神々は自然の中にあると考えられていた。エジプト人は太陽の中に、人間が創造主について知りうるものすべてを見ていたし、メソポタミア人は太陽を大神シャマシュ、正義の保証者と見たのだ。しかし『詩編』の作者にとっては、太陽は神に信服している召使で、「花婿がその祝いの部屋から出てくるように、また勇士が競い走るように、その道を喜び走る」者であった。『詩編』作者や預言者の神は、自然の中にいるのではなかった。彼は自然を超越し、かくて同様に神話詩的思考の領域を超えていた。(7)

エジプト文化とメソポタミア文化との重要な社会的、政治的差異が、それらの神話と儀礼に示されている一方で、これらの社会の洗練された神話詩的な想像力は、根底的な構造を共有する一つの世界の見方を発展させた。宇宙創造の神話が離散した諸部族からより中心化されヒエラルキーを備えた社会的、政治的な構造へと移行した時に、初めてそうした神話が社会に出現したのであろう。そのような宇宙創造の神話の図式に固有の特徴は、神（より正確には神々）、自己、世界の相互関係を考察することによって明瞭になる。神の領域、人間の領域、自然の領域は、各々が他のものの具体化であるような仕方で統合されている。自然の諸力と循環は、生を解釈するための原初的な象徴とメタファーを提供する。古代の中近東は、紀元前四〇〇〇年から一〇〇〇年にかけて次第に都市化していったが、街のサイズは相対的に小さいままであり続け、人々は自然との緊密な関係を維持していた。これらの文化を基礎づける神話は、いかにして世界と人間社会が生じ、またいかにして複数の神性が表す循環的な自然のプロセスによって統制されているのかを説明する。ミルチャ・エリアーデは、広い範囲に影響を与えた古代バビロニアの物語『エヌマ・エリシュ』と、『創世記』一章2節に残存するその痕跡を分析しながら、宇宙創造の神話における水の象徴の意義について説明する。

> 水は仮想性《バーチャリティ》の総体を象徴する。それは「源泉であり起源fons et origo」、つまり一切の存在可能性の貯蔵所である。すなわち水はあらゆる形式に先立ち、あらゆる創造を支える。創造の一つの原型は、大洋のただ中に突如現れる島である。逆に水中に沈みこむことは形式以前への回帰、存在以前の未分化の様態へ戻ることを象徴する。浮上は形式の現れという宇宙創造の行為を再現し、水没は諸形式の消滅を意味する。(8)

宇宙は、仮想的なものを実在的なものへと形成する形状化プロセスを通じて発生する。『エヌマ・エリシュ』はとりわけ豊かなテクストであるが、それは、これが政治的な権威を聖なる王権に根拠づけると同時に人間社会の起源を説明することによって、宇宙創造論と神学とを統合するからである。エリック・フェーゲリンは、深い洞察力に満ちた刺激的な著書『秩序と歴史――イスラエルと啓示』の中で、宇宙創造論を三段階に区別している。(9)第一段階では、原初の水だけが存在し、これはアプスー（「甘い水の深淵」）とティアマト（「しょっぱい海水」）として知られる。第二段階を印づけるのは、淡水と海水とを分ける境界に集まる沈泥である。この縁《ふち》に沿って対をなす差異と対立とが発生し、これが徐々に宇宙に構造を与える。沈泥が増えるにつれて、ラフムとラハムによって表される淡水と海水が、アンシャルとキシャルによって表される天と地から区別される。[10] 地が区分されると、大地・エアと天・アヌが分かれ、エアは後に極めて重要な神マルドゥクを生むことになる。神統記が完成すると、次第に様々な神々の間に緊張と軋轢が発生する。宇宙創造のプロセスの第三段階は、マルドゥクが最高位に就き、労働を通じて神々に仕える人間が創造されるところを描く。マルドゥクは強力な嵐の神として現れ、海獣ティアマトを打ち倒すことによって秩序をもたらす。その後でマルドゥクは切り分けた女神の体から宇宙を創造する。神々は、称賛の気持ちを表すために力を結集し、マルドゥクのためにバビロンに神殿を築く。この壮大な建物が宇宙の中心であり、世界の軸 axis mundi として利用される。社会の政治的ヒエラルキーはその神的な対応物の写しであり、これに根拠づけられている。王の権威はマルドゥクとの同一性に由来し、王は宇宙のうちに秩序を維持することによって神々に仕える。

最も明白であり、ほとんど興味もひかないのだが、『エヌマ・エリシュ』は特殊な社会構造を説明し、正当化し、保護することを意図して書かれた政治的な文書である。神的と信じられた自然に歴史の根拠を置くことによって、偶然的な社会政治的制度は自然なものであるように、したがって必然的であるように見えるようになる。だがより深いレベルでは、『エヌマ・エリシュ』は、生命のすべての次元における秩序の発生に関する、非常に洗練された説明である。それは、プラトンの宇宙創造論と、これを構想力の認識活動に翻訳したカントの両方を先取りするものである。どのケースにおいても、原初の水が、世界に構造を与える確固たる形式のうちで形状化されえないものを形状化するのであり、弁証法的な二者が対になった対立の明確化を通して秩序が発生する。一元論の図式の際立った特徴は、すでに述べたように、神（々）、自己、世界がすべて唯一の実体が具体化したもの、ないし現れたものであるということである。フェーゲリンは、『エヌマ・エリシュ』について注解する際に、この重要な点を強調する。「宇宙創造論は（中略）『創造』ではなく、神々の生殖とその世代間闘争を通した宇宙の成長である。神々それ自体が、その身をもって宇宙を構成する諸部分なのである」。[11] つまり創造は計画的な行為ではなく、生殖という自然のプロセスであり、これは事実、神的なものがまず神性の階層的な多元性へ、次いで階層的な宇宙へと流れ込むことを意味する。宇宙創造論が神統記へと極まるのだから、人間は自律的なものではなく、神的で自然的な全体性に参与する限りでのみ存在する。創造は自然の循環の一部として、一度きりの出来事ではなく毎年繰り返される。一年の行程において、宇宙の原初の秩序は混沌の縁の方へ向かって徐々に流動し、ついに臨界点に達する。臨界点に達すると秩序は消失し、また回復されなければならなくなる。神の末裔である人間には、原初の宇宙創造の所業を反復する原型の儀礼を行うことによって、秩序を維持する責任がある。秩序がいったん回復されれば、再び循環が始まる。

　私は第一章で、宗教とは、生に意味と目的を与えると共にあらゆる安定した構造を途絶させ、撹乱し、反形状化する、象徴、神話、儀礼の複雑で適応性のあるネットワークであると論じた。この宇宙創造の神話がこれらの両方の機能を果たすことも明らかにされるであろうが、これがいかにしてなされるかを正確に示すことも重要である。この図式の内部では、人間の生は、神的な原型を反復するものとして理解される限りでのみ、意味と目的を有する。換言すれば、意味は実際には時間的なものでも歴史的なものでもなく、繰り返される自然のリズムに由来するのである。未来が始まりの前に前もって形状化されるのだから、未来は、実際には常にすでに過ぎ去っている。もしすべてが前もってプログラムされているのであれば、新しく起きることは何もない。創造は創造的ではなく、同じものの永遠の回帰である。創造力――それが神的なものであれ人間的なものであれ――が存在しないならば、変化は表面的なものにとどまる。この視点からすれば、努力目標は「新しくする」ことではなく、古いものを反復することである。

　こうしたことは、神的で自然的な宇宙のただ中に超越的な神が侵入することによって一変する。イスラエルの建設はアブラハムに対する神の命令によるものであったが、イスラエルが歴史の中で果たすよう命じられていると信じた特別な役割が有する遠大な含意は、神がモーセにヘブライ人の氏族を集め、エジプトの捕囚から脱し、砂漠へ旅立つことを命じるまでは明らかにならなかった。この出来事が世界史の中で重要な位置を占めることは後に明らかになるが、当時はほとんど意義を認められなかったため、エジプトの権力者たちの公式の記録には書き留められもしなかった。砂漠が川とは異なるように、砂が水とは異なるように、イスラエルの宗教は近隣の宗教とは異なっていた。さすらい、誘惑、試練の場である砂漠では、喪失と欠如に脅かされる。エジプトから逃げて砂漠に入り込んだ古代ヘブライ人たちは、彼（女）らが想像することも知ることもなかった「他者」との関係を通して自らを見出した。ヘブライ語聖書の著者たちが語るように、このラディカルな他者の出現は一連の構造化された諸対立を導入したのであり、これは洗練されると、新しい宗教的図式を構成することになる。

神／世界
一／多
創造者／被造物

歴史／自然
啓示／理性
内的／外的
選ばれている／選ばれていない
信仰のある／信仰のない

ユダヤ教の神は何よりもまず一である。古代中近東の文化に特徴的な多神教とは対照的に、ユダヤ人は徹底した一神教徒である。一つの神だけが存在し、神それ自身が一である。第二に、そして同じように重要なことに、この神は世界の唯一の創造者である。創造は神々の顕れではなく、力をもった行為主体《エージェント》による自由で計画的な行為である。したがって創造された秩序は、必然的ではなく偶然的である[12]。創造は、繰り返される自然のプロセスなどといったものでは全くなく、それまで全く存在しなかったものを存在させる無類の出来事である。この出来事が、始まりの始まりを印づける。それは神の創造力と人間の創造力の両方の条件である。もし新しいものが宇宙論的にも存在論的にもありえないのならば、創造力は幻にすぎない。神の姿に似せて創造された人間とは、自由で責任ある諸個人のことである。人間は被造物であり、神的実体が具体化したものでも顕わになったものでもなく、その行為が決定的な重要性をもつ独立した行為主体である。神と自己の関係は、存在論的ではなく契約的である——神はその選ばれた行為主体としてイスラエルを選び出し、そうすることによって自分の民を他のすべての民から分けるのである。モーセが砂漠でイスラエルに説明したように、選出は、神が制定した律法に従うという義務を伴っている。

イスラエルよ。今、わたしが教える掟と法を忠実に行いなさい。そうすればあなたたちは命を得、あなたたちの先祖の神、主が与えられる土地に入って、それを得ることができるであろう。あなたたちはわたしが命じる言葉に何一つ加えることも、減らすこともしてはならない。わたしが命じるとおりにあなたたちの神、主の戒《いまし》めを守りなさい。あなたたちは、主がバアル・ペオルでなさったことをその目で見たではないか。あなたの神、主はペオルのバアルに従った者をすべてあなたの間から滅ぼされたが、あなたたちの神、主につき従ったあなたたちは皆、今日も生きている。

見よ、わたしがわたしの神、主から命じられたとおり、あなたたちに掟と法を教えたのは、あなたたちがこれから入って行って得る土地でそれを行うためである。あなたたちはそれを忠実に守りなさい。そうすれば、諸国の民にあなたたちの知恵と良識が示され……。

（『申命記』四章1－6節）

契約の成立が、宇宙的で自然的な宗教から、神とその民の想定される歴史的な相互行為の周囲に組織される宗教への移行を印づける。この重要な展開が含意するところを、フランクフォートは次のようにまとめている。

ここで意味を担っているのは、宇宙の現象ではなく歴史そのものである。歴史は、神の動的な意志の啓示となったのである。人間存在はメソポタミアでそうであったように、単なる神の召使いなのではなく、またエジプトでそうであったように、問題にされる必要がなく、事実また問題にされえなかった静的な宇宙の中であらかじめ決められた地位に置かれたのでもない。ヘブライ思想によると、人間は唯一神の通訳者であり、僕《しもべ》であり、光栄にも神の意志を実現する任務さえ託されている。そこで人間は、彼の不完全性のゆえに失敗する運命にある無限の努力を負わされたのだ。私たちが旧約において見出すのは、新しい自由と新しい責任の重荷を負っている人間である。(13)

神、自己、世界の相互作用のこのビジョンが、新しい宗教的図式を構成する。生の意味と目的はもはや、前もって形状化された形式と構想を儀礼が反復することによって打ち立てられるのではなく、今や真に自由であり、したがって創造的な出来事を通じて時間と空間のただ中で造り出されるのである。あらゆる個人が彼（女）自身の行為に対して責任をもちながら、彼（女）は、神との現在進行形の関係を通して展開する共同体のメンバーでもある。したがって意味と目的は、単に後ろ向きで考古学的なのではなく、前向きで目的論的である。より正確に言えば、意味は、期待された未来において過去と現在とを統一する、個人的で文化的な物語を通して構成される。キリスト教の歴史だけでなく、事実上西洋におけるすべての歴史的な物語の特徴をなすに至る三項構造は、すでに『出エジプト記』の逸話に認めることができる。エジプトは、そこから古代イスラエル人が逃れ出てきた「束縛の地」を表している。砂漠は最終目的地ではなく、漂泊の空間であり、これは最終的には約束の地、すなわちカナンへと通じている。過去と現在は、未来への関係を通して意味と目的を帯びるのであり、ユダヤ人は常に未来へ向かって移動しているのである。だがこの未来は、自らの民を未来へと向かわせる超越的な神と同様に、手の届かないものであることが明らかとなる。

振り返ってみると、イスラエルの宗教の発生が、神が徐々に超越的になっていく長いプロセスの始点であったことが明らかである。『申命記』で、ヤハウェは民に言う。

わたしが今日あなたに命じるこの戒めは難しすぎるものでもなく、遠く及ばぬものでもない。それは天にあるものではないから、「だれかが天に昇り、わたしたちのためにそれを取って来て聞かせてくれれば、それを行うことができるのだが」と言うには及ばない。海のかなたにあるものでもないから、「だれかが海のかなたに渡り、わたしたちのためにそれを取って来て聞かせてくれれば、それを行うことができるのだが」と言うには及ばない。御言葉はあなたのごく近くにあり、あなたの口と心にあるのだから、それを行うことができる。

（『申命記』三〇章11－12節）

第二イザヤ〔イザヤの約二世紀後の預言者〕の時までに、神は離れた天へと退いてしまった。

わたしの思いは、あなたたちの思いと異なり
わたしの道はあなたたちの道と異なると
主は言われる。
天が地を高く超えているように
わたしの道は、あなたたちの道を
わたしの思いは
あなたたちの思いを、高く超えている。

（『イザヤ書』五五章8－9節）

古代中近東の全体で共有される知恵の伝統において、最高神エールは秩序の創造者であり保証者である。イスラエルがエールを自分たちの神であると主張する以前は、エールはどの国の神でもなかった。エールの隔たりは、その公平性と普遍性の条件であった。マルドゥクやバールといった神々は、ヤハウェと重要な点で異なりつつもこれと多くを共有しており、秩序を途絶させる者であり、破壊する者であった。時代と共に、これら二つの神理解のうちの後者が消えてゆく。ヤハウェは復活して古い神として振る舞うだろうという希望は残っていたが、その間に重要であり続けた神性は知恵の神であった。トーラー〔「モーセ五書」のこと。『創世記』、『出エジプト記』、『レビ記』、『民数記』、『申命記』から成る〕自体が知恵と融合し始めた。神が退出すると、ヴェーバーの有名な言い方を借りれば、世界は「脱魔術化」する。神的なものはもはや現前せず、今や神が歴史のうちに介入し語るように思われる時でさえも、不在のままであり続ける。神の超越は、抽象化、統一化、合法化、合理化、普遍化、標準化、規制化といった、続く二千年の経過のうちで重要になる他のプロセスや展開と密接に関係している。神が超越へと退出すると、次第に抽象的になり、表象することも認識することもできなくなる。人間の心は、反省のうちで自身へと向き直ることによって神の超越を認識する際

に、個々の具体的なすべてのものから抽象している自分自身の力におぼろげながら気づく。神と神々が不在であることによって、自然を規制する法則と、行いに対し明確な理由を与えるためのルールとが必要になる。ユダヤの一神教においてはただ一つの神しか存在しない以上、神は普遍的な法則を打ち立てる力をもつことになる。環境の変化を通じて、法則の普遍性は、自然のプロセスと人間の振舞いを標準化するようになる。神が隔たれば隔たるほど、法則は自律的なものに見え、宇宙が秩序をもって機能するために神はもはや必要ではないように思われるまでになる。この時点で神は実際消え去り、世界は、神の導きと介入なしに展開するのである。

受肉と三位一体

古代中近東における超越の発生は、退出のプロセスを開始するものであったのであり、機能的に神の死に等しい神の不在をもたらすことになった。キリスト教は、時間と空間の中に実際に具現化する神によって、この軌道を逆向きにする。超越が内在のうちへと移される時、神は再び死に、歴史と自然がついには聖化ないし再聖化される。もちろんキリスト教は、ユダヤ教の単なる否定ではない。反対にキリスト教徒は、自分たちの神が旧約聖書と彼（女）らが呼ぶものの神と同じものであると信じている[14]。初期のキリスト教徒たちは、ユダヤ人たちと同様に、宇宙の唯一の創造者である超越的な神に献身する一神教徒であった。キリスト教とユダヤ教との根本的な違いは、イエスという歴史的な人物の地位に関係している。ユダヤ人たちが、イエスは宗教的な預言者の長い系列に属する人間であると信じるのに対し、たいていのキリスト教徒たちは、イエスはメシアであり、神の独《ひと》り子《ご》として神的であると確信している。神の超越が頑なに主張されるために、ユダヤ人たちは、イエスであれ他の何であれ、有限な存在の神性を受け入れることができない。キリスト教は、この重大な点についてユダヤ教に同意しないにもかかわらず、一神教を信奉するため、イエスの神性を信じることには困難がつきまとう。もしイエスが神的なのであれば、いかにして神は一つであることができるのか？　キリスト教の運命、さらには西洋の歴史は、この問いにかかっている。

初期のキリスト教共同体は、イエスがすぐにも復活するだろうという期待が外れると、自分たちのコミットについて再考し、信仰を再定式化しなければならなくなった。未来への希望ではなく、現在の現実に注目するようになったキリスト教徒たちは、自分たちが非常に複雑な社会的、文化的、精神的な世界のうちにあることに気づいた。ローマ帝国は衰退と腐敗の時代の間で、アウグストゥス（紀元前二七年から紀元一四年まで皇帝を務めた）の支配によって平和と楽観の時代を迎えたが、キリスト教史の最初の数世紀はたいてい、社会的、政治的に不安を抱えた時代であった。古代ローマは、ジュリアス・シーザー（紀元前一〇〇年から四四年）が独裁的な力を掌握することで始まったが、それが掲げる共和主義的な原理の理想からは遠ざかる方向に向かっていた。アウグストゥスは、この動きを逆向きにしようと試み、成功した。アウグストゥスは、大きな権力を元老院に返し、人民の代表としてのこれに仕えることにした。長く戦争状態にあった帝国に平和と安定をもたらそうというアウグストゥスの狙いの中身は、この政治的な綱領であった。アウグストゥスの企ては多くの面で成功した。共和政治の装いが再び整い、帝国に平和が訪れた。だがアウグストゥスの後継者は、いつ壊れるかもしれない平和を維持する能力を欠いていた。比較的平穏であった時代は、暴力と抑圧によって終わりを告げた。後の支配者たちはアウグストゥスによって確立された微妙なバランスを維持することができなかったのだが、この無能さは三世紀の危機において特に明らかであった。この時、ローマ社会の社会的、モラル的な骨組みは崩壊する寸前にあったようである。内的にはローマの軍事司令官による包囲攻撃を受け、外的には襲撃してくる異邦人によって攻撃され、帝国の儚《はかな》い安定は崩れ去った。状況が悪化すると、キリスト教徒たちが迫害の対象になった。迫害は、最初は局地的で散発的なものであったが、帝国の諸問題に拍車がかかると、攻撃はますます激しいものになった。一七七年、マルクス・アウレリウスは、キリスト教徒たちは帝国にとって危険であるから、彼（女）らを拷問にかけて殺さなければならないと宣言した。三世紀の半ばには、帝国が政治的、社会的な危機に瀕し、デキウス（二四九年から五一年まで皇帝を務めた）はキリスト教徒を組織的に迫害するに至った。四世紀の初頭には、ディオクレティアヌス（二八四年から三〇五年まで皇帝を務めた）がキリスト教を実践することを禁じ、違反者には死刑を科した。

　キリスト教の護教論者たちは、迷信、無神論、モラル上の放縦、煽動といった非難から身を守るために、主にプラトン主義と新プラトン主義において展開されたギリシャ哲学の用語を用いて、自分たちの信仰を鋳直した。その結果、キリスト教神学とプラトン哲学とが連結され、これによって完全に解消されることの決してない緊張が産み出されることになった。キリスト教が形成される時に、ユダヤ教の一神教とプラトン主義とが結合して神の概念が創造されたが、これは、イエスの神性と神の一体性の両方を肯定することを事実上不可能にするものであった。四世紀と五世紀の主要な公会議は、イエスの正統な解釈を確立することに腐心した。結局、合意は果たされたが、ニカイア公会議（三二五年）、コンスタンティノポリス公会議（三八一年）、カルケドン公会議（四五一年）によって承認された信条が含意するところは、一九世紀になるまで完全には明らかにならなかった。受肉の教義を完全に洗練すると、三位一体の教義が必要となる。三位一体の教義は、自ずと自然、歴史、文化の神学を含意することになり、これが、創造的な発生のプロセスとしての神的な生命の概念に極まるのである。

後に見るように、キリスト論と三位一体論という深遠な教義を、歴史家と神学者の領分である「歴史のゴミ箱」に押し込むのは間違いである。四世紀と五世紀の議論は、当時の予想をはるかに越えて、後に続く歴史と思想を形づくったのである。実際、後に西洋において近代主義とポスト近代主義となったものは、それらの神学的な系譜学から切り離しては、決して十全に理解することができない。確かにこの主張は風変わりなものに見えるだろうし、ある人々からは反発も受けるだろう。だが、もし読者諸氏がその不信を保留し、後の展開に照らして従来の神学を再考し、古典的な神学を通して近代主義とポスト近代主義を再解釈する作業に取り組むことを厭わないならば、予期せぬ洞察が得られるだろう、と私は思っている。

キリスト教の中心となる教義はキリスト論である。実際、受肉なくしていかなるキリスト教も存在しない。神がイエスという歴史的な人物において受肉したことを確約することは、ある意味で真実が――それがどんな形を取っていようとも――、他のどこかではなく、まさに今ここに現前することを信じることである。神学者と教会管理者が直面していた問題は、神の一体性を保持したまま、同時にイエスの神性を肯定する方法を見出すことであった。この問題について合理的な解決を思いつくというのは、初期の公会議が一体性と同一性とを理解していた当時の方法からして、実際ありえないことであった。プラトン主義と当時の一神教は、一体性と同一性の包括的で弁証法的な理解ではなく、一体性の排他的な理解を前提としており、そこでは多元性、複数性、差異性と同一性とは調和することができないのである。あるものは一であるか多であるかのどちらか――同一であるか異なっているかのどちらか――であるがゆえに、同時にどちらもであることはできない。しかし同一性と差異の同一性、あるいは一体性と複数性の単一性、これこそまさに、一神教とイエスの神性とを受け入れることが要求するものなのである。もしイエスが神であるならば、神は一つでありえず、少なくとも二つでなければならないように思われるだろう。いずれにせよ神――あるいは他の何であれ――は、いかにして同時に一つでありかつ一つ以上であることができるのか？　神の一体性は神の不変性を備えているはずだと信じるがゆえに、問題はさらに複雑になる。もし神が一つであるなら、神は変化しえない、そしてさらに、変化するものはどんなものでも神ではありえない。一体性と同一性との排他的な理解を信じる場合、御父と御子の関係については三つの選択肢しか残らない。

1　御父と御子とは同一である。これは矛盾律に背くものであり、したがって非合理的に思われる。

2　御父と御子とは別のものである。これは合理的であるが神学的には問題を含んでいる。

3　御父と御子とは、それらの差異において何らかの仕方で同一である。

これは問題を解消するであろうが、理性についての新しい理解を要求する。

この難問の答えは、結局、神は一つであるだけでなく、三つで一つでもあるという思いもよらない主張であることが判明する。受肉の教義と三位一体の教義との間の複雑な関係が含意するところは、直接的には明らかではない。いい加減ではない仕方で問題を解決するには、実に一世紀半を要したのであり、その時でさえことの重要性を理解した者はほとんどいなかったのである（表5）。

これらの難解な神学論争は、四世紀において重大な政治的帰結を含んでいた。この時までに、キリスト教徒の状況は劇的に変わっていた。キリスト教はもはや迫害されるマイノリティではなく、三一二年、ミルウィウス橋の戦いで

表5　三位一体の論争

御父と御子の関係		
同一性	区別をともなった同一性	差異性（従属）
モナルキア主義	アレクサンドロス	アリウス
サベリウス		
天父受苦主義	ニカイア公会議（325年）	
様態論		
マルケルス	アタナシオス　準アリウス主義	ラディカルなアリウス派
	（ホモウーシオン）　（ホモイウーシオン）	
		ディスシミリアリアン
		（アノモエアン）
	コンスタンティノポリス公会議（381年）	

コンスタンティヌスが「回心」することによって、キリスト教は帝国の特権を付与された宗教となった。ミラノ勅令(三一三年)によってすべての市民に宗教の自由が認められたが、コンスタンティヌスの政策は、次第に宗教的に中立な政策からキリスト教を優遇する政策へとシフトした。しかし、彼の動機は宗教的であるよりもむしろ政治的であった。コンスタンティヌスは、キリスト教が帝国全体を政治的に統合するための基礎になるだろうと考えていたのである。彼の支配は西の帝国では揺るがなかったが、東の帝国は彼の義理の兄弟のリキニウスによって統治されており、その完全な宗教的寛容という政策は三二一年に情勢不安を引き起こすことになった。この年、アレクサンドリアの司教であったアレクサンドロスと、その教会の司祭であったアリウスとの間で論争が起きた。議論の焦点は神格のうちで、御父に対する御子の関係をどう位置づけるかというものであったが、この論争が含意するところはずっと広範に及んでいた。アレクサンドロスの主な関心は救済論に関するものであった。もしイエスが神的でないならば、救済は不可能である、と彼は論じた。ラディカルな一神教論者であったアリウスは、贖《あがな》いに関心がなかったわけではないが、その主たる関心は、神の絶対的な超越、一体性、不変性を確保することにあった。もしイエスが神であるならば、不変なものが変わることになり、これは論理的にも神学的にも矛盾であると彼は反論した。続く三年間、一連の公会議も教会会議も政治的な努力も、問題を解決することができなかった。三二四年、東西の帝国の脆い休戦状態は終わった。コンスタンティヌスはリキニウスを打ち負かし、追放し、政治的な罪を捏造して死刑に処すよう命じた。大勝した皇帝は、初めは神学論争を「言葉についてのくだらない馬鹿げた口論」と片づけていたが、争いが彼の政治的な利益を損ないそうになると、すぐに問題の解決を模索するようになった。三二五年五月二〇日、コンスタンティヌスは帝国の安定を確かなものにする神学的な合意を達成しようと、ニカイアに全教会会議を召集した。だが彼は、問題の迅速な解決という望みが可能性のない幻想であることをすぐに理解した。

論争していた両陣営はともに、自分たちの見解の根拠をアレクサンドリアの教理学校の学頭であったオリゲネスに遡って求めた。ギリシャ哲学に大きな影響を受けたオリゲネスは、キリスト教信仰を解釈するためにプラトン主義と新プラトン主義を用いた。オリゲネスは、最初のキリスト教大全である『第一原理について』で、必ずしも常に一貫していないが包括的な神学を展開し、これを宇宙の哲学へと敷衍した。彼の著作は諸対立に満ちており、未だ解決されていない矛盾を含んでいる。しかしその実、まさにこの矛盾が彼の思想に大きな影響力を与えたのであった。論争において対峙する両陣営が、自分たちの見方を確証するために、正しくオリゲネスの権威に訴えることができた。オリゲネスは、御父と御子との関係という重大な点についでは、ある箇所では御子は御父に等しいと主張し、別の箇所では御子は御父に従属すると主張しているのである。ある文脈では彼は、御子は「永遠に共存し、始まりをもたない」と主張する。「彼の業《わざ》の力に関しては、御子は決して御父とは別ではなく異なってもいない。その業は御父の業そのものであり、いわば彼らはすべてにおいて同じ一つの運動をするのである。したがって、御子と御父との間には絶対的に一切の相違がないことを理解させるために、御父は御子を『傷のない鏡』と呼んだのである」[15]。オリゲネスは、この重要な点を強調するために、後の議論において中心的となるホモウーシオンという語を導入した——これは同一の本質ないし実体を意味する。ホモウーシオンは後にホモイウーシオン（相似した本質ないし実体）とアノモエアン（異なる本質ないし実体）から区別される。だが、他の箇所ではオリゲネスは、神格のうちにも創造された秩序と同様にヒエラルキーが存在すると論じるのであり、御父と御子とは等しいという主張と矛盾をきたしている。

宇宙をまとめる神である御父は、実在するあらゆる存在に優る。というのも彼は、各々のものに、各々のものがそれであるものを自身の実在から分け与えるのだから。御子は御父には劣るが、ご自身一人で理性的な諸被造物に優る（というのも彼は御父に次ぐものだから）。聖霊はさらに劣り、聖人のうちにのみ住まう。したがってこのようにして御父の力は、御子や聖霊のそれよりも大きく、御子の力は聖霊のそれよりも大きい。さらに聖霊の力はあらゆる他の聖なる存在のそれに優る[16]。

御父と御子との等しさや同一性を主張する者は右派のオリゲネス主義者として知られ、御子は御父に従属すると断言する者は左派のオリゲネス主義者と呼ばれるようになった。アリウス主義者たちは左派のオリゲネス主義者たちであり、唯一の合理的な見方は、御父（超越的で不変の神）に御子（歴史的イエス）が従属するという考えだと信じた。対照的に、右派のオリゲネス主義者たちは、御子と御父との完全な同一性を主張した。イエスの神性を肯定しつつ同時に一神教を保持するために、右派のオリゲネス主義者たちは、御父、御子、聖霊は存在論的には異ならないが、同一実体の異なる様態なのだと主張した。この見方の専門的な呼び名は様態論的モナルキア主義であり、その主たる代表者はサベリウスであった。サベリウス自身の言葉で言うと、「同一のものが御父であり、同一のものが御子であり、同一のものが聖霊である。それらは三つの名前であるが、同一のものの名前なのである」。そのような神学においては神である御父は不可避的に苦しむのであり、苦しみを受けることがない神に帰依していた批判者たちは、サベリウスの考え方を天父受苦主義と呼んだ。アリウスとその支持者たちにとって、神が苦しむという主張は冒瀆的であった。永遠の神を一時的な移ろいで「穢《けが》す」のを避けるために、彼らは、御父と御子との間にはいかなる実体の同一性も存在しえないと論じた。御子は御父に従属するのみならず、現に被造物である。アリウスは、自身の信仰を弁護して三一八年頃、ニコメディアのエウセビオスに書いた手紙で、次のように告白している。

　私たちが口にし、考え、教えてきたし、今も教えているものは何であろうか？　御子は自分で生まれてきたのではないし、いかにしても自分で生まれてきたものの一部ではないし、何らかの基体から造られるのでもない。そうではなく、彼は時間と時代との前に神の意志と意図によって造られたのである。（中略）「御子には始まりがあるが、神には始まりがない」と言うから、私たちは迫害されるのである。私たちが迫害されるのはこのため「御子は存在しなかったものから造られる」と言うためである。しかし私たちが言うのはこれである。御子は神の一部ではないし、いかなる基体から造られるのでもないのだから(17)。

アリウスは結論を認めることに抵抗するのだが、現に受肉を否定している。もし神が肉であり苦しむということになれば、それはもはや神ではない。しかし、もし御子が御父に従属するのであれば、いかなる受肉もない。

　アレクサンドロスとその支持者たちにとって、受肉を否定することは救済の可能性を否定することであった。したがってイエスの完全な神性を確立することが焦眉の問題であった。ニカイア公会議の前の数年間で、その名前が「不死の者」を意味するアタナシオスは、アレクサンドロス流の考え方の主要な論者になった。アタナシオスは、自身のアリウス主義者たちとの違いを次のように説明している。

　もし御子が被造物であったとしたら、人間は神と結ばれることがなく、それまでと同じように死すべきもののままであっただろう。というのも、被造物は被造物を神に結ぶことがないからである。その場合、被造物は自分の中に結ぶものを探し求めることになろう。また、被造物の一部が被造物の救済であったこともないからだ。その場合、被造物は自分自身を救済することになろう。こうしたことにも備えて、神は自分の御子を送り、御子は創造された肉となることによって、人間の御子になるのである。（中略）というのは、言葉が肉を装うことによって、何度も説明されてきたように、蛇が何度噛みつこうとも血は完全に止まるようになったのであり、悪が肉の動きから生じようとも、切り取られるようになったのである。[18]

言い換えれば、神が受肉しない限り、救済は不可能だということである。アタナシオスは、アリウス主義者たちの破滅的な従属と自身が見なすものに対抗して、御父と御子の実体の同一性を主張する。アタナシオスはオリゲネスが導入した用語を用いて、御父と御子とはホモウーシオス（同一の実体からなる）であると論じる。最後にニカイア公会議が極度に緊迫した政治的な雰囲気の中で召集された時、代表者たちはアレクサンドロスとアタナシオスに与《くみ》し、アリウス主義の考えをきっぱりと退けた。ニカイア信条の三位一体論の構造は、説明を加えないまま、御子の神性は神の一体性と永遠性を損なわないと主張する。

我々は信じる、唯一の神、万物を支配する御父、見えるものと見えないものすべての造り主を。
また、唯一の王、イエス・キリスト、神の子、御父から生まれた独り子なる御子、即ち、父の実体から生まれた方、神からの神、光からの光、真の神からの真の神、生まれた者であり造られた者ではない方、御父と同一本質の方、天と地にあるすべてのものがこの方を通して作られた方、我々人間のため、我々の救いのために下り、受肉し、人間となり、苦しみ、三日目に復活し、天に昇られた方、また生ける者と死せる者とを裁くために来られるであろう方を。
また、精霊を。[19]

（小高毅編『原典古代キリスト教思想史2　ギリシア教父』教文館、二〇〇〇年より）

だが、ニカイア公会議は論争を鎮めるには至らなかった。非常に深いところで行われる論争は、決してすぐには解決をみない。公会議に続く数年で、対立する陣営の相違はより一層明確になった。三三七年にコンスタンティヌスが没すると、帝国の脆い統一は、完全に政治化してしまっていた神学論争の中で崩壊する危機に瀕した。多くの者が万人の気に入るであろう妥協案を作り上げようとしていたが、アタナシオスは信条を弁護することに固執した。彼の主たる関心はいつも救済にあった。彼は、論文『言（ロゴス）の受肉』で自身の見解の要点を簡潔にまとめている。「私たちが変えられた神であるように、神は変えられた人間であった。私たちが目に見えない御父の観念を受け取れるように、神は身体で自身を顕わした。彼は、不死性を受け継ごうとする人間の傲慢に耐えた[20]」。三八一年、コンスタンティノポリス公会議はニカイア信条を再確認し、なお残っていたアリウス主義者たちを有罪とした。この公会議は、キリスト教の歴史において最も長きにわたる最も重要な神学論争の一つを終結させたのだが、イエスの位格に関する重要な問いは答えられないまま残された。

表6　キリスト論の論争

神的	神的で人間的	人間的
単性説	両性説	単性説
アレクサンドリア	正統主義	アンティオキア
寓意的		字義通り
神秘主義的		歴史的
		倫理的
アポリナリス	ナシアンゾスのグレゴリオス	ネストリウス
アポリナリス主義		ネストリウス主義
	エルサレムのシリル	
	エフェソス公会議（431年）	
エウテュケス	教皇レオ	
エフェソス（449年）	カルケドン公会議（452年）	
	反：アポリナリス主義	
	ネストリウス主義	
	単性説	
	ビザンティンのレオンティウス	

ニカイア公会議で焦点となった議論は、御子の神性を規定するのかあるいは否定するのかということに集中していたため、イエスの人間性をどう位置づけるかという点は曖昧なままであった。神学的な危機が去ったように思われた矢先、係争中の論争に再び火がついた。一体性と同一性との排他的な理解が許すのは、三つの選択肢だけであった。

1　イエスは完全に神であるが、完全には人間ではない。
2　イエスは完全に人間であるが、完全には神ではない。
3　イエスは完全に神であり、完全に人間である。

これらの議論の二つの極は、御子の神性を肯定するがその人間性を否定するアレクサンドリアの神学者たち及び聖職者たちと、この人間性を肯定するがその神性を否定するアンティオキアの神学者たち及び聖職者たちとによってそれぞれ主張された（表6）。

アレクサンドリアの人々は地上のものよりも天上のものにより大きな関心を抱いていたため、彼らは神秘主義的な霊性へと引き寄せられ、聖書を寓意的に読む傾向があった。アレクサンドリア的思考を最も強固に基礎づける者の一人であるアポリナリスは、人間は時間的で儚く朽ちやすいのに対し、神は永遠で不変で朽ちないものであるのだから、それらの両方が一つの分割されない存在のうちに十全に現前するのはありえないことだ、と論じた。したがって問題は、いかにして神的なものと人間的なものとが結び合わされることができるのか、ということである。アポリナリスによれば、神的なものと人間的なものの両方が一つの分割されえない存在のうちに十全に現前するのは、哲学的にありえないことである。唯一の合理的な理解は、一つの本性が完全に現前し、他の本性は部分的にのみ現前するというものである、と彼は信じた。神の本性が不完全、つまり完璧ではないということはありえない以上、人間の本性がイエス・キリストのうちに部分的に現前しているに違いない。アポリナリスは、神的なものはイエスの心として現前するが、イエスの身体は完全に人間的なままであると結論づける。「神はご自身の活動的な力を保ちながら人間の肉体に受肉する。その際、心は動物的、身体的な情念によって影響を受けず、身体とその運動を神的で罪のないものとしてお導きになる。神は死によって打ち負かされることがないばかりか、死を破壊するものである。彼は真の神であり、肉体のうちに非身体的に現れており、真の神的な完全性において完璧であり、二つの人格ではなく、二つの本性でもない[21]」。この立場とこれに対立する立場(すなわち御子は完全に人間であるが完全に神なのではない)は、単性説(つまり一つの本性)として知られている。後続の議論においては、イエス・キリストは二つの本性――神的、人間的――であるということを否定するアポリナリスの議論が、受肉の否定と等しいことが明らかになる。

このキリスト論が含意するところを捉える必要がある。明示的には示されていないが、御子の完全な人間性を否定することは、創造された秩序と身体的な存在について否定的な判断を下すことである。この理解は対立する論理、つまり一体性と単一性に関する排他的な理解の根底にあるものと一致している。〈あれかこれか〉の論理は、和解させることも媒介することもできない二元論である。キリスト教の生成期には、古代ゾロアスター教から派生した秘教的な諸伝統が地域全体において非常にポピュラーであった。マニ教、様々な形のキリスト教的/非キリスト教的グノーシス主義が多くの支持者を得、しばらくの間、キリスト教の強力なライバルであった。神話と儀礼の細部こそ異なるが、こうした諸運動はすべて、徹底的に超越した神と完全に堕落した世界という見方を共有していた。人間は暗闇の世界に放り出され、澄んだ光の国へと逃れようとする。こうした伝統の名残は、神性が人間性において完全に具現化されうることを否定する、アレクサンドリアのキリスト論に見出すことができる。キリスト教の歴史を通じて、マニ教とグノーシス主義の様々なバージョンとが繰り返し現れ、自分たちが信仰の真のあり方であると主張する。しかしそのような異界の観念に基づく二元論ほど、受肉と三位一体の教義のうちに含まれている生命理解から遠いものはない。

アンティオキアのキリスト論は、アレクサンドリアの考え方の対極である。アレクサンドリアのキリスト論が神秘主義的で寓意的な傾向をもつのに対し、アンティオキアの人々は聖書を字義通りに解釈し、歴史的人物としてのイエスに関心を寄せ、この世における生の倫理的モデルとしてのイエスに傾倒する傾向があった。イエスにおける神性と人間性との関係に関する論争が続くうち、焦点は、マリアは神の母（テオトコス）なのかという問題へとシフトした。イエスの人間性を神性のうちに含めようとするアポリナリスに対抗するために、ネストリウスは、同類のものは同類のものだけを産むことができるのだから、マリアは人間イエスの母であって、神の言葉やロゴスの母ではないと論じた。「もし誰かがこのテオトコスという語を、両親についてではなく、御言葉である神と結びつけて生まれた人間性について用いようとするのであれば、真の母は彼女から生まれたものと同じ本質であるはずだから、この語は産んだ彼女に対して適切ではない、と私たちは言うのである」[22]。アポリナリスがキリストの神性を肯定するために人間性を否定する傾向があったのに対し、ネストリウスは、キリストの人間性を肯定するために神性を否定する傾向があった。どちらも、イエス・キリストが完全に神であり、かつ完全に人間であることができるということを想像できなかったのである。しかし、最終的にキリスト教の正統となったものに従えば、これがまさに救済に必要となるものなのだ。議論において中心的な役割を果たしたナシアンゾスのグレゴリオスは、大事な点を簡潔に表した。「背負わなかったものについては、彼は癒さなかった」。グレゴリオスは、人間性における神性の完全なる具体化を否定したアポリナリスと、イエスという名前をもった人間的人物の完全なる神性を拒否したネストリウスとの両方を有罪とした。神学的な議論と政治的な努力には長い年月を要したが、教会はついにグレゴリオスの考えを採用した。御父と御子との関係に関するこの理解は、カルケドン公会議で承認された信条に定式化されている。

我々は皆、聖なる教父たちに従い、心を一つにして、次のように考え、信仰告白する。我らの主イエス・キリストは唯一かつ同一の御子である。この同じ方が神性において完全な方であり、この同じ方が人間性において完全な方である。この同じ方が真の神であり、また理性的な魂と肉体から成る真の人間である。この同じ方が神性において御父と同一実体の者であり、かつまた人間性において我々と同一実体の者である。罪を犯されなかったが、あらゆる点において、我々と同じである。神性においては、代々に先立って御父から生まれたが、この同じ方が、人間性において、終わりの日に、我々のため、我々の救いのために、神の母（テオトコス）なる処女マリアから生まれた。この方は唯一かつ同一のキリスト、主、独り子として、二つの本性において混合されることなく、変化することなく、分割されることなく、分離されることなく知られる方である。このように合一によって二つの本性の相違が取り去られるのではなく、むしろ双方の本性の固有性は保持され、唯一の位格、唯一の自立存在（ヒュポスタシス）に共存している。[23]

（強調は引用者による。前掲『原典古代キリスト教思想史2ギリシア教父』より）

ついにここで位格の結合が定式化され、これは今でも正統なキリスト論であり続けている。一つの位格、二つの本性——完全に神であり、完全に人間である。だが、宣言することは説明することではない。定式は承認されても、議論は終わらなかった。論争は冷めることがなく、時に沸騰し、場合によっては深く分裂し、いつまでも溝は埋まらなかった。

混乱が続く理由の一つは、重要なカテゴリーの根底にある哲学的な仮定が、神学者たちや聖職者たちが言い表そうと努力した洞察を表現することができないことである。信条の意図するところは明白であるが、その言語は明白ではない。教会の教父たちは御子の完全な神性と完全な人間性を肯定しようとした。神学的な主張は神だけに関するものではなく、自己と世界に関する信念も伴うことを思い出す必要がある。イエスの完全な神性と人間性を受け入れることは、真実が時間と空間のうちに具体化されうること、したがって自然と歴史はそれ自体、幻想的であったり単に知覚的に明瞭だというよりも、むしろある意味で真実であることを肯定することなのである。初期の教会神学者たちが使うことができた言葉は、彼らの複雑な考えを言い表すのを実際妨げるものであったから、混乱が生じたのは不可避的であった。信条にある鍵概念においてこれは明らかである。

神性において御父と同一実体のものであるとともに、人間性において我々と同一実体のものである。（中略）二つの本性において混ぜ合わされることなく、変化することなく、分割されることなく、引き離されることなく知られるかたである。御子の結合によって二つの本性の差異が取り去られるのではなく、むしろ各々の本性の特質は保持され、唯一の位格、唯一の自立存在 hypostasis に共存している。

すべての問題を引き起こした概念は、自立存在 hypostasis、本質 substance, 本性 nature である。ヒュポスタシス hypostasis とサブスタンス substance の語は、ともに表面と深さとの間に階層的な区別を設ける限りで、同様の形而上学的な前提を言い表すものである。深さが本質的であるのに対し、表面は偶然的である。ヒュポスタシスは字義通りには「基盤ないし基礎として下にあるもの」を意味する。同様にしてサブスタンスは「下にあるもの」を示す。したがってサブスタンスは「何かの本質的な本性 nature であり、変容を受ける主要なあるいは基礎的な要素」[24]である。ヒュポスタシスないしサブスタンスと偶然との区別は、一体性と複数性、同一性と差異性との区別と同形的である。この図式の内部では、一体性と同一性とが下に横たわっていて、このためにそれらは複数性と差異性との基礎なのである。一方では一体性と同一性の問いが、他方では複数性と差異の問いが再び問題になっている。

　レナード・ホジソンは、『三位一体の教義』と題されたあまり知られていない著作の中で、私が一体性の排他的な理解と包括的な理解の違いと規定しているものを、算数的一体性と有機的一体性とを区別する観点から記述している。算数的一体性の基準が「複数性の不在」であるのに対し、有機的一体性は「要素の複雑な差異化として存在する」。

　私たちが心に抱いている一体性《ユニティ》の観念は、主として、算数的な観念である。そこでの基準は複数性《マルチプリシティ》の不在である。ここでは1は1であり、3は3である。1であるものは3ではなく、3であるものは1ではない。しかし私たちは、それほど単純ではない一体性に長く親しんでいる。例えば、美的な一体性、芸術作品の一体性がある。それから有機的な一体性、生物の一体性がある。これらの両方において一体性は単純であることから程遠い。その一体性は、確かに芸術作品に対する関心の散漫な複数性や、生物の活動における調整の不在といったある種の複数性を排除している。しかしそれは、もう一つの複数性――つまり、芸術作品や生物を構成する様々な要素からなる複数性――が現前するおかげで存在することができるのである[25]。

受肉と三位一体の教義の正統な形式化に随伴する問題は、それが算数の用語を用いて有機的な一体性を表現しようとするところにある。そこから不可避的に帰結するのは、理性を破砕するように見える矛盾である。多くの信仰者たちは、そのような矛盾に直面して、何世紀もの間、最良の応答は、「不合理ゆえに我信ず」というテルトゥリアヌスのよく知られた金言を奉ずることであると考えていた。この見方からすれば、無限の質的に異なる神が、イエスという特定の歴史的な人物に受肉するというのは考えられないことである。受肉は反対の一致 coincidentia oppositorium であり、これは、キルケゴールの印象的なフレーズを用いるならば、絶対的な逆説である。キルケゴールは次のように説明する。「逆説は、諸矛盾を結び合わせ、歴史的なものを永遠にし、永遠なものを歴史的にする」。「指摘する必要が稀にしか認められないのだが、理性は廃棄され、信仰は知識の一つの形式ではないという事実に含まれているがゆえに、次のことは容易に理解することができる。すなわち、すべての知識は、時間的なものと歴史的なものを取るに足らないとして排除する永遠なものの知識であるか、あるいは純粋に歴史的な知識であるかのどちらかである。いかなる知識も、永遠のものが歴史的なものであるという不条理をその対象としてもつことができない[26]」。

しかし、もし一体性と同一性とが排他的ではなく、包括的——単純ではなく複雑——なのだとしたらどうであろうか？　ホジソンはカントに言及していないが、自然有機体や芸術作品に特徴的な一体性についての彼の説明は、明らかに第三批判において展開された内的目的論の概念を思い出させるものである。第三章においてすでに見たように、カント以後の哲学者や詩人たちは、近代的主体の観念——それは、ルターの神学的人間論のうちで前もって形状化されていた——を発展させるためにカントの議論を敷衍した。今や、この行路の全体が四世紀と五世紀の神学の議論から切り離しえないことが明らかになる。しかし、受肉と三位一体の議論が近代期に対してもつ遠大な含意は、ヘーゲルがその体系を展開するまでは明らかにはならなかった[27]。もちろんこれは、キリスト論と三位一体の教義が幾世紀もの間白熱した議論の主題ではなかったという意味ではない。そうではなく、議論の用語が問題の十全な解決を妨げていたということである。決定的な転換点に到達したのは、ヘーゲルが、ルターの主体論に内在する矛盾について説明するために、精神の弁証法的解釈を展開した時であった。ヘーゲルは、『精神現象学』の序文で、三位一体とキリスト論の論争において中心的であったカテゴリー、すなわち実体を出発点として取り上げる。「体系それ自体の開示によってのみ正当化されうる私見によれば、実体としてのみならず、さらに等しく主体としての真なるものを把握し表現することに、すべてはかかっている[28]」。真理が最終的に主体として把握された時、神は自然と歴史のうちに十分に具体化され、自己と世界は共に完全に変えられる。この変容は、世俗的なるものと見えたもののただ中にある聖なるものを顕わにすることによって、脱聖化と脱魔術化という相互に関係し合うプロセスを逆転させる。この捩《ねじ》れによって、世俗性は単なる宗教の否定ではなく、宗教の完成として現れる。

神の自己具現化

ヘーゲルは、『歴史哲学』においてキリスト教の神理解の重要性について注解する際に、重要な主張をしている。「したがって神は、三位一体のものとして知られる時にのみ、精神として認識される。この新しい原理は、世界史がそこで回転する中心軸である」[29]。ヘーゲルにとって三位一体の概念が非常に重要なのは、それがすべての現実性の動的な構造を明らかにすると信じていることによる。言い換えれば、三位一体論は神の内的生を表すのみならず、自己と世界についての真理も開示するのである。理性的に理解すれば、三位一体論は、神、自己、世界が三つで一つであり、一つで三つであること——各々が他のものにおいて他のものを通してそれ自身になるのであり、他のものから切り離されては何ものもそれ自身になることはできない——を明らかにする。自己と世界は、神の自己具現化においてそれを通して発生するのであり、神は自己と世界に受肉することによってのみ現実的なのである。この運動において、超越は、常に不完全であり続ける内在において自身を否定する。

私たちはすでに、プロテスタントの伝統の核心において、超越が内在へと逆転するのを見た。カルヴァンは、創造者としての神の全能と人間という被造物の絶対的な依存とを証明しようとして、事実上、神の活動と人間の活動とを同一化した。ヘーゲルはカルヴァンに一度も言及することがなかったが、「不幸な意識」[30]というふさわしい名前をつけた対象の分析において、この重要な逆転の論理を把握している。不幸な意識にとって、真実は常にどこかほかのところにある——この場合、神はその超越において離れてあり、人間は絶望、暗闇、死の世界に落ち込んでいる。ヘーゲルは、変化するものと不変なものとの対立の観点から、不幸な意識が直面するジレンマを記述している。不幸な意識は、時間の移ろいやすさに縛られながら、永遠の恒久を渇望する。この「切望《ヤーニング》」が贖《あがな》いを経て、ついには自由へと至る意識の内面への転回を印づける、とヘーゲルは言う。

こうしてここに、純粋な心情の内面の動きがあるが、この心情は自分自身を、分裂としての自分自身をにがく感じている。その心情は限りない切望《ヤーニング》 Sehnsucht の動きであるが、この切望は、自らの本質そのものが純粋の心情であることを確信しており、自分を個別的な個人と考えている純粋な思考である。すなわち、この切望は、対象が自らを個人と考えているからこそ、この対象によって知られ、認識されているのである。だが同時にこの本質は、捕らえようとすれば逃げてしまう、むしろすでに逃げてしまっていて、達しえない彼岸である。[31]

個別的な主体としての信仰者は、自身が帰依する超越的な対象から切り離されており、なおかつそれへと向かっている。だが、主体の自己意識の条件であるこの対立の契機は不安定なものであり、完全な自己表現を求める中で逆転することになる。帰依が有効である時、それは単に受動的なのではなく、「神へと捧げられた欲望 Begierde と労働 Arbeit」において自身を表す。次節で考察する事柄を先取りして言うと、この欲望の概念の複雑性に注意する必要がある。Begierde はまた「望み」、「熱望」、「渇望」、「欲求」、「情欲」、「性欲」も意味する。受肉を通してこれらの経験は、予想に反し、神の活動が具体化したものへと変容する。見かけ上は信仰者から神への贈り物だが、欲望と労働は実際には不変なものが不幸な意識へ贈る贈り物（Gabe．すなわち「贈り物」、「プレゼント」、「寄贈品」、「捧げ物」）である。カルヴァンが、被造物と創造者との無限の差異を確定させることを意図した、まさにその行為において、その行為を通して、被造物と創造者との同一性を主張するように、不幸な意識の欲望と労働は、不変なものとの「差異性における同一性」を確定する弁証法的な逆転へと通じている。

　能動的な力は、実在性を解消させる力として現れる。だがまさにこのために、固有の存在あるいは本質的な存在を「他者」とする意識はこの力を、その能動性においてそれが示すものを、自身を超えたところに見出す。したがって意識は、自身の能動性から自己自身へと回帰し、自己確実性を確証したのではなく、実際はこの能動性をもう一方の極へと投げ返すのである。このためこの他方の極は、純粋に一般的なものとして表される。つまり、そこから能動性がすべての方面に出て行った出発点として、すなわち初めに現れたように自己分裂する両極と、自己自身への相互に変化させ合う関係との本質である、絶対的な力として表される。

不変の意識はその具体化した形式を断念し、放棄する。しかし他方、特殊な個人は（贈与に）感謝する。すなわち自己の自立性を意識して満足することを拒絶し、行為の本質は自己自身ではなく、それを超えたところにあるとする。もちろん意識は、両部分の相補的な自己放棄という二つの運動によって、不変なものと一体であるという感覚を得るのである。(32)

この重要な一節が示すように、対立的な差異性は関係的な同一性にとって代わられる。変化するもの／不変なもの、主体／客体、時間／永遠、個別／普遍、欲望／理性、仕事／恩寵、世俗／神聖、人間／神はもはや対立するのではなく、互いに依存し合うものとして認識される。ヘーゲルの議論には、パウロの言葉がこだましている。「生きているのは、もはやわたしではありません。キリストがわたしの内に生きておられるのです」（『ガラテヤ書』二章20節）。

ヘーゲルは、自分のすべての哲学的ビジョンは、ルターの神学のうちに前もって形状化されていると考えている。すでに見たように、ルターの思想は、時にマニ教に近接する二元論によって特徴づけられるから、この結び合わせは疑わしいと思われるかもしれない。ルターがしばしば神の国を、この世の王国と和解することのないアンチテーゼとして記述していることは否定しえない。しかしルターの思想は、彼自身さえもが当時自覚していたよりももっと繊細で複雑なのである。事実、二つの王国の間には非常に密接な関係があり、これは充分に洗練されると、宗教的なものと世俗的なものとを上手に和解させる。ルターのプロテスタンティズムがなければ、西洋で発展した近代的な世俗性はありえなかったであろう、と言うことには何の誇張もない。この展開の鍵は、ルターの召命《コーリング》 Beruf の教義である。救済は労働よりも恩寵にかかっているのだが、万人は世界において自身の持ち場の責任を果たすよう求められている。(33) こうしたキリスト教的な義務の理解が、教会の階層的権威の否定とすべての信仰者が聖職者であるという主張のうちに潜在している。キリスト教の信仰は人間を世界から修道院へと送るものではなく、むしろ毎日の生活の中で神に仕えるよう人々を世界へと送り出すものである。ルターによれば、キリスト教の召命は、家庭や労働と最も密接に関係づけられている——ヘーゲルの言葉で言えば、「欲望と労働 Begierde und Arbeit」であり、後に見るように、フロイトはこれを「愛と労働 Liebe und Arbeit」へとずらした。グスタフ・ウィングレンはルターの考え方を次のように要約している。

> 天職は「持ち場」であり、それは本性上、それをすると他者たちの助けになる。天職は仕事に限定されるものではなく、ベトケが生物の秩序——父、母、息子、娘——と呼ぶものも含んでいる。人格的なキリスト教的な愛が支配する家庭の領域と、天職というより非人格的なルールが支配する職場の領域とを分けようとするあらゆる試みは、すぐさまルターの用語法と食い違う。家庭の生活、親と子の関係は、労働の場における生活、雇用者と被雇用者の関係と同様に天職なのである。(34)

この天職理解は、全く異なった結論へと通じるルター主義の核心にある緊張を顕わにしている。一方では、すでに見たように、信仰を完全に私的な事柄にする内面性と外面性との対立によって、ルターは信仰を私事化する。信仰が私的になると、公的な領域は次第に世俗化され、教会と国家とは分離するに至る。他方、ルターのキリスト教的な召命の教義は、世界における行為に宗教的な価値を付与することによって公的なものと私的なものとの対立を侵蝕する。キリスト教徒は、この世界における活動を通して、神の代理人《エージェント》ないし媒介者になる。キリスト教的な召命とは権力や名声のある立場に限定されるものではなく、いかに低くても平凡であっても、生活におけるあらゆる持ち場に敷衍されるものであるということは強調されなければならない。こうした宗教的なものと世俗的なものとの和解は、実のところ、受肉の延長線上にあるのであり、これは以前は俗的と見えたものを回復させることによって上位と下位とを無意味なものにする。ルターは、この召命理解が含意するところを言い表すために、豊かな暗示を含む神の仮面 larvae Dei のイメージを用いる。自身の農民の出自を常に意識しながら、ルターは書く。「畑、庭、街、家庭、争い、政府において私たちがするすべてのこと。それらは子供の遊びを除き、神の前で何になるか。それらの行いによって神は、畑、家庭、あるいはそれ以外のすべてのところで喜んで贈り物をくださる。これらは私たちの主である神の仮面である。その背後に神は隠れ、すべてをなすことを欲しておられる。（中略）神は私たちにとって善なるものすべてを与えてくださるのだから、あなたたちは果敢に難局に立ち向かわなければならない。つまり、あなたたちは神の手段として、仮面として働き、役に立たなければならない」[35]。私の労働は神の労働なのだから、人間の意志は神の意志と一つである。より正確に言えば、それらはそれらの差異において同一である。神があまりに超越的であったり、あまりに内在的であることによって消え去ることがあるのと全く同様に、宗教的な活動は、完全に私的になったり、この世の業務と見分けがつかなくなることによって消え去ることがある。どちらの場合も結果は同じで、世俗性は宗教から切り離すことができないことが明らかになる。

　ヘーゲルにとって宗教改革があのように重要なものになったのは、まさにこの結論のためであった。この図式の内部では、世界史は自由の着実な進行によって特徴づけられる。東から西へ移動するにつれて、ただ一人だけが自由な状況から、幾人かが自由な状況を経て、すべての人間が自由な状態へと進歩する。宗教改革は、自由が普遍的になる――あるいは、なると考えられる――近代世界が出現する転換点を印づける。この移行について、ヘーゲルは次のように記述している。

> 新しい教義が世俗的生活を支えるということについてはすでに上で述べたが、ここでそれについて詳しく説明しておく必要がある。宗教改革以後における精神の発展と進歩は次の点にある。すなわち、それは人間と神との間

に起こる媒介のプロセスを通じて、自分が自由であることを意識するようになった精神が、客観的なプロセスを神的本質 göttlichen Wesen が実現したものとして完全に理解しながら、今やこのプロセスを把捉し、世俗的な諸関係という建造物を作り上げることでこれに与る点にある。歴史の苦しい闘争から得られた（客観的な意志と主観的な意志との）調和は、世俗的なもの Weltliche は真理の具体化でありうるのだという認識を含んでいる。前には世俗的なものは単に悪と見なされ、善は来たるべき生においてなされうるものだった(36)。

世俗的なもののうちでいかにして真理が具体化されるのかを理解するためには、受肉と三位一体の相互関係に立ち帰る必要がある。

すでに見たように、ヘーゲルによれば真理はまず美的なイメージや宗教的な表象のうちに感覚的に現れ、次いで哲学的な概念によって分節化される。表象 Vorstellung と概念 Begriff とは実質的には異なるが、形式的あるいは構造的には異ならない。表象のレベルでは、美しい芸術作品と三位一体は同形的である。両方とも自己参照性ないし自己再帰性の構造を表し、その中で明瞭な対立が共に発生し、互いに依存し合うように相互に関係づけられる。これらの自己再帰性の諸形状は自己を意識する主体性を開示するが、これはヘーゲルによれば無限であり絶対的なものである。ヘーゲルは以上を根拠に、真理を「実体としてだけでなく、同様に主体としても」把握することが必要だと主張する。だが、自己ないし自己意識と三位一体の神との類似性を最初に認識したのはヘーゲルではなかった。アウグスティヌスは、その大きな影響力をもった『三位一体について』という論文で、神と自己意識のアナロジーを記述することによって、あるものがいかにして三つであり同時に一つであるのかを説明しようと試みている。第九巻の第六章は威圧的な見出しが付されている。

精神と愛と知識の三者は一つであり、したがって等しい。

同一である三者は実体として存在し、
関係しながら基礎づけ合っている。
同一の三者は不可分である。
同一の三者は部分のように
結ばれ混ざり合って
いるのではなく、
一つの本質であり
同族である。

さらにアウグスティヌスは要点を説明する。「精神が自らを愛するとき、精神とその愛という二つがあるように、精神が自らを知るとき、精神とその知識という二つがある。そこで、精神それ自体とその愛とその知識という三つがあり、この三つは一つである。この三つは、それぞれが完全であればどれも等しい」(37)。これは、キリスト教の神概念の核心に構成的な関係主義を認めるものであるがゆえに、注目すべきテクストである。御子なくして御父はなく、御父なくして御子はない。精神は、諸差異を構成し維持する統一性を作り上げる。哲学的に理解するならば、これこそまさしくアウグスティヌスを除く教会教父たちが探求しながら決して定式化することができなかった包括的な同一性の概念なのである。アウグスティヌスの洞察の重要性が明らかになるまでに、一五〇〇年以上を要した。神が三位一体的であるとすれば、構成的な関係主義がすべての現実の構造ないし実体であり、そのようなものが神的なのである。

　ヘーゲルが、認識論的で存在論的な関係主義が有する広い意味連関を初めて理解したのであった。ある見方からすれば、彼の全哲学は受肉と三位一体の意味を解明するものである。思弁的に解釈するならば、これらの教義は神についてだけでなく、自己と世界についての真理をも示している。神が三位一体でないとすれば、受肉が不可能であることをヘーゲルは認識している。「もし神が三位一体として知られていなければ、キリストにあると信じられている和解は何の意味もなさない。もしキリストは存在するがしかし同時に他のもの、自己分化するもの、この他のものが神そのものでもあるという意味で他のものでもあり、自身のうちに神の本性を有していることが認識されなければ。この差異、この他性の止揚、この回帰、この愛が精神であることが認識されなければ(38)」。もしイエスが神であり、神が一つであるならば、キリスト教の神は三位一体でなければならない。三つで一つであり、一つで三つでなければならない。この関係的な構造は静的なものではなく、まさしく動的なものである。ヘーゲルは、全く或る点に関しては、

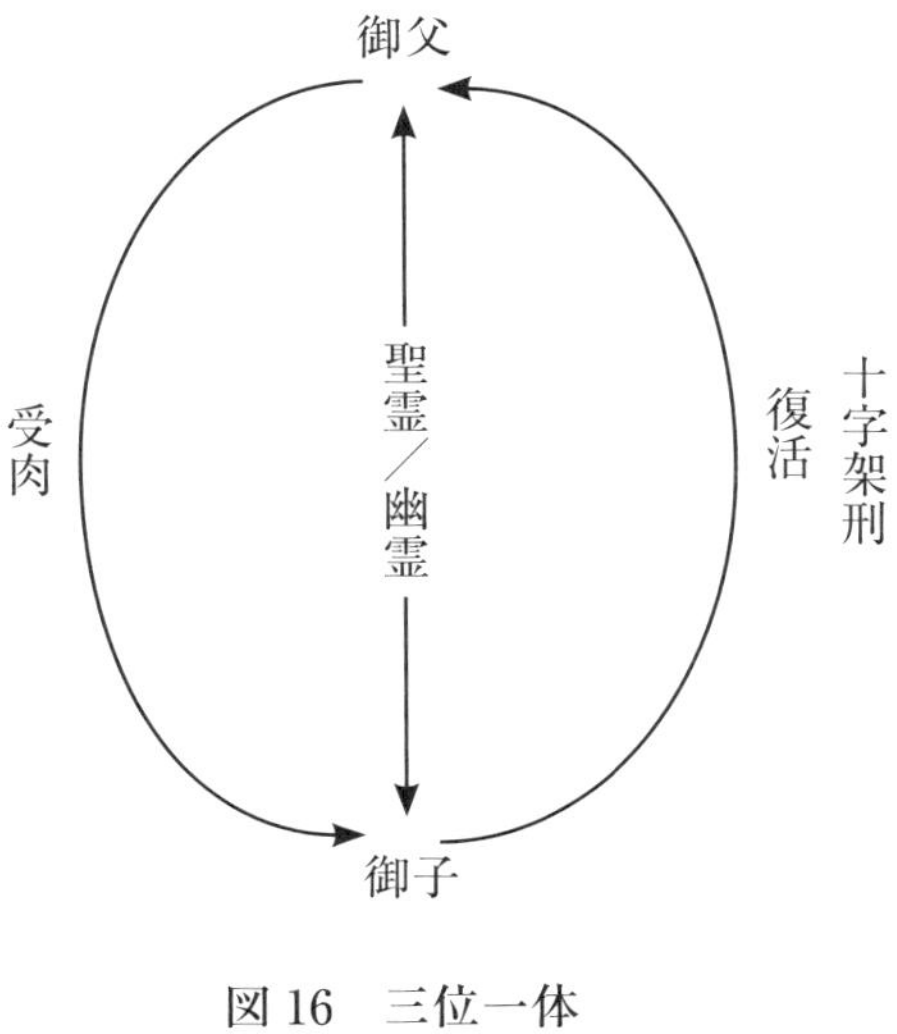

図 16　三位一体

神を「精神、絶対的な活動、純粋能動性 actus purus、すなわち主体性、無限の人格性」[39]と記述するアリストテレスの言葉を用いさえする。三位一体論によって、神が自己を産み出し、自己を組織する創造的なプロセスであることが明らかになる。あるいはヘーゲルの思弁的な言い方で言えば、「神は自己を自己自身から分け、自己自身の対象となるが、しかしこの区分において自己自身と絶対的に同一である――これが精神である」[40]。

この三項関係において御子は御父とは別のものでありながら、なおかつ一つのものであり、御父は御子とは別のものであり、同時に一つのものである。双方が相手のうちに自身を見出し、相手を通して自身になる。ヘーゲルは説明する、神は、「分化されたものに自身を見る。相手のうちで自身とのみ結ばれる時に、彼は彼自身だけで存在し、自身とのみ固く結ばれており、相手のうちに自身を見出すのである」[41]。この自己再帰的な関係の複雑性は図表化すると理解しやすい（図16）。こうした御父と御子との関係が可能なのは、それらの一体性と同一性が排他的ではなく、包括的である場合だけである。こうした自己を産み出す関係的な活動の名前が精神なのであり、これがここで聖なるものとして現れる。神、自己、世界がそこでそれを通して実在的になる神の活動は、受肉、十字架刑、復活として形状化される三つの契機を含んでいる。この三つのプロセスを通して、対立的な差異性は分化した同一性にとって代わられる。ニーチェが「モラルの神」と名づけた抽象的で超越的な神は死に、神的でもあるイエスという人間の姿で復活する。次いでこの特異な個人は十字架に架けられ、グローバルなプロセスのうちで発生する普遍的な共同体のなくてはならないメンバーとして復活する。超越的な神が受肉したキリストのうちで死に、個人としての主体が十字架に架けられたイエスのうちで死ぬ時に、対立的な差異性は否定される。

> この苦しみと死、万人のための個人のこの犠牲的な死、これこそが神、神的な歴史、全く普遍的で肯定的なものの本性なのである。だが、これは同時に神の否定を措定することである。否定の契機は死において直視される。これが精神の本性における本質的な契機であり、この個人において見られるようにならなければならないのは、この死なのである。さらにこの死は決して単にこの個人の死として、この経験的に存在する個人の死として表象されてはならない。異教徒たちはそのように解釈したが、それが意味しているのはむしろ、神が死んだということ、神自身が死んでいるということである。神が死んだ。これはしたがって神の本性の、神自身の契機である否定なのである[42]。

受肉は極度に超越的な神の否定であり、十字架刑は神的であると見なされる孤立した個人の否定である。復活は二重の否定を表すのであり、これが「差異性の中にある同一性」と「同一性の中にある差異性」との関係において対立物が止揚される時に働いているのである。このように、死は単に否定的なものなのではなく、常に両義的である——否定は、生の無限のプロセスのうちで否定される(43)。

この真理は、個人主体が神という対象のうちに自身を見出す時にのみ、認識されうる。御父と御子と聖霊の三項構造は、自己意識の三項構造——主体としての自己（御父）、客体としての自己（御子）、それら二つの相互関係（聖霊）——と同形的である。自己意識は自己表象を前提とする——自己は、自己意識の自己再帰性のうちで、自身に対して自身を再提示《リ・プリゼント》する。この重要な点を理解するために、自己意識の構造を図で表したものを思い出すとよい（図17）。聖霊を介した御父と御子との関係と全く同形的に、主体としての自己と客体としての自己とは、各々が相手において相手を通して自身となり、相手と切り離してはどちらも自身となることができない。そのようにして相互に関係しているのである。この関係の複雑性と活動力は、単純で静的な実体の言語によっては表現されえず、動的な主体性の見地から把握されなければならない。

ヘーゲルは、自身の哲学的関心の中核にあるのは、単なる実体としての真理ではなく、主体としての真理を明らかにすることであると主張した。そしてその二、三行後で、自らの体系全体を特徴づける主体性の概念の最も明示的で正確な定義を提示している。

さらに、生きた実体は真に主体であるような存在である。つまり同じことだが、実体は自己自身を措定する運動である限りにおいて、すなわち自己が自らを他なるものとするという媒介である限りにおいてのみ、真に実在

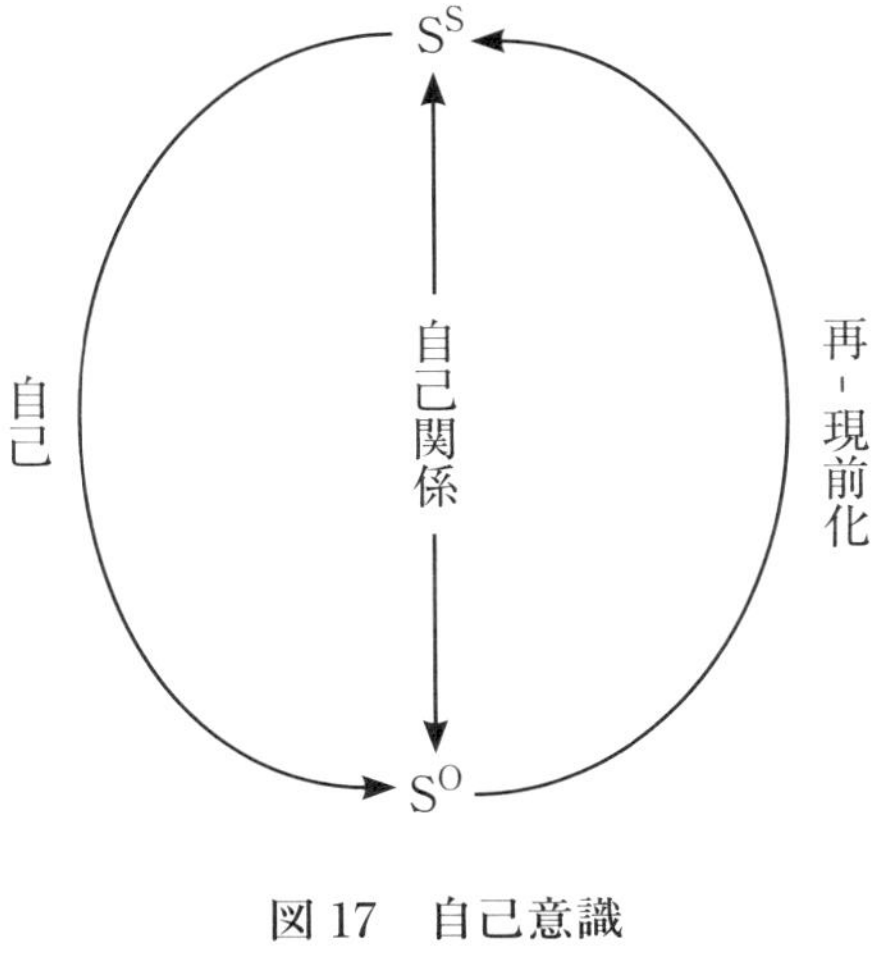

図 17　自己意識

的であるような存在である。この実体は主体としては純粋で単純な否定性である。そしてそうであるがゆえに、単純なものを分断する Entzweiung. つまり二重化する Verdöpplung. この二重化が対立を構成し、さらに取るに足らない多様性とそのアンチテーゼ（直接的な単純性）を否定する。この自己を回復する同一性、つまり自己のうちにある他性への反省だけが――根源的ないし直接的な単一性そのものではない――真理なのである。真理とは、自己自身が生成するプロセスであり、自らの終わりを自らの目的 Zweck として前提しつつ、また自らの終わりを自らの始まりともし、終わりにまで貫徹されることによってのみ実在であるような円環である。(44)

自己矛盾した主体は、ルターによって見出され、カントや彼以降の詩人や哲学者たちによってさらに究明されたが、ヘーゲル的主体性の三項構造によって明晰な概念を与えられるに至る。この主体は、三位一体の神と同様に、内的には分化しているが統一されている。この差異性のうちにある同一性は決して静的ではなく、ヘーゲルが言うところの純粋能動性 actus purus であるような活動を含んでいる。

主体の三重性は共時的でも通時的でもあることに注意する必要がある。主体は発展だけでなく、その構造もまた三位一体的なのである。原初において、主体は未分化の単一性ないし単純な同一性であり、これは完全に抽象的であり、全く不明確である。これは超越の神学的様態に対応し、人間にとってみれば、これはどんな行為にも先行する契機である。主体が実在化するためには、この不明確性は特定の行為によって否定されなければならない。ティアマトとマルドゥクとの戦いを思い出させるように、主体の分割は内的に二重化し、これが原初の同一性を途絶させる諸差異を導入する。初めは、これらの差異は「取るに足らない多様性」であるように見える。すなわち、各々の規定はばらばらで独立しているように見える。第三の契機のうちで、この取るに足らなさは否定され（つまり否定は否定され）、初めには差異を排除するように見えた単一性が必然的に差異を含むものとして顕わとなる。この時点で実体は主体となる。主体性は、別様に取るに足らない諸差異を根拠づける根底にある同一性などといったものでは全くなく、活動的な相互作用であり、そこにおいてそれを通して諸差異が立ち上がり過ぎ去っていくのである。「この自己を回復する同一性、つまり自己のうちにある他性への反省だけが――根源的ないし直接的な単一性そのものではない――真理なのである」。主体は、特定の行為における自己規定から自身へと向き直ることによって、差異ないし諸差異を伴って自身へと回帰する。その同一性は、もはや「根源的な、あるいは直接的な単一性」ではなく、今や分化しており、したが

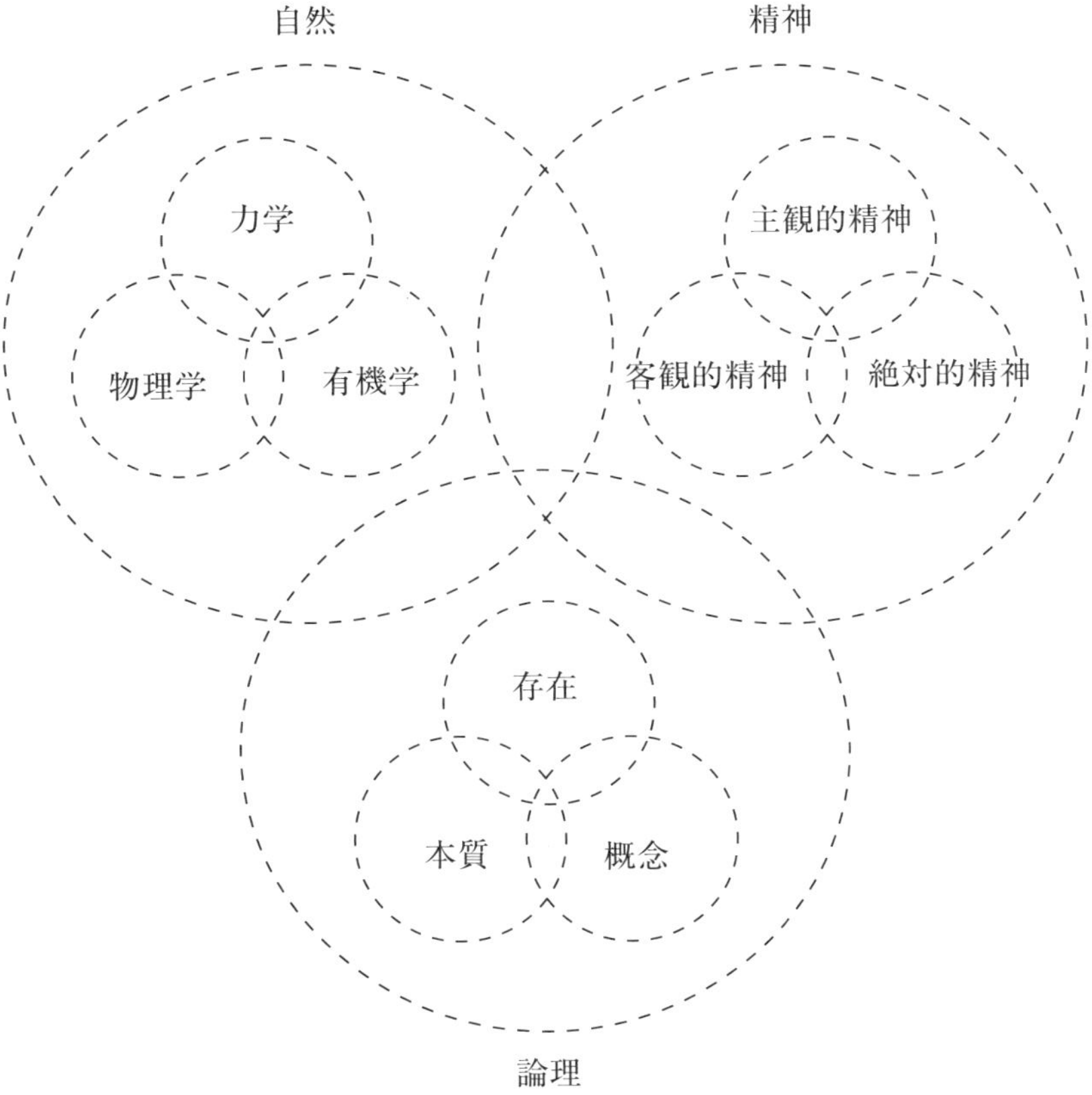

図 18　ヘーゲルの体系

って単純ではなく複雑である。このように理解するならば、主体性の構造は、三位一体の神だけでなくカントが定義した美しい芸術作品とも同形的である。同一性が対立的なものではなく差異を含んだものであるような関係主義の原理によれば、諸部分と全体は、各々が相手を通して自身になり、相手と切り離されてはどちらも自身になることができないというようにして、相互に関係している。

芸術的イメージと宗教的表象とを哲学的概念へと翻訳することによって、すべての現実性の構造ないし論理を突き止めた、とヘーゲルは考えている。すなわち、主体性は無限ないし絶対であると。ヘーゲルはその思弁的な体系において、いかにして超越的な創造者である神が死に、その神が時間と空間のうちにいつまでも発生し続ける無限の創造プロセスとして生まれ変わるのかを示すことによって、ロマン主義者の詩的なビジョンを再形状化する。ヘーゲルが翻訳しようとした神学的な言葉で言えば、世界は実際に神が自己具現化したものであり、したがって存在するものはすべて神的現実の受肉なのである。共時的に考察しても通時的に考察しても、部分と全体は同形的であり、より現代的な言い方をするならば、フラクタル〔相似的〕なのである。最も包括的なレベルで言えば、体系の三項構造——論理、自然、精神——は主体性の三層構造と一致する（図18）。自然の進化と歴史的あるいは文化的な発展とを通じた体系の展開は、フィオーレのヨアキムが三位一体論を実際的に示した時に最初に定式化した三部物語と一致する。ヨアキムと同様、ヘーゲルは歴史の長い進行を世界中への自由の浸透として描く。第三の時代、すなわち精神の時代がこのプロセスの頂点をなす。この時、自由はもはや少数者には限定されず、今や万人によって享受される。自由が浸透するのに合わせて、神の国はこの世に到来し、歴史は終わる。

しかしこれは奇妙な終わりである——実はそれは終わりなき終わりである。自己意識が、完成したと見えたその瞬間に、自らの根絶することのできない不完全性を発見するように、歴史は終わりであるように思われたところに近づくまさにその瞬間に、その不可避の開けに遭遇する。再び自由が問題になる。すでに見たように、自由は両義的である——自由は自律性と無法状態の両方を含んでいる。閉じた構造とシステムに特徴的な自己参照性と自己再帰性において自律性が立ち上がる一方で、無法状態はあらゆる構造とシステムを開いたままにしておく根拠なき根拠である。ヘーゲルの体系にこの深淵の無が出現し、ヘーゲルが認識できなかった複雑性に対して体系を開くのである。省略はこの無の名残であり、これが円を脱中心化し楕円に変える。(45)

ヘーゲルの体系が、それが包含することも捉えることもできない奇妙な過剰を必然的に含んでいるように見えるならば、それは誤解である。閉じる瞬間に退出することによって現れるこの開けは、否定的なものの無限の休みなさを生じさせるが、これは私たちがすでに芸術作品のうちに垣間見たものである。仲間であるイェーナのロマン主義者たちと同じように、ヘーゲルにとっても、世界は、哲学的に理解される場合であっても、芸術作品であり続けた。この芸術作品は、単に完成された産出物であるのではない。より重要なのは、それが自身の終わり、ないし目的であるようなプロセスだということである。終わりは終わりなきものであるがゆえに、終わりが近づいてくるプロセスは、完全でも不完全でもない。詩的な主体が、それでないものになる否定の活動を通してしかそれ自身になることができない以上、主体性は決して完全とはならない——そしてまた単に不完全なのでもない。この不完全性は、欠如などというものでは全くなく、無限の創造性を可能にするものなのである。超越的な創造者が発生的な創造性となる時、聖なるものと世俗的なものとは、二つでありながら一つになる。

天国へ向かう本能には対照物があった、
この世へ、ニューヘイブンへ、彼の部屋へ向かう本能である。
悦ばしきツールナモンド、ただ一つの世界という仮象、
そのうちに彼は存在するのだが、
そこでは仮象と存在は一つである。
この対照物にとって、ある種の対照が
激流の水滴を悩ませた。(46)

神学と理論

ヘーゲルによる世俗的なものと聖なるものとの調停は不安定なものであることが明らかになった。一八三一年の死の後、数年のうちにヘーゲルの支持者たちは対立する陣営に分かれ、すぐにダーフィト・シュトラウスはこれを右派と左派とに分類した。ヘーゲル右派が伝統的なプロテスタンティズムという有神論の見方を擁護するためにその思弁的体系を用いたのに対し、左派の評論家たちは宗教的な信仰と実践は副次的な現象だということを、それらを理解しようとするならば、そのようなものとしてより基本的な経済的、社会的、心理的なプロセスに還元しなければならないことを、ヘーゲルははからずも示していたと論じた。ヘーゲル右派の中には一八三〇年代と四〇年代に活躍した者もいたが——特にデンマークにおいて——、彼らの仕事は永続的な意義をほとんどもたなかった。対照的に、ヘーゲル左派は、一九世紀と二〇世紀を通じて知的にも政治的にも重要な役割を果たした。ヘーゲル左派を代表する者たちは、意識は常にそれ自体とは別の何かの兆候であり、適切に解釈されない限りそれは「虚偽意識」なのであると論じた。予期せぬ逆転によって、ヘーゲルの絶対知はポール・リクールが「懐疑の解釈学」(47)と適切に表現したものと化した。リクールは、この種の解釈の三つの主な典型を確認する——マルクス、フロイト、ニーチェ。これらの著者たちは、人間の意識を解読しようと宗教の理論を展開したが、それらは今日でも非常にクリティカルな議論において用いられる学術用語を提供し続けている。これらの理論は近代性と世俗性の相互作用を促すように見えるが、より注意深く考察するならば、彼らの理論的な反省には神学的な次元がつきまとい続けているのを認めることができる。各々の評論

家は別々の角度から宗教にアプローチしたが、彼らの理論は構造的に類似している。さらには、これらの理論的な視点は内的に一貫していないことが明らかになる。だが、こうした不整合性は欠点であるわけでは全くなく、実は、予期せぬ仕方でそれらに持続的な意義を与えることでそうした分析を豊かなものにしている。マルクス、フロイト、ニーチェは、言葉の神学と行いの神学とを統合することなく突き合わせることによって理論を定式化したが、その自己矛盾は、以下に見るように、オルタナティブな批判の行路が二〇世紀の後半に現れるきっかけとなった。

ヘーゲルの体系の最もラディカルな結論の一つは、理性及び人間の文化は歴史的に発展するというものである。真、美、善の観念は永遠でも不変でもなく、歴史的に偶然的であり、したがって不可避的に相対的である。この見方からすれば、啓蒙が普遍性の原理に寄せた期待は疑わしいものになる。ヘーゲルによれば、文化の歴史的相対性は絶対知がありうるということを排除しない。絶対知は特定の認識論的な立場ではなく、そのうちで知識の明確な形式と特定の制度がそれらの持続的な相互関係を通して発生しては移り変わる、複雑なプロセスの理解を含んでいる。この歴史的なプロセスにおいて相対的でない唯一のものは、逆説的にも、世界の特定の形状と意識の明確な形との相対性である。左派のヘーゲル支持者と評論家はこの議論が含意するところをすぐに理解したのであり、この洞察が最も重要なのは宗教の解釈においてであった。このことが最初に明白になったのは、ヘーゲルの死後まもなく聖書の歴史的地位と信頼性について熱い論争が勃発した時であった。

すでに見たように、聖書の初期の翻訳は――それらの多くはプロテスタンティズムが神の言葉に没頭することによって産み出されたものであった――、一六世紀にはすでに聖書の歴史的な正確さについて疑問を呈していた。エラスムスによる聖書の多言語版が、四世紀以来規範とされてきたウルガータにあった多くの不整合を暴露した。しかしエラスムスが唯一であったわけではない。一五二〇年には改革者アンドレアス・ボーデンシュタイン・フォン・カールシュタットが『正典について』を出版し、モーセはモーセ五書を現在の形ではおそらく書かなかっただろうと論じた。近代期には聖書批判がさらに洗練され厳密になされると同時に、以前ほど教義を前提としなくなった。プロテスタントの宗教性にとって聖書が中心にあったために、聖書批判が非常に重要になったことは言うまでもない。スピノザが偽の出版社名によって匿名で『神学・政治論』を出版した時、アムステルダムの改革派教会協議会はすぐにこの書物を有罪とした。経験的方法を用いた最初の者たちの一人であったスピノザは、聖書をその他の歴史的ないし自然的現象と全く同様に扱った。教会の決定の四年後、オランダの法廷はスピノザの著作を印刷することも売ることも配布することも禁止した。啓蒙期になると、評論家たちは、聖書の歴史的な正確さだけでなく、そのモラルの価値観をも疑問視した。一八世紀の末には、レッシングがヴォルフェンビュッテルの断片を出版したが（一七七四―七八年）、これにはヘルマン・ライマールスの『神の理性的崇拝者のための弁護論もしくは擁護論』の一部が収められていた。クリスティアン・ヴォルフが定めた合理主義の原理に心酔していたライマールスは、聖書にある啓示宗教とは対立する自然宗教の一形式を弁護した。より重要なことに、ライマールスは聖書にある歴史的、事実的に不正確な点を暴露しようとし、使徒と福音を書いた者たちの両方のモラル上の誠実さを疑問視するまでに至った。予想されるように、フランス啓蒙の好戦的な反教権主義、唯物論、無神論は、聖書に対してさらに敵対的な攻撃をするようになった。ピエール・ベールの『歴史批評辞典』（一六九七年）は聖書批判の転換点であった。フランクリン・バウマーが指摘するように、ベールは、

> 「聖なる」歴史と「俗なる」歴史という伝統的な区別を打ち壊そうとした最初の人々の一人であった。この時までは、世俗的な歴史家たちは総じて、「聖なる」歴史、つまり聖書に記述される出来事やそれに続く教会史の手前で立ち止まっていた。だがベールは一切の呵責を感じずにその領域に踏み込み、その領域からその神意のオーラを剥ぎ取り、その領域をまるでそれがその他の歴史、つまり自然そのものと同じ法則に従って作用したかのように公然と扱った。彼は聖書の年代記は信用できないと明言し、キリスト教の記録が正確であることを疑問視し、聖書の物語と異教の物語との類似性を指摘し、アブラハムやダビデといった旧約聖書の英雄を人間のサイズに切り詰め、奇跡の物語に対する疑いの種を蒔いた。彼の手によれば、キリストの時代から宗教改革に至る「聖なる」歴史は、むしろ悪化の道であったのである。彼の明白な推論は、記録には何ら神意によるものはなかった、もし神意のようなものがあるとしても、いわゆる「聖なる」歴史における勝利がいつも聖職者や神学者、つまり悪魔の手にわたったことをキリスト教徒たちは恥じるべきであるというものであった。(48)

ヘーゲル左派は、啓蒙主義の評論家たちによって展開された宗教批判の多くを受容したが、理性か信仰か、自然的か超自然的か、といった伝統的な諸対立を超えていくことで、議論に用いる用語を変えた。ヘーゲル主義者たちは多くの事柄について見解を異にしていたが、近代性は理性が宗教にとって代わる進歩を伴うという歴史哲学を共有して

いた。彼らが自分たちの考えを根拠づけるために展開した議論は、ゆくゆくは一世紀以上後に大きな影響力をもつに至る世俗化論へと通じていた。この学派から現れる聖書批判の最も重要な二冊の著作は、ともに一八三五年に出版された。ヴィルヘルム・ファトケの『科学的に叙述された聖書の神学――正典にしたがって展開された旧約聖書の宗教』とダーフィト・フリードリヒ・シュトラウスの『イエスの生涯』である。イスラエルの宗教の歴史は、異教（すなわち自然宗教、ここでは多くの人間が奴隷である）に始まり、進歩して預言者の宗教（すなわち倫理的な宗教、ここでは諸個人が自由である）を経て神政律法主義（すなわち聖書の中命記史家と聖職者の資料、ここでは倫理的なものが抽象的な律法において定式化される）に至る三つの弁証法的な段階で発展した、とファトケは論じた。ファトケは、この「進歩」がゆくゆくはキリスト教に道を開いたと論じた。[49] シュトラウスは、ヘーゲルによる宗教的表象と哲学的概念との区別を援用し、この思弁的ないし歴史的な分析を新約聖書に敷衍した。聖書のテクストは歴史的な物語ではないし、理性の真理を暗示するのでもなく、神話においで「自然的に」表現される「原始的な知性」の産出物であるとシュトラウスは論じた。聖書は、歴史的に正確ではないし、理性的に一貫してもおらず、原始的で子供じみた意識の一形式による神話的反省である。シュトラウスは、聖書は真実を伝えているということを疑ったのだが、これによって燃え上がった論争は、今日にまで続く史的イエスについての探求へと通じている。多くのプロテスタント信者にとって、信仰することができるかどうかは、聖書の歴史的な信頼性と字義の正確さにかかっている。次章で見るように、いわゆる科学的な聖書批判を受容したことは、宗教的な近代主義の目立った特徴の一つとなり、二〇世紀最初の数十年に原理主義《ファンダメンタリズム》が台頭した際に大きな役割を果たした。

だが、ヘーゲル哲学によって枠組みを与えられた歴史論は、一つ二つの個別の伝統のうちでのみ問題になる聖なるテクストの歴史的正確性にとどまらず、ずっと多くのものを含んでいる。もし文化が他のすべてのものと同様に進歩するのであれば、宗教は歴史を、したがって歴史的な始まりをもたなければならない。ヘーゲルが聖なるものと俗なるものとを和解させようと努めた後、宗教の起源に関する問いが切迫したものとなった。[50] ことによると「俗なる歴史」が「聖なる歴史」の秘密を解く鍵となるのではないかと論じる者もいた。評論家たちは宗教を説明する理論を展開する際、共時的にも通時的にも理解されなければならない宗教の起源に没頭するようになった。一方で「起源」は古代ないしいわゆる原始の歴史における宗教の最初の発生を意味し（通時的）、他方で「起源」は宗教的な信仰と実践の根底に常にある原因ないし条件を指示する（共時的）。直接的には明白ではないが、起源の概念のこれら二つの側面は不可分であることが明らかとなる。宗教の歴史的起源に到達することはできないため（通時的）、現在の世界において宗教が発生する仕方を精査する必要がある（共時的）、と評論家たちは論じた。分析者たちは、明らかに循環的な論法で、現在に至るまでの宗教の歴史的発展を説明するために、時間のうちに起源を投影した。「起源」のこれらの二つの意味の間には、解消されることのない緊張が存在することに注意しなければならない。もし宗教の原因がいつでもどこでも同じように働くのであれば、これらの原因は実際歴史的なものではなく超歴史的なものである。だが、反対に一九世紀の後半を通じて、歴史的な現象の根底にある不変の原因は、社会経済的、心理的、美的な用語で代替的に解釈された。

後のすべての理論に対して直接的にも間接的にも用語を提供した宗教の起源に関する説明は、すべて懐疑の解釈学の諸バージョンであった。文化現象に対するこのアプローチは、仮象と現実との哲学的区別を、マルクスが論じる上部構造と下部構造との差異へと翻訳する。言うまでもなくそれら二者は同等なものではなく、階層を異にするものである——後者は一貫して前者に対して優越する。つまり上部構造（仮象）は下部構造（現実）との関係においてのみ理解されうるのである。マルクスは次のように論じる。

人間は、その生活の社会的生産において、彼（女）らの意志を不可欠としつつもそれから独立した一定の諸関係へと、つまり彼（女）らの物質的生産諸力の一定の発展段階に対応する生産関係へと入り込む。これらの生産関係の総計が社会の経済構造、すなわち現実の基礎を構成しており、その上に法律や政治といった上部構造がそびえたっている。また、この現実の基礎には意識の特定の諸形式が対応している。物質的生活の生産様式は、社会的、政治的、知的生活プロセス一般を条件づける。人間の存在を規定するのは人間の意識ではなく、逆に人間の社会的存在がその意識を規定するのである。[51]

上部構造と下部構造との区別は、表層と深層として空間的に定式化されるだけでなく、原始的なものと近代的なものの差異として時間的にも表現される。これらの二項によって分析に枠組みが与えられると、解釈は、近代的なものの起源を原始的なもののうちに探求することによって表層を深層へと還元することになる。

この「世俗的」に見える解釈法は、実は、初期のキリスト教護教論者たちによるプラトン哲学の活用にまで遡る神学的解釈学の延長線上にある。プラトンの形相及びキリスト教的ロゴスと同等の機能を担うものが、懐疑の解釈学においては、文化的上部構造を根拠づける基礎構造を構成する。すでに見たように、初めにデミウルゴスを超越していた諸形式は、まず神の心である言葉に変換され、それから下方へと流出し、人間意識の構造としての神の似姿 imago Dei になるのである。下降の第一段階で、諸形式とロゴスは表層からずり落ちて、自己と世界の両方のプロセスを基礎づける下部構造になる。表層はもはや千年間そうであったように天国の言葉では説明されず、今や深層を通して解釈される。すべてが異なっているように見えるが、解釈がロゴス中心的であり続けているために、根本的には何も変わっていないのである。

超越的諸形式を根底にある諸構造へと転換するということ、これは思弁的観念論を弁証法的唯物論へと変換することによってヘーゲルをひっくり返すというマルクスの有名な主張に反映されている。マルクスは自己意識に関するヘーゲルの説明を活用して、人間意識を「根拠づける」社会経済的なプロセスの弁証法的分析を展開する。自己意識が対自存在、対他存在、即自かつ対自存在という三つの契機を含むのと同様に、社会は外在化、客体化、内在化という三つの契機によって構成される。ピーター・バーガーは、近代性と世俗化との関係に関するよく知られた説明の中で、このプロセスに関する標準的なマルクス主義の説明を次のように要約している。「外在化とは、人間が物心両面の活動において世界へとたえず流れ出すことを意味する。客体化とは、この（物心両面にわたる）活動の所産によって現実が成立し、これが当初の産出者たちに対して外的で自身とは異なる事実として彼（女）らに対立することを意味する。内在化とは、この同じ現実を人間が再び自分のものとし、これをもう一度客観世界の構造から主観的意識の構造へと変容させることを意味する」[52]。この議論は、主人と奴隷との関係に関するヘーゲルの分析――これはさらに超越的な神の起源に関するヘーゲルの解釈へと遡ることができる――に由来するものである。人は伝統的な神と自己との関係を逆転させることによって自身の姿に合わせて神を創造し、次いで自ら造り出した「他者」に対して奉公する従者となる、とヘーゲルは論じている。マルクスは、ヘーゲルの宗教分析を自身の唯物論的な用語へと鋳直すことによって、『法哲学』に対する批判を開始する。

> ドイツにとって宗教の批判は大方完遂されてしまっている。そして宗教の批判はあらゆる批判の前提をなすものである。
>
> 誤謬の俗なる存在は、その天国的な「畑とかまどのための祈り oratio pro aris et focis」が反駁された後に暴露される。天国という幻想の現実の中に一個の超自然的な

存在を希求して見出した人間は、自身の投影を見出したにすぎない。人間はもはや、自らの真の現実を探求し、また探求しなければならない時は、もう彼自身の仮象——つまり人間ではないもの——のみを見出そうとはしないだろう。

宗教的ではない批判の根拠は次の通りである。すなわち人間が宗教を創るのであって、宗教が人間を創るのではないということである。宗教とはまさしく、未だ自分自身を見出していないか、あるいは再び見失ってしまった人間の自己意識であり自己感情である(53)。

マルクスによれば、宗教は永遠ではなく、人間固有の必要に応じて特定の歴史的状況において生じるものである。宗教を超克するにはこの投影と具現化のプロセスを意識するだけで充分だと考えた先駆者のルートヴィヒ・フォイエルバッハとは対照的に、マルクスは、宗教を必要とする諸条件がなくなるまでは宗教は消え去らないだろうと主張する。マルクスは、ヘーゲルの宗教解釈を生産のプロセスへと敷衍することによって、男性も女性も労働を通じて自らの隷属を作り出し、永続させていると論じる。労働者は、自分で管理できるとは思われない生産物を生産することによって、自身が作り出す主人の奴隷になる。疎外を永続化させるこの循環を断ち切るためには、ヘーゲルの理論はマルクスの実践にならなければならない。すでに見たように、マルクスはその革命計画をヘーゲルを経由してルターにまで遡り、「事実、ドイツの革命的過去も理論的なものであり、宗教改革がそれである。あの時、革命は修道士の頭の中で始まったのだが、現在は哲学者の頭の中で生じる」と宣言する。しかしマルクスはこう続ける、「思想はその現実化を目指すべきだというのでは充分ではない。現実もまた思想に向かって尽力しなければならない(54)」。『共産党宣言』はこの革命のための闘争を呼びかける。

マルクスの革命のプログラムは、ヘーゲルの宗教論に依るだけでなく、伝統的なユダヤ＝キリスト教的な歴史神学のわずかに変装した世俗化を前提としてもいる。この贖《あがな》いの物語においては、資本主義は罪という堕落した状態を表すのであり、これが促進する私的所有と利己主義を打倒することによってこの状態は超克されなければならないのである。マルクスは『共産党宣言』の冒頭の注で、資本主義の以前に共産主義の原始的形態が存在したと仮定している。

一八四七年においては、社会の前史、すなわち記録された歴史の前に存在した社会組織はほとんど知られていなかった。以後、ロシアにおける土地の共同所有制をハクストハウゼンが発見し、この社会建設からすべてのチュートン人種が歴史的に派生したものであったことをマウラーが証明した。そして次第に、村落共同体がインドからアイルランドにいたるすべての場所で社会の原始的形態であること、あるいはそうであったことがわかった。この原始的な共産社会の内的組織については、氏族の真の性質と、その部族に対する関係とについてのモーガンの素晴らしい発見によって、その典型的な形態が明らかにされた。これらの原生的共同体の崩壊と共に、社会は諸階級へと分化し始める。諸階級の間にかかわりはなく、ついには敵対するようになる。(55)

注解者たちはこの補足テクストの意義を一様に見落とした。宣言された急進主義にもかかわらず、マルクスの革命計画は正統的なユダヤ＝キリスト教神学、ロマン主義の詩、観念論哲学とぴったり類似する歴史解釈を下敷きにしている。ヘーゲルの弁証法的な論理からすれば、資本主義は原始共産主義を特徴づける原初の単一性の否定である。この否定は、調和を回復するために、各人(つまり個人的なもの)の善が万人(つまり普遍的なもの)の善であるような社会主義社会の創造によって否定されなければならない。この否定の否定が、事実上神の国であるものを地上へともたらすことを約束するのである。

フロイトとニーチェの宗教分析は宗教の起源について異なった説明を示しているが、彼らの議論の構造は実質的にはマルクスの立場と同じものである。フロイトは、マルクスの上部構造と下部構造との区別を、心あるいは社会的、文化的制度の顕在的なものと潜在的なものとして分類されるものの差異へと翻訳する。フロイトは『夢解釈』(一九〇〇年)で、彼のすべての著作に枠組みを与える解釈学的モデルを定式化する。フロイトは、多くの文化評論家にとって決定的となった一節で、夢解釈と夢翻訳のアナロジーを描くことによって、潜在的な夢思考と顕在的な夢内容の差異について説明する。「私たちの目には、夢思考と夢内容は同じ一つの内容を違う二つの言語で言い表しているように見える。あるいは次のように言った方がいいかもしれない。すなわち、夢内容とは、夢思考を別の表現様式の中へと転移させたもののように思われる。私たちは、これらの原本と翻訳とを比べ合わせることで、書き換えにあたっての記号法と統語法とを学ばなければならない」(56)。この図式においては、ラカンが主張するように、無意識的なものは「言語のように構造化されている」。テクストを翻訳するためには語彙と文法を知っている必要があるのと全く同じように、夢の内容を解読するためには、夢の中の諸要素の意義と、それらが連結される規則を知っている必要がある。夢を解釈する際の問題は、その本性のために無意識の欲望は間接的に「話さ」なければならないということである。超越的な神のように、無意識的なものは隠れることによってのみ自身を表すことができる。したがってその開示は隠すことであり、隠すことが開示なのである。熟達したラビ〔ユダヤ教の指導者〕を思い出させるように、心理分析家は、天国からではなく、今は深いところから聞こえてくる「他者」の言葉を解釈する。再度、神は単に消え去るのではなく、背後に退くのであり、そこに抑圧されたものは潜み、回帰する時を待っているのである。

フロイトが『夢解釈』を書いた時、彼は意識と無意識という二項対立の見地から人格を理解していた。だが、考えが成熟するに至った時の彼は、人格は三層的である――人格はイド、自我、超自我を含む――ことを確信していた。ばらばらの方向に逃げ出す馬たち（理性、欲求、意志）を操るプラトンの御者のように、自我は、イドの暴れる欲望と超自我の道徳命令との不調和を調停しようと努める。正統主義神学とヘーゲルと同様、フロイトにとって人格の三位一体構造は共時的であり、かつ通時的である。主体のそれぞれの三つの側面は所与のものではなく、主体が産出する発生的な構造と同形に進むプロセスの中で陶冶bilden, Bildungされなければならない。原初の状況においては、分化した個人的自我といったものは存在しない――直接的な欲望が人格を支配する。この状況は、社会的なグループのルールと規範が内面化されて超自我が形成される時に、変化し始める。自我は、カントの道徳的格闘を繰り返す中で、義務（すなわち社会的なもの）と性向（すなわち個人的なもの）との不調和を解消しようと努めるが、どうしても解消し損ねてしまう。フロイトの主体は、個人的な欲望と御父の律法との間で引き裂かれており、ルターの罪の意識に苦しむ罪人のように内面的に分割され、分裂し、本質的に自己矛盾に陥っている。

主体性の三つの側面は、三つの段階を経て発現する。すなわち、口唇、肛門、性器の段階である。人格の発展の一般的な方向としては、未分化に始まり、分化と不調和を経て、分化のない状態へと戻る。フロイトの図式では、このプロセスを駆り立てるのは、エロスとタナトスの弁証法的な相互作用である。発達の口唇段階は、そこでは自己と世界とが一つである――母親と赤ちゃんは一つの有機体を形成している――子宮内生活の延長である。すべての欲望は子宮内でin utero直接的に満たされているのだが、誕生のトラウマはこの最初の調和を途絶させてしまう。ティアマトを殺したマルドゥクを思い出させるように、赤ちゃんは、破水し、へその緒が切られると、時間と空間の中へ「下落」することになる。母親から切り離されると、欲望と満足の間には不可避的な遅延が存在する。この時間的な据え置きが分化の、したがって個人化のプロセスの開始を印づける。アウグスティヌスからキルケゴールやハイデガーに至る神学者や哲学者たちが論じたように、時間と自己とは不可分である。言い換えるならば、主体性は時間的であることから抜け出すことができない。フロイトによれば、個人化は長いゆっくりとしたプロセスである。初めに切り離された後の自己と他者との分化は、口唇段階においては最小であり続ける。フロイトの議論の詳細はここでの私たちの議論とはかかわりがないが、重要なのは、欲望と律法との不調和を調停する際に意志が果たす役割に注目することである。赤ちゃんといわゆる原始人は何にも制約されることなく、達成できる直接的な満足へ向かう最短の道を探す。だが個人は成熟するにつれて、社会的な規則に従うことによって欲望をコントロールすることを覚える。フロイトは進歩という啓蒙の神話を修正し――あるいはひょっとすると逆転させて――、文明の歴史は増大する抑圧と倍加する不満足とによって特徴づけることができると論じる。欲望は、直接的な表現を否定され潜在化するが、決して消え去ることはない。こうした展開のダイナミクスは、直接的には明らかではないが、ヘーゲルの思弁弁証法の抽象的な用語によっても表現することができる。個人はまずその起源の未分化の母体を否定するプロセスにおいて発生し、次いで意志を働かせることによってさらなる個人化を果たす。意志の活動は、不可避的にセクシュアリティと侵犯とによって表現と解消を同時に求める不調和へと至る。緊張を弱めることは可能であるが、不調和は死なない限り完全には解決されえない。個人の死は否定(すなわち分化した個人)の否定であり、最初の未分化の母体への回帰を伴う。人格の構造と発展の三重の本性が、フロイトの宗教解釈を枠づけている。いや増す抑圧が緊張を大きなものにする。この緊張は、抑圧されたものが統制されながら回帰することを可能にする制約された儀礼によって解放されなければならない。そのような儀礼を危険なものにするのは、欲望のコントロールがきかなくなり、その結果、諸個人と諸グループの生命が途絶し破壊される可能性である。

フロイトは、キャリアを通して繰り返し宗教に注意を向けてきた。実に、宗教は彼の心を離れることは一度もなかったのであり、宗教に関する彼の最も説得力のある洞察の多くは、彼が何か他のことについて論じているように見える時に示された。『ある錯覚の未来』において提示された単純な投影理論から『トーテムとタブー』における啓発的な心理社会分析に至るまで、フロイトの主張は常に一貫していたわけではなく、相当程度変化している。生涯ローマに魅せられていたフロイトは、分析プロセスを記述する際に考古学的なメタファーを用い、これを諸個人と諸文化の両方に適用する。これらのイメージは、彼が認識していた以上のものを明らかにする。『文化の中の居心地悪さ』でフロイトは次のように書いている。

古代ローマのこうした遺物のすべてが、ルネサンス以後ここ数世紀間に成立した大都市の乱雑の中にちりばめられた模様となって現れることは、もはや特に言及するまでもない。きっと、古いものが少なからず都市の地中や近代建築の下になお埋蔵されているはずだ。ローマのような歴史的な土地柄では、このようにして過去が保存されている。

さて、ここで仮にローマが人間の住む土地ではなく、同じように古くからの内容豊かな過去をもった心的存在であり、成立したものは何一つ没落せず、最後の発展段階と並んで以前の段階がすべてなお存続している場所だと、想像の翼に乗って仮定してみよう[57]。

この見地からすれば、心理分析というのは実は心の考古学である。この図式においては、顕在的なものを理解する唯一の方法は、潜在的なものを掘り当てるまで記憶を発掘することである。この考古学的な企てにおいて、深く掘ることは戻ることを意味する。フロイトは、諸個人の発展は人類の発展を繰り返すというヘーゲルの主張、あるいはダーウィンの進化論により合致した言い方をするならば、個体発生は系統発生を反復するという主張に同意しているため、深さは個人と人類全体の両方の起源を明らかにすることになる。

ローマのイメージをかき立てる二、三頁前でフロイトは、一人の友人が『ある錯覚の未来』について、宗教は父親に対する関係において生ずるのではなく、母親と結びついた「大洋感情」の結果だと述べたことを記している。フロイトは、自我が最初に発生するための諸条件がこの理論に一定の説得力を与えていることを認める。

もともと自我はすべてを含んでいるのだが、後に外的世界を自身から切り離す。つまり、私たちの今日の自我感情というのは、かつて自我と世界とがもっと密接に繋がっていたのに対応して、今よりもはるかに包括的であった感情、一切を包括していた感情が萎《な》えしぼんだ後の残《ざん》滓《し》にすぎない。仮にこうした原初の自我感情が多くの人の心の生活において――規模の大小はあれ――なお存続していると想定してよいなら、この自我感情は、もっと細く鋭い境界線で区切られた成熟期の自我感情と、対をなして並び立つことだろう。その場合、こうした自我感情にふさわしい観念内容は、まさに私の友人が「大洋」感情を説明するのに用いたのと同じ限りなさ、あるいは宇宙との一体感であろう。

だがフロイトはさらに考えを進め、この理論を拒絶し、宗教は「赤ちゃんの依存の感情」とこれに関係して「父親の保護を必要」とすることから結果するものであるという、自身のもとの仮説へと戻っていく。(58) 父親に対する関係は――フロイトによれば生の他のあらゆることも同様である――曖昧さと両義性を孕《はら》んでいる。トラウマ体験を繰り返す傾向がある患者に取り組んだ後、フロイトは、緊張を軽減することを狙いとする快原理によっては、心は完全には説明されえないことを認めなければならなくなった。フロイトは、『快原理の彼岸』において、基本的本能は一つではなく二つ存在すると結論する。すなわちエロスとタナトスである。対立するように見えるが、愛と死は、一方が他方へと転化することで実際弁証法的に関係している。エロスは結合において諸個人を一つにするのだが、この結合は完全なものになるときに、諸個人の差異を破壊することによって諸個人の分離を否定するものである。対照的にタナトスは、「より以前の状態を回復しようとする、有機的生命に内属する衝動である。生命体はこの以前の状態を、障害を及ぼす外的力に押されて放棄せざるをえなかったのである。つまりタナトスは、一種の有機的弾性、換言すれば、有機的生命に内属する慣性の現れなのである」(59)。

この議論が含意するところを理解するためには、フロイトの本能理論がニュートンの均衡の理論を活用することで立ち上がるものであることを知る必要がある。フロイトは機械システムのモデルで生命を解釈する際に、有機体は外部から妨害されない限り均衡の状態にとどまろうとすると主張する。いったん不均衡が生じると、有機体はバランスを回復しようとし、そうすることによって均衡の状況へと回帰するのである。欲望の満足が緊張を軽減させ、均衡を回復する限り、それは惰性へと、あるいは情報理論の用語を使うならエントロピーへと向かうのだが、その究極的な帰結は有機体の死である。死の本能はこの不可避的な終わりを遅らせようと、他者を侵犯することで外に向かうことによって、「否定的なエントロピーを有する」ようになる。主体は、敵対的な活動において、他者を否定することによって自己を主張し弁護する。言い換えるなら、暴力はエロティックであり、愛は不可避的に敵意を宿すのである。タナトスとエロスはついに区別することができなくなる。もともと差異がそこから発生した単一性へと、差異が回帰することによって、愛と死は共に終わる。

したがってそれらの本能は、変化と進歩を追求する力であるかのような、人を欺く印象を与えずには済まない。実は、欲動は以前からの目標を新旧のやり方で達成しようとしているだけなのである。あらゆる有機体が追求するこの最終目標を特定することは可能である。生命の目標がいまだ達成されたことのない状態であるならば、それは本能の守旧的本性に矛盾することになろう。反対に、その目標は昔の状態、生命あるものがかつてそこから出発し、発展が通った回り道を通って回帰しようとする出発点でなければならない。生命あるものはすべて内的な理由に従って死に、再び無機物へと帰ってゆくということを、例外のない真理として仮定するならば、私たちは次のように言わざるをえない。「あらゆる生命の目標は死」であり、翻って言うなら、「無生命が生命よりも先に存在していたのだ」と。(60)

エロスとタナトスのこの複雑な相互作用がエディプス・コンプレックスの核心にあり、宗教の起源と機能に関するフロイトの最も挑発的な解釈の根拠をなしている。フロイトは、性心理の発達という自身の理論と、原始群族についてのダーウィンの考察とを編み合わせることによって、宗教の歴史的発生と持続的な機能を説明するために起源の神話を展開する。父親は、息子が母親に対してエロティックな欲望を抱き、それをかなえることを禁じることによって、敵意と嫉妬をかき立てる。結果として生じる感情的な両義性は、父親に対する息子の侵犯に現れる。息子は父親の死を願い、その地位に就こうとする。父親に対する敵意は同時に父親との同一化である。フロイトは文学的想像力を駆使し、精神のドラマを実際の歴史的出来事の中で展開する。

フロイトはダーウィンに頼りながら、歴史の初めに兄弟たちが結託して原父を殺し、そうすることによって彼が支配していた母親とその他の女性たちへ接触することができたと考える。共有された罪の意識の絆を確かなものとするために、兄弟たちには供犠に参加することが要求された。この供犠のクライマックスで、彼らは死んだ父親の体を食べた。この儀礼のプロセスは三つの一見するところ矛盾する契機を含んでいる。第一に、父親に対する憎悪に発する行為であるということ。第二に、罪を意識する息子たちが一つにまとまること。第三に、息子たちが父親と同一化すること。私たちがよく知るようになった宗教の言語で表現するならば、父親は死に、まさしく息子たちのうちに受肉することによって復活するのである。

フロイトは、自身の物語の虚構的な性格を認めながらも、それがキリスト教の精神分析的、歴史的な真理を明らかにしていることを確信している。起源の神話は、現在を過去の見地から解釈することによって、顕在的なもののうちにある潜在的な隠されたものを暴露する。聖体拝領の儀礼は、それによって人間の文明が始まったトーテムの儀礼を再演することによって確固たる境界を定める。そのうちでは原始的な欲望が表現され、同時に規制される。すでに見たように、正統なキリスト論では、イエスは完全に神であり完全に人間である。フロイトはキリスト教を、父親の宗教（ユダヤ教）にとって代わった息子の宗教として解釈する。イエスが父親と一つである限り、その十字架刑は父親の死であり、それによって息子は崇拝の対象になる。すなわち聖体拝領は、父親に対する勝利を反復するものであり、これによって信仰者は罪人になる。

父親に最大限の償いを差し出したその行いで、同時に息子は父親に対する欲望が目指すところも達成した。息子自身が父親と同列の神となる、より正確には、父親に代わって神となるのである。息子の宗教が父親の宗教にとって代わる。この交代を示すものとして、古代のトーテム饗宴が聖体拝領において復活する。そこでは、兄弟団が今や父親のではなく、息子の肉と血を拝領し、この享受によって自らを聖化し、息子と同一化する。私たちの眼差しは、トーテム饗宴が動物供犠や、神人としての人間の供犠や、キリスト教の聖餐式と同一であることを長い歴史の変遷を通して辿ることができる。そして、これらのすべての儀礼のうちに、人間を非常に苦しめると共に人間がそれでも誇らざるをえなかった犯罪の残響を聞くことができる。しかし、キリスト教の聖体拝領は、本質的には父親の再度の排斥、罪ある行いの反復なのである。[61]

しかし罪の意識だけが侵犯が引き起こす効果なのではない。信仰者は、聖体拝領に参与することによって有罪になるばかりではなく、神的にもなる。信仰者たちの共同体は、聖体拝領において神の死と復活とを反復する。原始の息子たちが父親の死体を食べることによってこれと一体化したように、信仰者たちは、その体を食べ血を飲むことによって、父親である息子と一体化する。別の表現をするなら、聖体が消費されることによって、信仰する主体は信仰の対象と一つになる。つまり聖体拝領は神の自己具現化の儀礼的再演であり、これによって超越的な神性は死に、信仰共同体のうちに生まれ変わるのである。この（再）結合の行為主体《エージェント》が聖霊ないし精神であり、今やこれが神的と見なされる。このように理解するならば（この筋立ては別の方法で理解することもできるが、それについては後に見る）、フロイトの懐疑の解釈学は、それと知らずにニーチェの神の死を繰り返すことによって、ヘーゲルの弁証法プロセスを延長しているのである。

フロイトはかつて、あまりに影響を受けるのを恐れてニーチェを読むのを止めたことを打ち明けた。ニーチェはフロイトの最も重要な洞察の多くを先取りしていたから、フロイトの心配は故なきことでは全くない。フロイトは、ゲーテの一節をひいて『トーテムとタブー』を締めくくったが、これは『ヨハネによる福音書』の冒頭の詩を反復し、

表7　理論の神学

	言葉	行い	
	超越的形式	全能の意志	
プラトン主義	形式	絶対的な力	唯名論
	デミウルゴス	秩序の中の力	オッカム
	物質		プロテスタンティズム
			ルター
			カルヴァン
キリスト教の護教論者たち	神の心	契約神学	ピューリタニズム
	ロゴス		
	意識の構造	意識の構造	ルソー
カント	アプリオリな形式	構想力	フィヒテ
	想像力	発生的な形状化	F. シュレーゲル
	図式化	表現	ショーペンハウアー
	アポステリオリな経験	ポイエーシス	
		組み換えによる形状化	
		表象	
		ミメーシス	
	基礎づけする理論	基礎づけしない理論	
マルクス[1]	社会-経済的	社会-経済的	マルクス[2]
フロイト[1]	心理的	心理的	フロイト[2]
ニーチェ[1]	美的	美的	ニーチェ[2]

かつ逆転させるものであった。

確かに、両方（つまり原始人と神経症者）において、考えることとなすことの間には私たちが引くような鋭い分断線は存在しない。だが、神経症者においては何よりも行為が妨げられているのであり、思考が行いに完全に取って代わるのである。他方、原始人は何も妨げられておらず、思考はすぐさま行為に移される。原始人にとってはむしろ、行いがいわば思考の代替物なのである。だから、こうと決めたことの究極的確実性は保証できないが、私としては、私たちが論じている場面ではこう想定してよいのだと思う。「はじめに行いありき」と[62]。

これは多くの点で奇妙なテクストである。というのもカント、フィヒテ、シュレーゲル、シェリング、ショーペンハウアー以後、フロイト以上に思考が行為であることを示した者は誰もいなかったからである。行いはその必然的で不可解な条件である言葉を告げると考える、オッカムに遡る主意主義の伝統を、フロイトは暗黙のうちに呼び出している。ニーチェによれば、常にすでに始まりにある行いは力への意志である。

理論のうちに神学が残存していることを理解するためには、宗教の起源と機能に関するこれらの理論を、私たちが後づけている神学的、哲学的な代替案の軸に据えることが役立つ（表7）。以下に明確になるであろうが、マルクス、フロイト、ニーチェは、基礎づけ主義的にも非基礎づけ主義的にも読むことができる。一方で彼らは、文化的上部構造は経済的、心理的、美的な下部構造に還元することができると論じることによって言葉の神学を延長し、他方で、これらの下部構造が不可避的に不完全であることを直接的には認めないとしても、承認することによって行いの神学を再度銘記するのである[63]。

初期のニーチェが、世界を芸術作品として語る立場をいかに定式化したかについてはすでに考察した。神は至高の芸術家として、「道徳を超越し、手当たり次第に創造し、破壊し、なすこととなさないこととのすべてに無関心でありながら自己を実現する[64]」。このプロセスにあるアポロン的なリズム（個人化）とディオニュソス的なリズム（解消）との創造的で破壊的な相互作用は、自我とイドとの間の緊張に対応している。晩年のニーチェは、宗教的としか言いようのないビジョンに形式を与える自由な美学を練り上げた。遺作となった『力への意志』を締めくくるアフォリズムで、彼は恍惚となる。

この世界は、始まりも終わりもない巨大な力である。（中略）限界としての「無」によって囲まれ、おぼろげなものや浪費されるものでも、果てしもなく伸びるものでもなく、一定の力として一定の空間に措定されたもの。どこかが「空虚」であるかもしれない空間ではなく、力の遍在として、諸力と力の波との戯れとして、一であり他であり、こちらで増すと同時にあちらで減るもの。流れほとばしり一つになる諸力の海、永遠に変わり、永遠に逆流し、悠久の間繰り返し、寄せては返す、（中略）満喫すること、倦怠、疲弊といったことを少しも知らない生成。永遠に自己を形成し、永遠に自己を破壊する私のディオニュソス的世界。二重の官能の喜びに満ちた世界の神秘、目標のない私の「善悪の彼岸」、（中略）この世界は力への意志である――それ以外はない！　しかもまた君たち自身がこの力への意志である――そしてそれ以外ではない[65]！

狂気の雲が次第に濃くなるにつれて、ニーチェはますますディオニュソスと一体となり、断片的な著作に「十字架に架けられた者」、「ディオニュソス」、あるいは「反キリスト者」と署名するようになった。分析家たちはいつもこの実践を進行する認知症の症状として片づけてしまうが、これらの奇妙な仮名は、実はニーチェの思想のすべての基礎をなす弁証法的な構造を示しているのである。

ニーチェの神の死の宣言を、宗教をニヒリスティックに拒絶するものとして解釈するものはすべて誤りである。ニーチェは不当にもヘーゲルをはねつけてしまったが、知らず知らずのうちにヘーゲルに従い、ニヒリスティックなのは超越的な神を信じないことではなく信じることだ、と主張するのは正しい。不幸な意識についてのヘーゲルの分析が示すように、もし真実がどこか他の場所にあるのなら（つまり超越的であるのなら）、それは私たちが知っている世界を否定することによってのみ肯定されうる。ニーチェの弁証法的な分析においては、超越のニヒリズムはイエスではなく、パウロによって導入された。ニーチェは、歴史的な聖書批判の後で常識的になった区別を引き合いに出しながら、イエスの宗教とイエスについての宗教とを区別する。イエスは、離れたところにいる神について説教したのでも彼岸の国を誉め称えたのでも決してなく、むしろ「『神格化した』と感じるためには人はいかに生きなければならないか、自分の罪に対する後悔と悔恨によってはこれを達成することができないだろうということを示した。『罪は重要ではない』というのが彼の中心的な見解である」とニーチェは主張した。実際このメッセージは実感された終末論であったのであり、これによると「『祝福』は約束されるものではなく、あなたがこれこれの仕方で生きるときに存在するものなのである」。だがパウロは、超越的な神に罪深い人間を対置し、来世のみにおける和解を約束することによって、イエスのメッセージを「逆転させてしまった」。「彼は異教世界が何を最も必要としているのかを理解しており、キリストの生と死の事実から全く恣意的な選択をして、すべてのものについて新しく力点を置き直し、いたるところで強調点を変えた――パウロは原始キリスト教を原理の問題として葬り去った」[66]。パウロの福音はイエスの福音の否定であったため、原始キリスト教を回復する唯一の方法は、「モラルの神」の死によってこの否定を否定することである。「神の概念は、今に至るまで実存に対する最大の異議であった。私たちは神を否定する、私たちは神に対する責任を否定する、そうすることによってのみ私たちは世界を救うことができる」とニーチェは宣言する。信仰されているキリストが、歴史的なイエスの宗教を否定したものであるならば、反キリストは否定の否定であり、そこで原始キリスト教はディオニュソスの姿をとって回帰してくるのである。この二重の否定はニヒリスティックなものでは全くなく、すべての生の曖昧さ、不確かさ、複雑性において生を徹底的に肯定するものである。ディオニュソス、すなわち反キリストは、「否に対して否」と言うことによって、「その最も不可解で最も困難な問題においてさえ生に対して然りと言う。自身が無尽蔵であることを喜びながら生きる意志」[67]。ニーチェのディオニュソス的世界に、ヘーゲルの洞察が再び見出される。「だから真理とはバッカ

表8　贖いの物語

創造	堕罪	贖い
庭	世界	王国
結合	対立	(再) 結合
同一性	差異性	差異性の中にある同一性
原始共産主義	資本主義	近代の共産主義
口唇	肛門	性器
イエス	キリスト	反キリスト
原始キリスト教	キリスト教	近代の (ディオニュソス的) キリスト教

ス祭の陶酔であり、そこに居合わせた人は誰一人として酔わないということがない。この陶酔は、誰でもそこを離れさえすれば、すぐさまさめてしまうから、見えすいた単純な静けさである」[68]。

ニーチェの宗教解釈は、世俗性についての私たちの分析を振り出しに戻すのだが、それで考察が終わるわけではない。西洋における宗教の歴史には超越と内在の交替が見出されることについてはすでに論じた。神はあまりに不在になることで、あるいはあまりに現前するようになることで、繰り返し消え去る。啓蒙の理神論と無神論の後、受肉を拡大するプロセスを経て、自然的、歴史的プロセスを経て、神の退去は逆転される。このプロセスの詳細に関する解釈は変化するが、構造は変わらない（表8）。この図式のすべてのバリエーションにおいて、歴史的展開は――人格的であれ社会的であれ文化的であれ――考古学的、目的論的プロセスであり、始まりが含意するところは最後になってはじめて明白になるのである。このプロセスの意味は、その基礎的諸構造とそれらが作用するロジックを知っている者によってのみ解読されうる。しかしこの必然的とも思える完結の瞬間に、予期せぬ開けが「現れ」、それによって円環が完成するように見えた回帰を途絶させる。ロゴス中心的な諸構造は、根拠なき根拠――諸構造はこれを前提とするが取り入れることはできない――を開示することはないが、これを伴っているという欠陥をさらけ出す。この開けは、常に別様に銘記されなければならない過剰を表す。ニーチェにとって、「永遠の自己創造と永遠の自己破壊のディオニュソス的世界」は、「善と悪を超えた」「豊饒」を含んでいる。ニーチェは、天才の概念を鋳直すことによってこれを主張する。カントが天才を自己反省――この中で主体は自身から発生し、自身へと回帰してゆく――という自律の人物と見なすのに対し、ニーチェは天才のうちに、バランスがとれていて完全であるかのように見える交換のあらゆるエコノミーを途絶させる、回帰することのない消費を見る。「天才は、作品においても行いにおいても、必然的に浪費する者である。だから、自身を浪費することがその偉大さである。自己保存の本能はいわば留保されている。言うなれば、流れ出る力の圧倒的に強力な圧力が、彼にそうした配慮や用心を禁じるのである。（中略）彼は流れ出る、彼は溢れ出る、彼は自身を使い果たす、彼は自身を甘やかさない。これは、あたかも河川が心ならずも岸を越えて氾濫するような、災難であり、意図せざる運命である」[69]。ニーチェが見出した過剰は、ニーチェの議論だけからでなく、マルクスとフロイトがそれを収めようと構成した図式からも溢れ出ていく。

マルクスは、近代経済学の理論の核心にある均衡の原理によってすべてが説明されうるわけではないということを無視しようとしたが、結局は認めざるをえなくなった。交換の二項的なロジックをどうしてもはみ出してしまい、システムを均衡から引き離し、混沌の縁《ふち》へと押しやる何かが存在する。この奇妙な何かは芸術と宗教に密接に関係している、とマルクスは結論づける。『経済学批判要綱』の貨幣に関する章で、次のように書いている。

あらゆる古代民族にあっては、金や銀の蓄積は、はじまりは祭司や王侯の特権として現れる。商品（つまり貨幣）のうちの神と王は、神々と王たちにのみふさわしいものだからである。彼らだけがそのものとしての富を所有するに値する。その際こうした蓄積は、一方ではただ余剰、すなわち特別なとっておきとしての富を見せびらかすためのもの、寺院や神々への寄進のためのもの、公的芸術品のためのものとして現れる。（中略）後に古代人にあっては政策になる。準備基金としての国庫、そして寺院はこの聖体が保管される最初の銀行である。

そうした古代の実践は、それが意味をなさないように思われる資本主義経済のうちでも消え去ることがない。近代のブルジョワの特徴である執拗な功利主義の計算効率は、「原始的な」儀礼にまで辿ることができる無用で非合理的な実践と矛盾する。マルクスは、富をこれみよがしに見せつけることを、それ自体だけを目的とする見世物と見なす。

同様に金などの蓄積は、半未開人にあっては装飾や美観として現れる。だが最も発展したブルジョワ社会では、金の非常に多くの部分、そしてますます多くの部分が、奢侈品として流通から引き去られる。（中略）一般的富の代表物としては、金を流通にゆだねることなく、またこれを特殊な欲望に使用することなく保有することが、まさに個人の富の証明である。そして貨幣がいろいろの規定で発展するのに従って、つまりそのものとしての富が個人の価値の一般的尺度になるに応じて、富を見せびらかす衝動が、富の代表物としての金銀の誇示が発展する。（中略）その要点とは、金が貨幣としてでなく利用されているということにある。つまり流通に対して対立的な形態がここでは重要である。[70]

マルクスは、経済的に有意味な功利主義のロジックによっては、そうした実践を説明することができないことを認識している。この非実践的な活動はどのようにしたら理解することができるのか？　そうした実践は、すべての文化的実践の基礎をなす、とマルクスが信じる経済の論理によれば、どんな目的も果たさずどんな意味もなさない。考察すると彼の理論の全体が問いに付されることになるために、彼が考察したがらないのは、それらの活動はまさに目的を果たしたり意味をなしたりすることを避けようとするということである。

精神分析の視座からアプローチするならば、これみよがしに見せつけることの過剰さは、複雑な欲望を示しているのであり、これは交換の閉じた均衡の見地からは理解することができないものである。フロイトは、分裂した主体は最終分析においてもどうしても不明瞭な部分を残すことにうすうす気づいているが、これを認める気になれない。すでに見たように、欲望は決して直接的には姿を現さず、常に自身を隠すことによって自身を顕わにする。『夢解釈』はフロイトの解釈の夢を表しているのであり、そこで彼は、夢の明白な内容は完全に解読できるということに賭けているのである。しかし彼は賭け金を失う――この夢は、他のすべての夢と同様に果たされることはない、というのも夢を判読するのに必要なコードには常にひびが入っているからである。なぜなら、フロイトの懐疑の解釈学を彼自身のテクストに向け直すときに見出されるのは、自己再帰性の透明性ではなく、反射する鏡にある傷なのだから。もし欲望が隠すことによってのみ自身を表すことができるのであれば、自己意識の円環は決して完成せず、偽りの楕円のように常に脱中心化されていて真円ではないのである。最も重要なものは中心よりも周辺に、作品の主要部よりも空白にある――常に。フロイトは自身の夢の一つを分析するときに、解釈に抵抗すると同時に解釈を求める死角を垣間見る。フロイトは見過ごしたいことを認めつつ、実際自身の分析をひっくり返す、「暴露する」脚注で自身の物語を補足する。「この部分の解釈は、すべての隠された意味を辿れるほどには充分に為されていないということに私も気づいていた。だが、もし三人の女性の比較をさらに続けようとすれば、話があらぬ方向に大きく逸れてしまうことになるだろう。どの夢にも、少なくとも一つは、夢が解きほぐせなくなってくる場所というものがある。その場所は、いわば一つの臍であって、そこを通じて夢は知られざるものと接触している[71]」。この注目すべき告白が意味するのは、知られないのみならず知りえないものであり続ける無意識によって意識が二重化されるがゆえに、あらゆる解釈は不完全であるということである。夢の中心は、知りえないものとの接触点として、あらゆる表象が前提としながらも再提示することができない表象しえないものの痕跡である。この点の反復は欠乏といったものでは全くなく、欲望の無限の休みなさ――これによって世界が創造され、再創造される――が隠されていることを示す楕円である。

マルクス、フロイト、ニーチェは、宗教の起源と機能について理論的分析を展開したが、彼らはそこで、ロマン主義の詩やヘーゲル哲学において始まった超越の内在への変換を延長するのである。これらの懐疑の解釈学は、神的なものを人間的なものに還元しようと意図しながら、実際はそれらが一掃しようと奮闘する宗教の亡霊につきまとわれ続けている。彼らの社会経済的、心理的、美的な宗教の理論は彼らの意に反して、実現すると考えられた内在と現前のただ中において還元することのできない他性を示唆してしまう。キルケゴールは、徹底的な差異が不可避であることを認識した唯一の一九世紀の著作家であった。だが、彼はヘーゲル主義に対する容赦ない攻撃に没頭するあまり、神の超越の弁証法的逆転を対立的な差異によって批判するにとどまり、これはヘーゲルがすでに超克したまさにその対立を再び記すものでしかなかった。したがって差異性を同一性に折りたたむことなく、また差異性を和解させることのできない対立へと実体化することもない発想を定式化するためには、キルケゴールの〈あれかこれか〉を通してヘーゲルの〈あれもこれも〉を読み直し、ヘーゲルの〈あれもこれも〉を通してキルケゴールの〈あれかこれか〉を読み直す必要がある。この〈あれでもなくこれでもなく〉が新しい空間を開くのであり、そこで宗教的な想像力は、出現しつつあるネットワーク文化の中で、より有効となるであろう批判的反省と建設的議論を展開することができる。すでに述べたように、自然的、象徴ネットワークは他の文化システムだけでなく、自然的、社会的、テクノロジー的要因との相互関係を通じて特殊性を帯びる。私は次の二つの章で、いかにして神学、哲学、芸術が、教会、大学、美術館の中から発生し、政治的、経済的、テクノロジー的状況を変容させるのかを精査しようと思う。これらの変化はさらに、世界を崩壊の危機へ陥れる恐れのある急進的な神学とイデオロギーをもたらした。だが混沌の縁《ふち》で待ち伏せしているのは危険だけではない。残る唯一の希望を宿す創造的な発生もまたそこにはある。

注

第一章 宗教を理論化する

（1）「隠された神の方へ」『タイム』八七巻一四号、一九六六年四月八日、八二頁。

（2）Anne C.Loveland. *American Evangelicals and the U.S. Military*, 1945–1993 (Baton Rouge: Louisiana State University Press, 1997), 211からの引用.

（3）こうした議論を考察するためには、以下の拙著を参照のこと。*The Moment of Complexity: Emerging Network Culture* (Chicago: University of Chicago Press, 2001); *Confidence Games: Money and Markets in a World without Redemption* (Chicago: University of Chicago Press, 2004).

（4）Wallace Stevens, “An Ordinary Evening in New Haven,” in *The Collected Poems of Wallace Stevens* (New York: Knopf, 1981), 489.

（5）Jonathan Z. Smith, “Religion, Religions, Religious,” in *Critical Terms for Religious Studies*, ed. Mark C. Taylor (Chicago: University of Chicago Press, 1998), 269.

（6）*Ibid.*, 276.

（7）これらの展開に関しては、Tomoko Masuzawa, *The Invention of World Religions: or, How European Universalism Was Preserved in the Language of Religious Pluralism* (Chicago: University of Chicago Press, 2005)に詳論されており、非常に有用である。参照のこと。

（8）Mircea Eliade, *The Sacred and the Profane*, trans. Willard Trask (New York: Harper and Row, 1957), 16.（ミルチャ・エリアーデ『聖と俗——宗教的なるものの本質について』風間敏夫訳、法政大学出版局、二〇一四年）。

（9）*Ibid.*, 17.

（10）*Ibid.*, 9.

（11）後の章で明らかにされるところであるが、ポスト構造主義と脱構築は密接に関連しているが、同じものではない。ポスト構造主義は、新批判主義から現象学や構造主義の異なるバージョンに至る本質主義の諸形式に関する一般化された批判に言及する。ミシェル・フーコー、ジル・ドゥルーズ、ジャック・ラカン、ジュリア・クリステヴァといった様々な評論家たちがポスト構造主義者に分類することができる。対照的に、脱構築は特に、ジャック・デリダによって発明され、彼のたくさんの追随者たちによって練り上げられた批判的な戦略に言及する。後の章で、私は、ポスト構造主義と脱構築の神学的な系譜学について詳論する。

（12）Murray Gell-Mann, “Complexity and Complex Adaptive Systems,” in *The Evolution of Human Languages*, ed., John A. Hawkins and Murray Gell-Mann (New York: Addi-son-Wesley, 1992), 10.

（13）*Ibid.*, 23–24.

（14）創造神話の重要性については、第四章でさらに詳しく考察する。

（15）聖書からの引用は、『聖書新共同訳』（日本聖書協会、一九九一年）による。

（16）Claude Shannon and Warren Weaver, *The Mathematical Theory of Communication* (Urbana: University of Illinois Press, 1970), 99.（C・E・シャノン／W・ヴィーヴァー『コミュニケーションの数学的理論——情報理論の基礎』長谷川淳・井上光洋訳、明治図書出版、一九七七年）。

（17）Gregory Bateson, *Steps to an Ecology of Mind* (New York: Ballantine Books, 1972), 453.（グレゴリー・ベイトソン『精神の生態学』佐藤良明訳、新思索社、二〇〇〇年）。

（18）私はこの区別を、クリフォード・ギアツ Clifford Geertz, "Religion as a Cultural System" から拝借した。Clifford Geertz, *The Interpretation of Cultures : Selected Essays* (New York: Basic Books,1973)（クリフォード・ギアーツ『文化の解釈学』全二冊、吉田禎吾ほか訳、岩波書店、一九八七年）を参照のこと。この章における議論は、大きな影響力をもったギアツの分析の不十分なところと足りないところとを克服しようとするものである。

（19）本書の図において、私は、これらのプロセスが閉じたものではなく開かれたものであることを示すために、円ではなく楕円を用いた。この開けが、システム間とネットワーク間での相互作用の可能性を生み出す。楕円の点線は、相互依存や相互発展に必要な相互作用を含意している。

（20）*The American Heritage Dictionary of the English Language* (New York: Houghton, Mifflin 1970), s.v.

（21）こうした議論の歴史的な事例については第四章で精査する。

（22）過去は常に現在を条件づけ、未来が想像される仕方に影響を与えるのだが、不変ではない。反対に過去は、現在と先取りされた未来とを踏まえて、繰り返し再形状化されるのである。

（23）Per Bak, *How Nature Works: The Science of Self-Organized Criticality* (New York: Springer-Verlag, 1996) 1-2.

（24）第三章で、カントがその批判哲学において発展させ、イェーナのロマン主義者が芸術作品として世界を解釈するために拡張した、構想力《イマジネーション》についての理論を考察する。形状化と反形状化との関係については、"*Disfiguring: Art, Architecture, Religion* (Chicago: University of Chicago Press, 1992) で論じた。

（25）存在が関係的であるために、自己であることは常に間主観的である。この理由によって、私は心理学を社会というより包括的なカテゴリーのうちに含めるのである。

（26）William James, *The Varieties of Religious Experience: A Study in Human Nature* (New York: New American Library, 1958), 42.（ウイリアム・ジェイムズ『宗教的経験の諸相』桝田啓三郎訳、日本教文社、一九八八年）。ジェイムズの立場に関する私の記述は、第四講―第八講から引いている。チャールズ・テイラーは最近、*Varieties of Religion Today*, Cambridge: Harvard University Press, 2002（『今日の宗教の諸相』伊藤邦武・佐々木崇・三宅岳史訳、岩波書店、二〇〇九年）で、ジェイムズを引き合いに出した。テイラーは、特に彼が「表現主義的個人主義」と書くところのものに関心をもっている。テイラーは、これが「本来性の文化」を生じさせたのだと論じる。この種の宗教性は、新保守主義的な政治やグローバルな資本のネオリベラルな経済を強制するものであろう。この議論が提示する論点については、第五章と第六章で考察しようと思う。今のところは、テイラーの議論が二つの重大な制約を負っていることを書きとどめるので充分である。すなわち第一に、テイラーは、西洋の宗教的、神学的伝統についての理解が十分ではない。第二に、彼は、金融資本主義の複雑性を全く理解していない。

(27) エマーソンについては、いくつかの点で後の章において戻るつもりである。完全に間違っているというのではないにしろ、ジェイムズによるエマーソンの読みは偏っている。もしヘーゲルを経由してエマーソンを読めば、彼の宗教ビジョンはもっとずっと複雑に見えるだろう。

(28) Paul Tillich, "Two Types of Philosophy of Religion," in *Theology of Culture*, ed. Robert Kimball (New York: Oxford University Press, 1964), 10. 以下の諸段落における引用は、このエッセイからのものである。

(29) 二元論のタイプにおける救われている者と有罪の者との差異は、一元論のタイプにおける啓蒙された者と啓蒙されていない者との区別と同じものではない。前者の区別が存在論的であるのに対し、後者のそれは認識論的である。彼(女)が架橋することができない深淵によって、神や真実から隔たっている有罪の者とは対照的に、たとえいまだ認識するに至っていないとしても、啓蒙されていない者は神や真実と一体である。

(30) 私は関係主義という語を、空間と時間の本質に関する哲学的、科学的議論から拝借した。その「絶対的な空間と時間についての注解」において、ニュートンは、「時間と空間は、絶対的ないし非関係的な運動の概念を支えるのに十分豊かな、様々な構造と共に与えられている」と論じている。ライプニッツはこの主張に激しく異議を唱えたが、ニュートンの地位は非常に支配的なままであった。だが最近、絶対的な空間と時間について、哲学者や物理学者たちの間で熱心に議論されるようになった。ジョン・アーマンは、その『十分な世界と時空——時間と空間の絶対的な理論 vs. 関係的な理論』の中で、物理学者たちの中にはニュートンの絶対主義を、彼(女)らが関係主義と言い表すものに置き換えることを提案する者がいることを説明している。関係主義者にしてみれば、「あらゆる運動は、物体の関係する運動であり、したがって時空は運動の絶対的な質を支える構造を有していないし有することもできない」(John Earman, *World Enough and Space-Time: Absolute versus Relational Theories of Space and Time* [Cambridge: MIT Press, 1989], 12). Lawrence Sklar, *Philosophy and Spacetime* Physics (Berkley and Los Angeles: University of California Press, 1985). Gordon Belot, *Rehabilitating Relationalism*, at www.google. com/search? hl=en&q=rehabilitating+relationalism も参照のこと。私たちはこの議論の詳細にここで立ち入る必要はない。最近の文化的な論争が、「相対主義」と「相対性」の概念のどんな洗練された理解をも事実上不可能にしたのであるから、私は後の章で宗教的、哲学的、政治的な絶対主義の批判を展開するために、関係主義の語を用いようと思うのだということを指摘すれば十分である。ここでは関係主義が、しばしば相対主義と結びづけられる孤立した主体性を伴うものではないことを強調することが重要である。反対に、関係主義は、あらゆる主体をそれ自身から引き出し、周囲世界及び他の諸主体との構成的な関係へともたらす。さらに関係主義は、批判者たちが飽くことなく非難し続けたような、「なんでもあり」の態度へと至るものではなく、創造的な行為のための条件を与える制約のパターンの中で構築される規範によって導かれる、実践、行動、処置において立ち上がるものである。

(31) すなわち、あらゆる主体は、その同一性を特異なものとして構成する、諸関係の複雑なウェブの中にある節《ふし》なのである。

第二章　プロテスタント革命

(1) Patrick Collinson, *The Reformation : A History* (New York : Modern Library, 2004), 6–7.

(2) 混乱を避けるために、近代性を近代主義や近代化から区別することが重要である。近代性がある歴史的な時期を指し示すのに対し、近代主義は通常、文化的な発展を指示するのだが、これは排他的に芸術や文化とだけ結びつくものではない。対照的に、近代化は、社会的、政治的、経済的なプロセスであり、これによって諸社会はここ二世紀の間に発展したのである。近代主義にかかわる諸問題については第三章で、近代化の重要性については第四章で考察する。

(3) Martin Heidegger, *The Question concerning Technology and Other Essays*, trans. William Lovitt (New York: Harper and Row, 1977), 107.（マルティン・ハイデガー『技術への問い』関口浩訳、平凡社、二〇一三年）。

(4) *Ibid.*, 132, 77.

(5)『現象学』における「絶対的な自由と恐怖」についてのヘーゲルの説明は、力への意志というニーチェの観念を先取りしている。「普遍的なものは行為をなす前に、個人性という一者に集中し、頭に個人的な自己意識を入れなければならない。というのも、普遍的な意志は、一つである自己において実在的であるにすぎないからだ。しかしそれによって、すべての他の諸個人はこの行為の全体から排除されていてごく一部を共有するにすぎず、これによってその行為は実在的で普遍的な自己意識の行いではないだろう。したがって普遍的な自由は肯定的な働きも行為も産出することができない。それにはただ否定的な働きが残されるだけである。それは単に破壊の興奮であるにすぎない」(*Phenomenology of Spirit*, trans. A.V. Miller [New York: Oxford University Press, 1977], 359)（G・W・F・ヘーゲル『精神現象学』樫山欽四郎訳、河出書房新社、二〇〇四年）。

(6) Francis Oakley, *The Medieval Experience* (New York: Scribner's, 1974), 1.

(7) Paul Tillich, *A History of Christian Thought*, ed. Carl Braaten (New York: Harper and Row, 1968), 178.（パウル・ティリッヒ『キリスト教思想史』大木英夫・清水正訳、白水社、一九九七年）。ヨ

アキムの立場についての私の説明は、ティリッヒの著作によったものである。第四章で、三位一体というキリスト教の教説が意味するところを吟味する。

(8) *Ibid.*, 178–79.

(9) William James, *Varieties of Religious Experience: A Study in Human Nature* (New York: New American Library, 1958), 196–97.

(10) ルターの人となりに関する最良の研究は、今なおエリック・エリクソンの *Young Man Luther: A Study in Psychoanalysis and History* (New York: Norton, 1958) である。

(11) Paul Tillich, *The Courage to Be* (New Haven, CT: Yale University Press, 1952), 58–59.(パウル・ティリッヒ『生きる勇気』大木英夫訳、平凡社、一九九五年)。

(12) Oakley, *Medieval Experience*, 104.

(13) *Ibid.*, 4.

(14) Thomas Aquinas, *Intoroduction to St. Thomas Aquinas*, ed. A.C. Piges (New York: Random House, 1948), 193, 215.

(15) *Ibid.*, 292.

(16) Joan Acocella, "The End of the World: Interpreting the Plague," *New Yorker*, March 21, 2005, 82. 以下の疫病に関する詳細は、この論文から引いている。

(17) 聖フランチェスコは、プロテスタントと全く同様に、富者による貧者の酷使に反対していたが、教皇の権威を否定する必要があるとは考えていなかった。プロテスタントの改革者たちはレトリックを用いてカトリック聖職者の贅沢な生活を大目に見たのだが、彼(女)らはモラル改革を止めることは選択しなかった。また彼(女)らは、教皇から信徒個人への、教会の権威の移譲を求めた。すぐに教会の権威は、国家によって設立されたプロテスタント教会の国家的権威になり、プロテスタント教会は実際、しばしば宗教的な個人主義を抑制する傾向にあった。

(18) 現在では、この出来事に関するメランヒトンの説明が正確であるか否かについては論争がある。歴史家たちの中には、ルターはおそらく論争のテーゼを他の大学の友人や同僚だけでなく、マインツのアルベルトにも提出するという慣行に従ったのだろうと論じる者もいる。

(19) Diarmaid MacCullough, *The Reformation: History* (New York: Viking, 2003), 123 に引用されている。

(20) ラインホルド・ニーバーの有名な静かな祈りは、今日、ドイツでは、Gelassenheitsgebet として知られている。

(21) Pierre Alféri, *Guillaume d'Ockham: Le Singulier* (Paris : Editions de Minuit, 1989), 458–59. アルフェリは、ピエール・デリダの母、マルグリットの旧姓である。彼の分析は、オッカムの唯名論からジャック・デリダの脱構築へと至る直線が存在することを完璧に明らかにしている。だからオッカムについて書きながら、息子は実際は父について書いているのである。この道筋が意味するところは第四章で詳しく考察する。

(22) こうした記述がそれとなく示すように、オッカムの議論のある側面は、私が前章で書き表した第三の宗教的図式を先取りしている。こうした見方の重要性については後の章で探求する。

(23) ジョルジョ・アガンベンは、ルターがkatargēsisをaufhebenと訳していることを指摘することによって、パウロからルターを経てヘーゲルに至る線を引こうとする。

「ルターはaufhebenという語を使う。その二重の意味（『廃棄する』と『保存する』）において、ヘーゲルが彼の弁証法を基礎づけるのに用いている言葉である。ルターの用語法を検討してみれば、彼がこの動詞の二重の意味に自覚的であったこと、彼以前にも使用例は確認されるが、頻用されるものではなかったこと、したがって、ヘーゲルが採用し発展させずにおかなかったような特殊な相貌をこの語が獲得するにいたったのは、まずまちがいなく、パウロの『手紙』のルターによる翻訳をつうじてであったことが明らかになる。パウロのカタルゲーシスの二律背反的な所作を表現するために用いられていたからこそ、このドイツ語の動詞は『思弁的思索者』が『悦ばずには』いられないような、二重の意味を引き受けることになったのである」（*The Time That Remains: A Commentary on the Letter to the Romans*, trans. Patricia Dailey [Stanford, CA: Stanford University Press, 2005], 99).（ジョルジョ・アガンベン『残りの時――パウロ講義』上村忠男訳、岩波書店、二〇〇五年）。

しかし、ここ以外でもそうなのだが、アガンベンの議論は、もっともよく解釈したとしても、誤解を招く恐れがある。彼のルターのテクストの分析は、単純に間違っている。第一に、この箇所に見出されるのは、名詞形のkatargēsisではなく、一人称複数の動詞形のkatargoumenである。第二の、アガンベンの議論にとってより致命的なのは、katargoumenは、「これが意味するのは、私たちが律法を突き崩すために信仰を使っているということでしょうか？」というパウロが立てたその前の問いにおいて見出されるということである。つまり、ルターが、katargoumenを“heben…auf”と訳し、もっとはっきり言うと、「私たちは信仰によって律法を突き崩すのでしょうか？ Heben wir denn das Gesetz auf durch den Glauben?」と訳すとき、彼は、heben…aufを「突き崩す」という意味で使っている。「より堅固な足場の上に置く」ということのためにルターが使う動詞は、richten…aufである。引用を続ければ、「とんでもない。そうではなく私たちは律法を立てるのだ。Das sei ferne. Sondern wir richten das Gesetz auf.」とある。ルターは、aufhebenを「取り除く」ないし「取り去る」という意味で理解しているように思われる。この語の使用は、ヘーゲルによるaufhebenの理解の鍵となる、否定されたものの保存を含んでいない。後で見るように、ヘーゲルはルターに多くを負っているが、これは二人の接触の本質的な点ではない。

(24) *Luther, Lectures on Romans*, trans. W. Pauck (Philadelphia: Westminster Press, 1961), xxxviii（マルティン・ルター『ローマ書講義』松尾喜代司訳、新教出版社、一九六二年）の導入部に引かれている。

(25) Martin Luther, “A Commentary on St. Paul's Epistle to the Galatians,” in *Martin Luther : Selections from His Writings*, ed. John

Dillenberger (New York: Doubleday, 1961), 101.（マルティン・ルター『ガラテヤ書講解』藤田孫太郎訳、新教出版社、一九五六年）。

(26) *Ibid.*, 130.

(27) ルターの神がヘブライ語聖書にあるヤハウェと多くを共有することは明白であろう。次章で明らかになるだろうが、ピューリタン神学は、カルヴァンが敷衍したルターの神学的洞察から立ち上がったのであるが、これはアメリカ合衆国の成立に極めて重大であった契約神学を展開するために旧約聖書を利用したということである。

(28) G. W. F. Hegel, *The Philosophy of History*, trans. J. Sibree (New York: Dover, 1956), 416.（ヘーゲル『歴史哲学』武市健人訳、岩波書店、一九七一年）。

(29) この新しい表現の定義については、第三章を参照のこと。

(30) ルターの著作からのこれらの引用は、Norman O. Brown, *Life against Death: The Psychoanalytic Meaning of History* (New York: Random House, 1959), 226, 221, 228 にある。

(31) Luther, "Ninety-five Theses," in Martin Luther, ed. Dillenberger, 493.

(32) もちろん、多くの中世のカトリック信者は、まさにその堕落と頽廃において実際は世俗的であり始めていたと論じることも可能である。

(33) *Ibid.*, 447.

(34) *Ibid.*, xxxiii.

(35) 第四章で見るように、公的なものと私的なものとの間の対立が近代的な世俗性の条件である。

(36) http://www.thecaveonline.com/APEH/reformdocument.html#anchor revolt.

(37) John Calvin, *Institutes of the Christian Religion*, ed. John McNeill (Philadelphia: Westminster Press, 1967), 1:35.（ジャン・カルヴァン『キリスト教綱要』渡辺信夫訳、新教出版社、二〇〇九年）。

(38) Alister McGrath, *A Life of John Calvin: A Study in the Shaping of Western Culture* (Malden, MA: Basil Blackwell, 1990), 250.（アリスター・E・マクグラス『ジャン・カルヴァンの生涯——西洋文化はいかにして作られたか』芳賀力訳、キリスト新聞社、二〇一〇年）。この良書はずっと、カルヴァンの時代のフランスにおける生活について詳しく知ろうとするときの私の第一の参照物である。

(39) *Ibid.*, 176.

(40) William Bousma, *John Calvin : A Sixteenth-Century Portrait* (New York: Oxford University Press, 1988), 230–31.

(41) ルターによる聖書の翻訳の重要性については次章で考察する。

(42) McGrath, *Life of John Calvin*, 135, 133.

(43) *Ibid.*, 134.

(44) John Calvin, *Institutes of the Christian Religion*, trans. Ford L. Battles (Philadelphia: Westminster Press, 1960), 1: 197.

(45) *Ibid.*, 199, 201, 208.

(46) Myron Gilmore, *The World of Humanism, 1453-1517* (New York:

W. Langer, 1952), 186.

(47) Arthur Geoffrey Dickens, *Reformation and Society in Sixteenth-Century Europe* (New York: Cambridge University Press, 1968), 51. この著作は、エリザベス・アイゼンステインの二巻から成る研究、*The Printing Press as an Agent of Change: Communications and Cultural Transformations in Early-Modern Europe* (New York: Cambridge University Press, 1979)（エリザベス・アイゼンステイン『印刷革命』別宮貞徳・小川昭子訳、みすず書房、二〇〇一年）に引用されている。アイゼンステインの記念碑的著作は、近代初期に印刷術が与えたインパクトを最もうまく説明している。私は、印刷術と識字能力と宗教改革の関係に関して、以下の分析を詳論するにあたって彼女の著作に頼った。

(48) Eisenstein, *Printing Press*, 1:51.

(49) Mark Edwards, *Printing, Propaganda, and Martin Luther* (Berkeley and Los Angeles: University of California Press, 1994), 39.

(50) Eisenstein, *Printing Press*, 1:344, 347.

(51) *Ibid*., 304.

(52) Jack Miles, "Translation, Lingualism, and the Bible," lecture delivered at the Claremont Graduate School, February 3, 1997.

(53) 後にイギリス連邦の君主は聖書の日常語訳を許可することを決めたが、それは唯一の、授けられた、王によって許可された訳、すなわち「権威ある訳」として知られるジェイムズ王欽定訳でなければならないと主張した。

(54) アメリカにおけるプロテスタンティズムと識字率との関係に関する有益な考察として、以下を参照のこと。David Nord, *Faith in Reading : Religious Publishing and the Birth of Mass Media in America* (New York: Oxford University Press, 2004).

(55) Rudolf Hirsch, *Printing, Selling, and Reading, 1450–1550* (Wiesbaden: Harrassowitz, 1967), 90. 引用は、Eisenstein, *Printing Press*, 1:347.

(56) Eisenstein, *Printing Press*, 1:117–18.

(57) Collinson, *Reformation*, 43.

(58) Samuel Edgerton, *The Renaissance Rediscovery of Linear Perspective* (New York: Basic Books, 1975), 56.

(59) *Ibid*., 164.

(60) Eisenstein, *Printing Press*, 1:88.

第三章　主体性と近代性

(1) Friedrich Schlegel, *Philosophical Fragments*, trans. Peter Firchow (Minneapolis: University of Minnesota Press, 1991), 48.

(2) M. H. Abrams, *Natural Supernaturalism : Tradition and Revolution in Romantic Literature* (New York: W. W. Norton, 1971), 334.（メイヤー・H・エイブラムズ『自然と超自然――ロマン主義理念の形成』吉村正和訳、平凡社、一九九三年）。

(3) Karl Marx, *The Marx-Engels Reader*, ed. Robert Tucker (New York: W.W. Norton, 1972), 60, 61.

(4) Mark Noll, *America's God: From Jonathan Edwards to Abraham Lincoln* (New York: Oxford University Press, 2002), 10.

（5）Perry Miller, *The New England Mind: From Colony to Province* (Cambridge, MA: Harvard University Press, 1953), 13.

（6）Saul K. Padover, ed., *The Complete Jefferson* (New York: Duell, Sloan, and Pearce, 1943), 414.

（7）http://usinfo.state.gov/usa/infousa/facts/democrat/2.htm.

（8）Miller, *New England Mind*, 21.

（9）https://www.mtholyoke.edu/acad/intel/winthrop.htm.

（10）Miller, *New England Mind*, 22.

（11）Noll, *America's God*, 56.

（12）社会の最下層民がキリスト者の自由の名のもとに反乱を起こした時に、ルターがこれを警戒したのと全く同様に、建国の父たちの中には、「ユートピア的個人主義」の反権威的な含意に不安になった者もいた。このような理由で彼（女）らは直接民主主義に反対し、強い中央行政府を強く要求した。

（13）*Ibid*., 381.

（14）以下に見るように、あまり注目されないが、カルヴァン主義には美的な経験を評価し、後に芸術作品としての世界解釈の一助となる、もう一つの系譜も存在する。

（15）http://www.law.indiana.edu/uslawdocs/declaration.html

（16）Steven Shapin, *The Scientific Revolution* (Chicago : University of Chicago Press, 1996), 34.（スティーヴン・シェイピン『「科学革命」とは何だったのか――新しい歴史観の試み』川田勝訳、白水社、一九九八年）から引用。

（17）Alexander Pope, "Epitaph. Intended for Sir Isaac Newton, in Westminster Abbey."

（18）Ernst Cassirer, *Philosophy of Enlightenment*, trans. Fritz Koelln and James Pettegrove (Princeton: Princeton University Press, 1951), 6-7.（エルンスト・カッシーラー『啓蒙主義の哲学』中野好之訳、紀伊国屋書店、一九九七年）。

（19）Voltaire, *Traité métaphysique*, chaps.3 and 5. Cassirer, *Philosophy of Enlightenment*, 12 から引用。

（20）この点については、次章で再び論じる。

（21）Francis Oakley, "Christian Theology and the Newtonian Science: The Rise of the Concept of the Laws of Nature," in *Creation: The Impact of an Idea*, ed. D. O'Conner and F. Oakley (New York: Charles Scribner's Sons, 1969), 60 から引用。

（22）*Ibid*., 309.

（23）William Paley, *Natural Theology* (New York: Sheldon and Co., n.d.), 6.

（24）Locke, *An Essay concerning Human Understanding*, ed. A.C. Fraser (Oxford: Clarendon Press, 1894), 2:308.（ジョン・ロック『人間悟性論』加藤卯一郎訳、岩波書店、一九四〇年）。

（25）*Ibid*., 413.

（26）*Ibid*., 416.

（27）*Ibid*., 438.

（28）John Toland, "Christianity Not Mysterious," in *Religious Thought of the Eighteenth Century*, ed. J. M. Creed and J. S. Boys-Smith (Cambridge, UK: University Press, 1939), 20.（ジョン・トーランド『秘義なきキリスト教』三井礼子訳、法政大学出版局、二〇一一年）。

(29) *Ibid*., 19.

(30) Matthew Tindal, "Christianity as Old as Creation," in: *Religious Thought of the Eighteenth Century*, ed. Creed and Boys-Smith, 36.

(31) イギリスではローマ・カトリック教会はプロテスタント革命ではなく、国王至上法によって廃棄されたことに注意しなければならない。国王至上法は英国国教会を、ヘンリー八世をその事実上の教皇にもつ完全に独立した教会として建てた。カトリシズムは有罪と見なされ、教会の財産はすべて没収された。イギリスにおけるカトリック教会の崩壊は、プロテスタントの諸セクト同士の間と、それらの諸セクトと英国国教会との間の争いを燃え立たせるように思われた。アメリカの創設者たちがこれらの進行形の争いから得た教訓は、国家はいかなる形の宗教をも支持すべきではないということであった。フランス革命がそこから得た教訓は、国家は宗教を抑圧すべきだということであった。

(32) Lucien Goldmann, *The Philosophy of the Enlightenment*, trans. Henry Maas (Cambridge, MA: MIT Press, 1973), 68 から引用。

(33) フランスにおけるカトリック教会の運命は、ナポレオンがピウス七世との政教条約に署名したとき（一八〇一年）に最終的に決定された。これによってナポレオンはフランスの司教たちを罷免し、新しい人間を雇用することができた。実際、新しく出現しつつあった国家プロテスタンティズムをモデルとして一種の国家カトリシズムを作り上げた。これによって教会は再びフランスにおける小学校と中学校を委任された。理性の宗教に関しては、これは最終的には失敗であったということになり、これはナポレオンの決定によって、彼が勝利することができなかった教会との戦争を続けずに耐えることになった。合理主義者たちは実際は理性の宗教を必要としていなかったし、カトリック教徒たちはこれを拒絶し、後衛からの抵抗を続けた。ナポレオンと教皇との条約は、革命をそれ自身から救おうという彼の計画の一部であった。

(34) 人間と市民の権利の宣言からの引用は、http://www.constitution.org/fr/fr_drm.htm による。

(35) Jean-Jacques Rousseau, *The Social Contract: Essay by Locke, Hume and Rousseau*, ed. Ernst Baker (Oxford : Oxford University Press, 1962), 206.（ジャン＝ジャック・ルソー『社会契約論』作田啓一訳、白水社、二〇一〇年）。

(36) ルター派の諸伝統と改革派の諸伝統とのヨーロッパにおける異なった運命を区別することが重要である。ルター主義は北ドイツ、スカンジナビア、東ヨーロッパの小地域で支配的となったが、カルヴァン主義は、スイス、オランダ、スコットランド、イングランドで支配的となった。それ以外の場所では、カトリシズムが支配的であり続けた。

(37) F. W. J. Schelling, Dieter Henrich, *Aesthetic Judgement and the Moral Image of the World: Studies in Kant* (Stanford, CA: Stanford University Press, 1992), 87 から引用。

(38) Marx, "Contribution to the Critique of Hegel's *Philosophy of Right*," in: *Writings of the Young Marx on Philosophy and Society*, ed. Lloyd D. Easton and Kurt H. Guddat (Garden City, NY: Doubleday Anchor, 1967), 59.

(39) Kant, "What Is Enlightenment?" in *On History*, trans. Lewis White Beck, Robert E. Anchor, and Emil L. Fackenheim (Indianapolis: Bobbs-Merrill, 1963),3.（イマニュエル・カント『永遠平和のために・啓蒙とは何か 他三編』中山元訳、光文社、二〇〇六年）。

(40) Kant, *Critique of Practical Reason*, trans. Lewis White Beck (Indianapolis: Bobbs-Merrill, 1956), 3.（イマニュエル・カント『実践理性批判』熊野純彦訳、作品社、二〇一三年）。

(41) Julien Offray de La Mettrie, *Man a Machine*, in *Les Philosophes: The Philosophers of the Enlightenment and Modern Democracy*, ed. N. L. Torrey (New York: Capricorn Books: 1960), 173.（ジュリアン・O・ド・ラ・メトリ『人間機械論』杉捷夫訳、岩波文庫、一九五七年）。

(42) David Hume, *A Treatise of Human Nature*, ed. T. H. Green and T. H. Grose (London: Longmans, Green and Cox, 1886), 1: 390–91.（デイヴィッド・ヒューム『人間本性論』木曾好能訳、法政大学出版局、二〇一一年）。

(43) David Hume, *Dialogues concerning Natural Religion*, ed. H. D. Aiken (New York: Hafner, 1966), 23.（デイヴィッド・ヒューム『自然宗教に関する対話』福鎌忠恕・齋藤繁雄訳、法政大学出版局、一九七五年）。

(44) 一八世紀のヒュームの批判者たちはそうしなかったが、因果性の主観性についてのヒュームの分析は、人間の行為が自由である可能性を開いておくものだと言うことができる。だがヒュームの認識論による限り、人間の自由について合理的な議論にとりかかることができない。

(45) ヒュームと、ドルバック、エティエンヌ・ボノ・ドゥ・コンディヤック、アドリアン・エルヴェシウスといったフランス啓蒙の代表者たちとは、一九世紀に発展した最も重要な宗教批判のいくつかを先取りしていた。第四章で神学と宗教の様々な理論との関係について考察する。

(46) Immanuel Kant, *Critique of Pure Reason*, trans. Norman Kemp Smith (New York: St. Martin's Press, 1965), 144.（イマニュエル・カント『純粋理性批判』熊野純彦訳、作品社、二〇一二年）。

(47) *Ibid*., 181.

(48) カントの構想力についての説明がさらに含意するところを以下で考察する。

(49) Kant, *Critique of Practical Reason*, 30, 31, 39.

(50) Dieter Henrich, *Between Kant and Hegel: Lectures on German Idealism*, ed. David Pacini (Cambridge, MA: Harvard University Press, 2003), 19. 続けてヘンリッヒはカントの議論の意義を次のように説明している。

「心と世界観の概念が相互に結びついていることについてのこの洞察が、歴史解釈の近代的な方法の起源なである。フィヒテが初めて世界観 Weltanschauung に哲学的な重要性を与えた。自身の著作で展開したように、世界観は理論的な相関関係を表現していた。同様に、方法論的に用いることによって、心と世界観とのこの相関関係がヘーゲルの『現象学』の基礎となっている。心の発展のすべての段階が同時に世界認識の発展の段階であるがゆえに、私たちは他方から切り離して一方だけを論じることはできないのである」(20)。
ヘンリッヒが一九七二年にハーヴァードで初めて講義をした時、私は幸運にもそれを聴くことができた。ヘーゲルの『論理学』に関するヘンリッヒのゼミナールにも参加した。それらの講義とゼミナールは、私のヘーゲル解釈を決定的に形成し、三〇年以上も私の思考に影響を与え続けている。

(51) Kant, *Critique of Practical Reason*, 4.

(52) *Ibid.*, 33-34.

(53) *Ibid.*, 114, 133, 118.

(54) Immanuel Kant, *Critique of Judgment*, trans. James Meredith (New York: Oxford University Press, 1973), part2, 21.（イマニュエル・カント『判断力批判』宇都宮芳明訳、以文社、二〇〇四年）。

(55) Henrich, *Between Kant and Hegel*, 287.

(56) Jean-Luc Nancy, *The Experience of Freedom*, trans. Bridget McDonald (Stanford, CA: Stanford University Press, 1993), 54.（ジャン＝リュック・ナンシー『自由の経験』澤田直訳、未來社、二〇〇〇年）。

(57) Kant, *Critique of Pure Reason*, 314.

(58) Rodolphe Gasché, "Ideality in Fragmentation," foreword to Schlegel, *Philosophical Fragments*, tans. Firchow, xix-xx.

(59) Martin Heidegger, *Hegel's Concept of Experience*, trans. Kenley Dove (New York: Harper and Row, 1970), 48-49.（マルティン・ハイデガー『ニーチェの言葉「神は死せり」・ヘーゲルの「経験」概念』細谷貞雄訳、理想社、一九五四年）。

(60) Martin Heidegger, *Schelling's Treatise on the Essence of Human Freedom*, trans. Joan Stambaugh (Athens, OH : Ohio University Press), 162.（マルティン・ハイデガー『シェリング「人間的自由の本質について」』高山守ほか訳、創文社、二〇一一年）。

(61) Kant, *Critique of Judgment*, part 2, 86.

(62) Nancy, *Experience of Freedom*, 13.

(63) Martin Heidegger, *Kant and the Problem of Metaphysics*, trans. Richard Taft (Bloomington: Indiana University Press, 1997), 118.（マルティン・ハイデガー『カントと形而上学の問題』門脇卓爾訳、創文社、二〇〇三年）。

(64) G. W. F. Hegel, *The Logic of Hegel*, trans. William Wallace (New York: Oxford University Press, 1968), 162.（G・W・F・ヘーゲル『論理学』長谷川宏訳、作品社、二〇〇二年）。

(65) G. W. F. Hegel, *Hegel's Philosophy of Mind*, trans. William Wallace (New York: Oxford University Press, 1971), 3.（G・W・F・ヘーゲル『精神哲学』長谷川宏訳、作品社、二〇〇六年）。

(66) Heidegger, *Kant and the Problem of Metaphysics*, 112.

(67) Maurice Blanchot, *The Space of Literature*, trans. Ann Smock

(Lincoln: University of Nebraska Press, 1982), 30–31.（モーリス・ブランショ『文学空間』粟津則雄・出口裕弘訳、現代思潮社、一九七六年）。この洞察が芸術に対してさらに含意するところを次章において考察する。

(68) F. W. J. Schelling, *Ideas for a Philosophy of Nature*, trans. Errol Harris and Peter Heath (New York: Cambridge University Press, 1988), 174-75.（F・W・J・シェリング『自然哲学』松山壽一編、燈影舎、二〇〇九年）。

(69) 定義については以下を参照のこと。

(70) Søren Kierkegaard, *The Sickness unto Death*, trans. Howard Hong and Edna Hong (Princeton: Princeton University Press, 1980), 13.（セーレン・キルケゴール「死に至る病」『キルケゴール』桝田啓三郎責任編集、中央公論社、一九九七年）。

(71) Maurice Blanchot, *Thomas the Obscure*, trans. R. Lamberton (New York: David Lewis, 1973), 107–8.（モーリス・ブランショ『謎のトマ』篠沢秀夫訳、中央公論新社、二〇一二年）。

(72) Friedrich Nietzsche, *The Birth of Tragedy*, trans. Francis Golffing (New York: Doubleday, 1956), 74-75.（フリードリヒ・ニーチェ『悲劇の誕生』西尾幹二訳、中央公論新社、二〇〇四年）。

(73) Wallace Stevens, *Opus Posthumous*, ed. Samuel French Morse (New York: Random House, 1957), 178.（ウォレス・スティーヴンズ『ウォレス・スティーヴンズ詩集』池谷敏忠訳、千種正文館、一九六九年）。

(74) Friedrich Nietzsche, *Will to Power*, trans. Walter Kaufmann (New York: Random House, 1968), 36.（フリードリヒ・ニーチェ『権力への意志』原佑訳、河出書房新社、二〇〇五年）。

(75) Nietzsche, *Birth of Tragedy*, 9, 22, 65, 56.

(76) *Ibid.*, 42. 芸術的な創造における自己再帰性の問題については以下で考察する。

(77) Kant, *Critique of Judgment*, part1, 90.

(78) Jean-Luc Nancy, "The Sublime Offering," in *Of the Sublime: Presence in Question*, trans. Jeffrey Librett (Albany: State University of New York Press, 1993), 38.

(79) Schlegel, *Philosophical Fragments*, 70.

(80) これは、シュレーゲルの『詩についての対話』の導入部でエルンスト・ベーラーとロマン・ストラックが定式化したものを修正したものである。Friedrich Schlegel, *Dialogue on Poetry and Literary Aphorisms* (University Park: Pennsylvania State University Press, 1969), 15.

(81) Stevens, *Opus Posthumous*, 174; Collected Poems, 486.

(82) Kant, *Critique of Judgment*, part 1, 168.

(83) Maurice Blanchot, *The Infinite Conversation*, trans. Susan Hanson (Minneapolis: University of Minnesota Press, 1993), 354.

(84) Blanchot in *ibid.*, 356.

(85) Henrich, *Between Kant and Hegel*, 227.

(86) 私は後の章で、他性に関するこの解釈が含意するところをさらに発展させよう。

（87）Schlegel, *Philosophical Fragments*, 96, 55.

（88）Samuel Taylor Coleridge, *Biographia Literaria*, ed. J. Shawcross (New York: Oxford University Press, 1967), 1: 202.（サミュエル・テイラー・コウルリッジ『文学的自叙伝――文学者としての我が人生と意見の伝記的素描』東京コウルリッジ研究会訳、法政大学出版局、二〇一三年）。

（89）Jacques Derrida, "Economimesis," *Diacritics*, June 1981, 9.

（90）Schlegel, *Philosophical Fragments*, 48.

第四章　宗教的な世俗性

（1）Susan Jacoby, *Freethinkers: A History of American Secularism* (New York: Metropolitan Books, 2004), 1.

（2）アメリカ宗教史の伝統的な説明によれば、最初の三つの大覚醒は、一七三〇年代から一七四〇年代まで、一八二〇年代から一八三〇年代まで、一八八〇年代から一九〇〇年代までであった。

（3）『オックスフォード英語辞典』で示されている最初の定義は、「聖職者について――『世界において』修道院の隔離においてではなく生活していること。『修道会に属する』、『宗教的』と区別して」というものである。

（4）Peter Berger, *The Sacred Canopy: Elements of a So-ciological Theory of Religion* (New York: Doubleday, 1969), 107.（ピーター・L・バーガー『聖なる天蓋――神聖世界の社会学』薗田稔訳、新曜社、一九七九年）。

（5）もし注意深く定式化するのであれば、類型論的分析は、歴史的なバリエーションを消去したり抑圧したりする本質主義を必ずしも銘記することなく、宗教の比較解釈を促進することができる。共通の問題の二者択一的な解釈を考察することによって、異なる諸伝統の間にある類似点と差異点とを明瞭に定式化することができる。

（6）第二と第三の契機については第五章で、第四の契機については第六章で考察する。第七章では、創造的な発生の無限の生として神的なものを説明するために、内在的超越の概念を展開する可能性を探る。

（7）Henri Frankfort et al., *Before Philosophy: The Intellectual Adventure of Ancient Man* (New York: Penguin, 1966), 237.（ヘンリ・フランクフォートほか『古代オリエントの神話と思想――哲学以前』山室静・田中明訳、社会思想社、一九七八年）。

（8）Mircea Eliade, *The Sacred and the Profane*, trans. Willard Trask (New York: Harper Torchbooks, 1959), 130.（ミルチャ・エリアーデ『聖と俗――宗教的なるものの本質について』風間敏夫訳、法政大学出版局、二〇一四年）。水の象徴性の問題については第八章で再び取り上げる。

（9）以下で『エヌマ・エリシュ』について論じる際、私は、Eric Voegelin, *Order and History*, vol. 1, *Israel and Revelation* (Columbia: University of Missouri Press, 2001), 82–84 と、Tikva Frymer-Kensky, "Enuma Elish," in *The Encyclopedia of Religion*, ed., Mircea Eliade (New York: Macmillan, 1987), 5:124–27. ミルチャ・エリアーデ／

ヨアン・P・クリアーノ『エリアーデ世界宗教事典』奥山倫明訳、せりか書房、一九九四年）にならった。

（10）ニーチェは、神の死を宣言する悪名高い箇所で海と水平線のイメージを使っている。*The Gay Science*, trans. Walter Kaufmann (New York: Random House, 1974), 181.（『悦ばしき知識』信太正三訳、ちくま学芸文庫、一九九三年）。

（11）Voegelin, *Order and History*, 82.

（12）『創世記』の第一章で、神の創造的な言葉は「水面」を渡っていく。神の創造行為の前にすでに存在する水は、私たちが考察している古代の神話の名残りである。そのようにそれは神的な言葉が秩序づける混沌を表している。

（13）Frankfort, *Before Philosophy*, 245.

（14）以下に見るように、一九世紀と二〇世紀において最も影響力をもったキリスト教神学者たちの中には、ヤハウェのように徹底的に超越的な神に魅了される者もいた。

（15）Origen, *On First Principles*, ed. G.W. Butterworth (New York: Harper and Row, 1966), 16, 26.

（16）*Ibid*., 33-34.

（17）Arius, "The Letter of Arius to Eusebius of Nicomedia," in *Christology of the Later Fathers*, ed. Edward Hardy (Philadelphia: Westminster Press, 1954), 330.

（18）Athanasius, "Against the Arians," in *Readings in the History of Christian Thought*, ed. Robert Ferm (New York: Holt, Rinehart and Winston), 148.

（19）Nicene Creed, in *Christology of the Later Fathers*, 338.

（20）Athanasius, "On the Incarnation of the Word," in *Christology of the Later Fathers*, 107-8.

（21）*Christology of the Later Fathers*, 124-25を参照のこと。

（22）Nestorius, "The First Letter of Nestorius to Celestine," in *Christology of the Later Fathers*, 348.

（23）*Christology of the Later Fathers*, 373.

（24）*American Heritage Dictionary*, s.v.v.

（25）Leonard Hodgson, *The Doctrine of the Trinity* (London: Nisbet and Co., 1943), 90-91. 議論を展開するにあたって、ホジソンは自己の三項構造に関するジョン・レイアードの解釈に大きな影響を受けている。John Laird, *Problems of the Self* (London: Macmillan, 1917)を参照のこと。

（26）Søren Kierkegaard, *Philosophical Fragments*, trans. David Swenson (Princeton: Princeton University Press, 1971), 47, 76.

（27）ルイス・エイヤースはその該博な研究 *Nicaea and Its Legacy: An Approach to Fourth-Century Trinitarian Theology* (New York: Oxford University Press, 2004)で、四世紀と五世紀のキリスト論と三位一体論をめぐる論争に関する歴史的展開を詳細に跡づけた。エイヤースは多くの個別的な神学的な問題については詳しいが、その分析は重要な哲学的限界に制限されている。この文脈では二点が強調されなければならない。第一点目は、著作の全体で彼が展開している主要な主張の一つに関するものであり、第二点目は、彼のヘーゲル論に関係するものである。

導入部で、エイヤースは次のように書いている。「本書を通して私は、これらの論争を、『神的な』あるいは『神的でない』キリストの地位に注目するものとして理解するのを避けるべきだということを論じようと思う。それらの論争は、第一に、御父からの言葉ないし御子の生成についての議論に注目している。第二に、それらの論争は、神的なものをめぐる人間の語りの『文法』についての議論に関係している」(3)。私たちが見たように、文法の複雑性を強調するのは重要なのだが、「神的なあるいは神的でないキリストの地位」の分析についてのエイヤースの批判は誤りである。オリゲネスの神学にある対照的な系譜についての私たちの考察が、御父からの言葉ないし御子の生成についての問いは御子の神的ないし非神的な地位の問いに他ならないことを明らかにした。

この点は、三位一体論に関するヘーゲルの理解とヘーゲルが以降の思想家たちに与えた影響について論じる際に彼が直面する問題と密接に関係している。ヘーゲルの立場についての疑念を要約して、エイヤースは次のように書いている。

「精神は三位一体の位格の名前として、さらにヘーゲルの体系全体を支配する概念として機能するため、ヘーゲルは、精神の現実化を御子の運動を超えた別の運動として明確に提示することができる。たとえ私たちが、ヘーゲルのケースにおいて、それによって彼が神自身の神概念を展開する洗練を心にとめなければならないとしても、御子と精神の役割との分離と、精神で満たされた共同体に賛成しながらキリストの身体の概念についての関心を欠如させていることは、以前のプロテスタントの伝統から主題を取り出し、その議論の方向を強制しているのである」(406)。

以下に明確になるであろうが、これは、ヘーゲルの思弁哲学の全体に浸透している受肉に関するラディカルな概念を認識し損ねる、ヘーゲルの立場についての大きな誤解である。ヘーゲル哲学について不十分にしか理解していないのに加え、エイヤースの議論は、受肉と三位一体の教義が歴史的、社会的、文化的に含意するところも捉えていない。

(28) Hegel, *Phenomenology of Spirit*, 9–10.
(29) Hegel, *Philosophy of History*, 319.
(30)『精神現象学』の鍵である不幸な意識の概念は、ヘーゲルの体系の全体の核にある。まさにヘーゲルが決定的に没頭したのは不幸な意識を克服する方法を見出すことであったのだと言っても過言ではない。
(31) Hegel, *Phenomenology of Spirit*, 131.
(32) *Ibid.*, 133-34.
(33) ルターは天職の教義に根拠を与えるために、『コリントの信徒への手紙一』七章二〇節をしばしば引用する。このテクストのルターによる解釈は様々な文脈において変わる。その評判の悪い論文「農民の強盗殺人団に抗して」において、ルターが農民反乱を否定する際に根拠として用いたのはこの一節である。
(34) Gustav Wingren, *The Christian's Calling: Luther on Vocation*, trans. Carl Rasmussen (London: Oliver and Boyd, 1957), 4-5.

(35) Luther, "Exposition of Psalm 147," Wingren, Christian's Calling, 137-38から引用。

(36) Hegel, *Philosophy of History*, 422.

(37) Augustine, *On the Trinity*, in *The Basic Writings of Saint Augustine*, trans. Whitney Oates (New York: Random House, 1948), 2:792.（アウグスティヌス『三位一体』泉治典訳、教文館、二〇〇四年）。

(38) G. W. F. Hegel, *Philosophy of Religion*, trans. E. B. Speirs and J. Burdon Sanderson (New York : Humanities Press, 1968), 3:99-100.（G・W・F・ヘーゲル『宗教哲学』木場深定訳、岩波書店、二〇〇三年）。

(39) G. W. F. Hegel, *Lectures on the Philosophy of Religion*, ed. Peter C. Hodgson, trans. R. F. Brown (Berkeley and Los Angeles: University of California Press, 1985), 3:78.（G・W・F・ヘーゲル『宗教哲学講義』山崎純訳、創文社、二〇〇一年）。

(40) Hegel, *Phenomenology of Spirit*, 14.

(41) Hegel, *Philosophy of Religion*, 3:18.

(42) Hegel, *Lectures on the Philosophy of Religion*, 3:219. 古代のキリスト論論争に関して言えば、この定式はヘーゲルをサベリウス主義と天父受苦主義の嫌疑にさらすことになる。ヘーゲルは、この定式は神の不変性を前提にする神学的な理解の不備を明らかにするものだと応じることによって、この嫌疑を退けるであろう。ヘーゲルの図式においては神的なもの、ないし絶対的なものはそれ自身の生成のプロセスである。したがってそれは完全に歴史的であり時間的であり、休みなく変化を被る。第七章で、このプロセスが永遠であることを論じるつもりである。超越は——どのような姿をとろうとも——決して完全に否定されることはない。内在化は常に超越化を産み出すのであり、超越化は後に止揚されても、その痕跡が完全に消し去られることはない。

(43) 第七章で無限な生の概念としての神について解釈を行う際、この分析を敷衍するつもりである。

(44) Hegel, *Phenomenology of Spirit*, 10.

(45) 私はすでに第一章で宗教の理論を展開した際に楕円の形状を繰り返し用いた。この形状は、第六章におけるポスト構造主義理論の分析へ回帰してくるだろう。

(46) Stevens, "An Ordinary Evening in New Haven," in *Collected Poems*, 476.

(47) Paul Ricoeur, *Freud and Philosophy: An Essay on Interpretation*, trans. Denis Savage (New Haven, CT: Yale University Press, 1970), 32-36.（ポール・リクール『フロイトを読む——解釈学試論』久米博訳、新曜社、一九八二年）。

(48) Franklin Baumer, *Religion and the Rise of Skepticism* (New York: Harcourt Brace, 1960), 118-19.

(49) Frank Moore Cross, "The History of Israelite Religion : A Secular or Theological Subject?" *Biblical Archaeology Review*, May/June 2005, 43.

(50) もちろん、これは以前の思想家たちが宗教の起源に関する問いを考察しなかったということではない。ドルバックやダランベールのような哲学者たちはこの主題について批判的な著作を書いていた。だが、一九世紀以前の宗教の起源に関する最も重要な考察はデイヴィッド・ヒュームの『宗教の自然史』（一七五七年）であった。

(51) Marx, *Marx-Engels Reader*, 4.

(52) Peter Berger, *Sacred Canopy*, 4.

(53) Marx, *Marx-Engels Reader*, 523.

(54) *Ibid.*, 60, 61.

(55) *Ibid.*, 473n.

(56) Sigmund Freud, *The Interpretation of Dreams*, trans. James Strachey (New York: Avon Books, 1965), 311–12.（ジークムント・フロイト『夢解釈 初版』金関猛訳、中央公論新社、二〇一二年）。

(57) Sigmund Freud, *Civilization and Its Discontents*, trans. James Strachey (New York: Norton, 1961), 17.

(58) *Ibid.*, 15, 19.

(59) Sigmund Freud, *Beyond the Pleasure Principle*, trans. James Strachey (New York: Norton, 1961), 30.（ジークムント・フロイト『不気味なもの・快原理の彼岸・集団心理学――1919–22年』須藤訓任・藤野寛訳、岩波書店、二〇〇六年）。

(60) *Ibid.*, 32.

(61) Sigmund Freud, *Totem and Taboo*, trans. James Strachey (New York : Norton, 1950), 154–55.（ジークムント・フロイト『トーテムとタブー――1912–13年』須藤訓任・門脇健訳、岩波書店、二〇〇九年）。

(62) *Ibid.*, 161.

(63) 私は名前に数字をつけてこれらの代替となる読解を示してきた。マルクス^1、フロイト^1、ニーチェ^{1}は文化現象の基礎づけ主義的、構造主義的読解を表し（言葉）、マルクス^2、フロイト^2、ニーチェ^{2}は、非基礎づけ主義的、ポスト構造主義的読解を表す（行い）。私は後の章でこれら二つの行路が含意するところを探るつもりである。

(64) Nietzsche, *Birth of Tragedy*, 9.

(65) Friedrich Nietzsche, *The Will to Pewer*, trans. Walter Kaufmann (New York: Random House, 1967). ニーチェは、アフォリズムが現在の形で本に収められて出版されるとは考えていなかった。本は妹のエリーザベト・フェルスター＝ニーチェによって編集された。彼女は後に国家社会党のメンバーと結婚した。この出版の歴史は、部分的にこの本の問題含みの遺産を説明している。

(66) *Ibid.*, 98, 99, 101.

(67) Friedrich Nietzsche, "The Twilight of the Idols," in *The Portable Nietzsche* (New York: Penguin, 1980), 501, 562.（フリードリヒ・ニーチェ『偶像の黄昏・反キリスト者』原佑訳、筑摩書房、一九九四年）。

(68) Hegel, *Phenomenology of Spirit*, 27.

(69) Nietzsche, "Twilight of the Idols," 548.

(70) Karl Marx, *Grundrisse: Foundations of the Critique of Political Economy (Rough Draft)*, trans. Martin Nicholas (New York: Penguin Books, 1973), 230–31.（カール・マルクス『『経済学批判』への序言・序説』宮川彰訳、新日本出版社、二〇〇一年）。

(71) Freud, *Interpretation of Dreams*, 143n.

須藤孝也

1974年生まれ.97年,一橋大学社会学部（社会学専攻）卒業.2000-02年,日本学術振興会特別研究員DC2. 2010年,一橋大学大学院社会学研究科博士課程社会学専攻修了,『キルケゴールと「キリスト教界」』（創文社,2014年）によって学位取得.この間,セントオラフ大学キルケゴール・ライブラリー,コペンハーゲン大学主体性研究センター,ロンドン大学ヒースロップ・カレッジなどにて客員研究員を歴任.2014年より日本学術振興会特別研究員PD. 電気通信大学,白梅学園大学非常勤講師.

神の後にⅠ　〈現代〉の宗教的起源

2015年2月20日　第1刷発行

訳　者　須藤孝也《すとうたかや》

装丁者　春井　裕

発行者　中川和夫

発行所　株式会社ぷねうま舎
〒162-0805　東京都新宿区矢来町122　第二矢来ビル3F
電話　03-5228-5842　　ファックス　03-5228-5843
http://www.pneumasha.com

印刷・製本　株式会社ディグ

ISBN 978-4-906791-41-5　　Printed in Japan

カール・バルト 破局のなかの希望
福嶋 揚
A5判・三七〇頁
本体六四〇〇円

破局のプリズム
——再生のヴィジョンのために——
西谷 修
四六判・二六〇頁
本体二五〇〇円

アフター・フクシマ・クロニクル
西谷 修
四六判・二三二頁
本体二〇〇〇円

3・11以後 この絶望の国で
——死者の語りの地平から——
山形孝夫・西谷 修
四六判・二六二頁
本体二五〇〇円

3・11以後とキリスト教
荒井 献・本田哲郎・高橋哲哉
四六判・二二四頁
本体一八〇〇円

パレスチナ問題とキリスト教
村山盛忠
四六判・一九三頁
本体一九〇〇円

グロテスクな民主主義／文学の力
——ユゴー、サルトル、トクヴィル——
西永良成
四六判・二四二頁
本体二六〇〇円

この世界の成り立ちについて
——太古の文書を読む——
月本昭男
四六判・二一〇頁
本体二三〇〇円

禅仏教の哲学に向けて
井筒俊彦 著 野平宗弘 訳
四六判・三八〇頁
本体三六〇〇円

ぷねうま舎
表示の本体価格に消費税が加算されます
2015年1月現在